DuMont's Kriminal-Bibliothek

Henry Fitzgerald Heard, 1889–1971. Studium in Cambridge, 1930–1934 Rundfunkkommentator bei der BBC. 1937 Emigration in die USA. Er veröffentlichte unter dem Namen Gerald Heard zahlreiche Bücher über historische, religiöse und sozialwissenschaftliche Themen. Als Henry Fitzgerald Heard wurde er durch drei Kriminalromane berühmt, in denen Sherlock Holmes unter dem Pseudonym Mycroft auftritt.

In der DuMont's Kriminal-Bibliothek ist bereits sein erster Kriminalroman, »Die Honigfalle«, erschienen (Band 1009).

Herausgegeben von Volker Neuhaus

Henry Fitzgerald Heard

ANLAGE: Freiumschlag

DuMont Buchverlag Köln

CIP-Titelaufnahme der Deutschen Bibliothek

Heard, Henry F.:
Anlage: Freiumschlag / Henry Fitzgerald Heard. [Aus d. Amerikan. von Manfred Allié u. Gabriele Kempf-Allié].
– Köln : DuMont 1990
(DuMont's Kriminal-Bibliothek ; Bd. 1023)
ISBN 3-7701-2006-X
NE: GT

Umschlagmotiv von Pellegrino Ritter
Aus dem Amerikanischen von Manfred Allié und Gabriele Kempf-Allié

Die Originalausgabe erschien unter dem Titel »Reply Paid« bei Vanguard Press, Inc., New York, N. Y., als Nachdruck einer Novelle der Encyclopedia Sherlockiana von Jack Tracy mit freundlicher Genehmigung von Doubleday & Co., © by Jack Tracy
Satz: Froitzheim, Bonn
Druck: Rasch, Bramsche
Buchbinderische Verarbeitung: Bramscher Buchbinder Betriebe

Printed in Germany ISBN 3-7701-2006-X

Für Christopher Wood –
eine zweite Flasche vom selben Faß

Kapitel 1

Wenn der Flieger, der nicht flieget in den Lüften, sitzet in seinem Käfig und recket den Flügel zur Linken.‹ Hundertmal habe ich das nun schon gelesen. Es macht mich ganz verrückt, daß ich nicht dahinterkomme, was es bedeutet. Nachdem ich es wirklich Dutzende Male versucht hatte, habe ich das Blatt schließlich in eine Schublade gelegt. Dann hatte ich plötzlich das Gefühl, ich hätte die Lösung, schnappte mir das Blatt wieder und begann die Buchstaben zu zählen, sie umzustellen – alles mögliche habe ich versucht. Die einfache Methode, bei der man jeden zweiten Buchstaben nimmt, beginnt ja nicht eben vielversprechend – ›w-n-d-r-l-e-e‹ –, aber man denkt ja immer, man sei vielleicht doch auf der richtigen Spur, man müsse nur noch ein paar Buchstaben verschieben und habe die Lösung. Wozu ich das alles mache? Tja, weil das erst der Anfang ist. Weil hinter diesem pittoresken Kauderwelsch eine ernste Sache steckt. Einfach ist es nicht, auch wenn man weiß, wie es geht, aber wenn man erst einmal so ein Muster gefunden hat, dann sieht man auch um so mehr. Denken Sie an meine Worte, irgend etwas ist dran an dieser Sache, auch wenn sich jemand, der in der Zeitung geblättert hätte, in der ich es gefunden habe, so wie es dort alles in einem Wort geschrieben stand, nicht weiter darum gekümmert hätte. Er hätte es wohl für eine verrückte Geheimbotschaft gehalten oder für die Art von Albernheiten, mit denen Leute, die nichts zu tun haben, ihre Zeit totschlagen. Also, verstehen Sie, ich brauche einen Punkt, an dem ich ansetzen kann. Begreifen Sie allmählich, worauf ich hinaus will? Irgendwie muß ich es schaffen, hinter diesen Code zu kommen. Und von Ihnen will ich wissen, wie man das macht.«

Der Mann, der mir all diese Worte entgegengeschleudert hatte, hatte mir gar nicht die Möglichkeit gelassen zu antworten. Er hatte nicht einmal Platz genommen, als er in mein Büro kam. Ja, er hatte es noch nicht einmal für notwendig befunden, sich von meiner Sekretärin hereinführen zu lassen oder wenigstens anzuklopfen! Sein Wortschwall sollte Ihnen eine Vorstellung davon geben, wie gering meine Chance war, zu verstehen, was er überhaupt von mir wollte. Also beschäftigte ich mich, während er immer weiter redete, damit, ihn näher zu betrachten. Er klang sehr aufgeregt, was eigentlich gar nicht so recht zu seiner Erscheinung paßte – er war eher der Typ des recht ruhigen kleinen Burschen. Er hatte einen großen Kopf mit schwarzem Haar, durch das er sich, wie ich annahm, mit den Händen fuhr, wenn er ratlos war, fahrige Hände mit jener Art von knolligem Handgelenk, bei dem man immer den Eindruck hat, es sei durch unablässiges Reiben übermäßig gewachsen, und besaß eine Knollennase.

So weit war ich in meiner Bestandsaufnahme gekommen, als er, ohne daß er mir auch nur einen Augenblick lang Zeit gegeben hätte, mir zu überlegen, worauf er wohl hinauswollte, fortfuhr: »Sie entschlüsseln doch Geheimschriften, oder?«

»Nun ja«, entgegnete ich. »Den Geheimschriften habe ich von jeher mein Interesse gewidmet.«

»Ich weiß; ich habe Sie beobachtet. Das gehört heutzutage dazu, wenn man prospektieren will.«

»Wie darf ich das verstehen?« fragte ich.

»Man muß im Team arbeiten, wie überall heutzutage, und es ist – was noch schlimmer ist – Teamarbeit gegen die Uhr. Sagen Sie mir, wieviel Sie verlangen, und ich erkläre Ihnen, was ich von Ihnen will. Ich muß diese Sache herausbekommen, und zwar schnell, und ich denke, Sie sind mein Mann; falls ich mich täusche – tja, ich schätze, für mehr als einen Fehler bleibt mir keine Zeit –, dann ist die Gelegenheit verpaßt, für immer.«

»Mr. ...?«

»Intil«, fügte er hinzu.

»Mr. Intil«, sagte ich, »Sie haben mich aufgesucht, ohne vorher einen Termin vereinbart zu haben. Was genau ist Ihr Begehr?«

»Das habe ich doch gesagt; ich habe es Ihnen doch erklärt«, entgegnete er. »Bin ich etwa an der falschen Adresse? Sie *sind* doch Mr. Silchester, oder?« Mein Nicken genügte ihm, und er fuhr hastig fort. »Zuerst haben Sie das Büchlein über Kreuzworträtsel geschrieben, wie man sie zusammenstellt und löst. Dann haben Sie die Studie über diese Sache mit Roger Bacon gemacht – ob bei den Originalmanuskripten in den Schwüngen und Schwänzchen am

Ende der Buchstaben tatsächlich versteckte griechische Informationen enthalten sind. Und ich weiß auch, daß Sie ein Dutzend Aufsätze für den *Rätselknacker* verfaßt haben. Ich erkenne Sie an Ihrem Stil, auch wenn die Artikel nicht gezeichnet sind. Ja, ich kenne euch Brüder genau. Ihr seid wie die Schachprofis – man denkt, die können nicht bis drei zählen, bis man ihnen ein Schachbrett vor die Nase setzt. Dann ziehen sie ruckzuck darauf herum, genau wie ein Wünschelrutengänger, der einer verborgenen Ader folgt.«

Ich kommentierte sein Kompliment nicht weiter. »Sie wollen, daß ich dieses Stück Papier für Sie entziffere?«

»Natürlich! Darüber rede ich doch, seitdem ich hier hereingekommen bin!«

»Dann geben Sie es mir.«

Er zögerte; dann legte er es behutsam vor mich auf den Tisch. Die Passage, die er – vielleicht von einem Zeitungsausschnitt – abgeschrieben hatte, lautete genau so, wie er sie mir vorgelesen hatte.

»Das sind die üblichen Sachen, die man unter ›Persönliches‹ in den Zeitungen findet«, hob ich an zu kommentieren, als er mich unterbrach: »Das ist ja gerade der Witz – sie verstecken die Bedeutung und das Geheimnis gerade da, wo nur Dummköpfe ihren Spaß suchen.«

»Mr. Intil«, sagte ich mit Bestimmtheit, »nehmen Sie bitte Platz! Da Sie meine Arbeit kennen, wissen Sie, daß meine Methoden ebenso rational sind wie die des Schachspiels.«

Er zog sich einen Stuhl heran und setzte sich auf die Kante, die Augen fest auf sein geliebtes Schriftstück geheftet.

»Deshalb wissen Sie auch«, fuhr ich fort, »daß man zuerst einige grundlegende Untersuchungen anstellen muß. Jeder kann diese Untersuchungen anstellen, doch wie beim Schach gibt es manche, die eine natürliche Begabung dafür haben, auf Anhieb die Wege auszuschließen, die zu nichts führen.«

Während ich dies sagte, ließ ich meinen Blick kreuz und quer über die Zeilen schweifen. Meine Erfahrung hat mich gelehrt, daß der geborene Entschlüsseler nach allen Seiten offen bleiben und den ganzen Text in sich aufnehmen muß. Wenn eine Botschaft darinsteckt, werden ihm manche Buchstaben plötzlich so vorkommen, als seien sie in einer etwas anderen Type gedruckt. Diese Buchstaben liefern ihm in der Regel den ersten Anhaltspunkt, um die Botschaft zu entschlüsseln. Ich glaube, keinem von uns wird es jemals gelingen, die verschlüsselte Botschaft auf Anhieb zu finden – zu kurz ist der Augenblick, an dem sie aufleuchtet, um dann wieder zu verschwinden. Versucht man zu drängen oder nachzuhelfen, verschwindet sie auf der Stelle. Aber dieses diagnostische Eintauchen in den Text klärt die Frage, ob es unter der Larve des äußeren Satzes eine darunterliegende Botschaft gibt – genau wie ein Schachmeister das Matt im Verlaufe des Spiels voraussieht, wenn er zwischen all den anderen Möglichkeiten und Zügen, die zu nichts führen, stets den eindeutigen Weg im Blick behält.

Doch nichts teilte sich mir mit – nicht die Spur eines Hinweises. Um mich nicht zu überanstrengen und einen klaren Kopf zu bewahren, blickte ich auf. Mein Besucher musterte zuerst das Papier und dann mich.

»Haben Sie überhaupt keinen Anhaltspunkt gefunden?« erkundigte er sich.

Ich erwiderte nichts, sondern ließ von neuem die Gesamtheit auf mich wirken. Dann hatte ich Gewißheit. Zumindest eins stand unerschütterlich fest.

»Mr. Intil, das ist kein Wörtercode.«

»Woher wollen Sie das wissen?«

»Ich dachte, Sie kommen zu mir, weil Sie davon ausgehen, daß ich es weiß?«

»Aber Sie haben es ja nicht einmal versucht!«

»Doch, genau das habe ich eben getan.«

»Sie haben überhaupt nicht daran gearbeitet!«

»Was tut man, um herauszufinden, ob eine Glocke einwandfrei klingt? Man schlägt sie an. Ich habe dieses hier angeschlagen. Es steckt kein Buchstabencode dahinter.«

Bevor ich noch etwas sagen konnte, hatte er sich bereits vorgebeugt und sein kostbares Papier wieder an sich gebracht. »Dann sind Sie nichts weiter als ein Betrüger«, fauchte er, »Mr. Sydney Silchester!«

In der Tat, ich bin Mr. Sydney Silchester, der sich einzig und allein durch seine Vorliebe für Honig und ein ruhiges Leben auszeichnete und der, als er so beschaulich am Rande des bewegten Lebens saß, beinahe von seinem Honiglieferanten in den Abgrund gestürzt worden wäre. Wie also war ich in eine Lage gekommen, in der Mr. Intil es für wert erachtete, mich aufzusuchen, und ich geneigt war, ihn zu empfangen? Ich vermute, die massierte Bienenoffensive muß mich auf den Geschmack gebracht haben. Man sagt ja, daß der Stich der gemeinen Biene gut ist gegen Rheumatismus. Alles, was ich weiß, ist, daß es mir – einmal den Stacheln der Mörderbienen entronnen – unmöglich war, wieder zur Ruhe zu kommen.

Nicht, daß ich sofort etwas unternommen hätte. Wie einer jener stachligen Seeigel hatte ich mir nicht nur meine Mitmenschen vom Leibe gehalten, ich war buchstäblich tief versunken und fest verankert gewesen. Aber obwohl ich nach außen hin meine tägliche Routine wieder aufnahm, zerrte mein Geist ständig an dieser Verankerung. Das erste Anzeichen war, daß ich systematisch damit begann, Rätsel zu lösen. Tatsächlich, so habe ich seither mehrfach beobachtet, ist das oft das erste Anzeichen dafür, daß der Geist im Begriff ist, aus seinem Schneckenhaus hervorzukommen. Ich glaube, es ist eine Art Versuch, weiter im Schlaf zu verharren. Wir spüren, daß es zu hart und einschneidend wäre, wenn wir an etwas Reales dächten. Wenn sich unser Geist also über längere Zeit mit einer Sache beschäftigen will und es leid ist, sich ablenken zu lassen, dann versuchen wir, ihn mit künstlichen Problemen abzuspeisen. Wir geben ihm Knoten zu entwirren, die Menschen eigens für ihn geknotet haben – aus Angst, er könne sonst anfangen, die Knoten aufzumachen, die die Katze aus dem Sack lassen. Bald macht es, da allen Rätseln ein Schema zugrundeliegt, mehr Spaß, selbst die Knoten zu machen. Das führt geradewegs dazu, daß man schließlich beginnt, andere darin zu unterweisen, Knoten zu machen, und Erläuterungen zu schreiben, wie man sie tarnen kann. Hat man diesen Punkt erreicht, sucht man nach weiteren Betätigungsfeldern. Man will ein Schloß, das sich durch nichts anderes öffnen läßt als durch den geheimen Schlüssel. So kommt man zum Dechiffrieren.

Mein Geist hatte sich also beinahe unmerklich nach und nach einen Weg aus dem Schneckenhaus gebahnt, in das ich mich zurückgezogen hatte. Ich war noch immer so vorsichtig, keine engeren Bekanntschaften am Ort zu schließen, aber ich begann einen Briefwechsel über mein Spezialgebiet und gelangte in dieser eigenen Welt zu einigem Ansehen. Immer mehr von meiner Arbeit spielte sich jenseits des Atlantiks ab. Schließlich kam eine Tagung in den Staaten, zu der man mich einlud. Dort sollte ich mit mehreren Experten auf diesem seltsamen, eng umrissenen Gebiet zusammentreffen, auf dem mein Geist offenbar entschlossen war zu verweilen, nach Nahrung zu suchen und – womöglich – zu gedeihen. Kurz und gut, ich überquerte den Atlantik, und – so möchte man fast sagen – kaum hatte ich Europa den Rücken gekehrt, da ging es in Flammen auf.

Einige meiner Rätselkollegen machten mich darauf aufmerksam, daß ich mich nun, da mich kein Geld mehr erreichen könne, besser darangeben solle, welches zu verdienen, und, was noch wichtiger war, daß das nicht besonders schwierig sei. Mit etwas gutem Willen oder Engagement – oder wie auch immer man es nennen will – brachte ich es also zu einem kleinen Büro mit einem recht beachtlichen und noch im Wachsen begriffenen Post- und Klientenstrom. Man hatte mir geraten, mich an einem Ort niederzulassen, wo das Geld locker saß, wo seltsame Vorlieben gepflegt werden konnten und wo sich merkwürdige Interessen konzentrierten. Eine Kombination dieser drei Bedingungen findet man nicht oft. Vielleicht verbinden sie sich an keinem anderen Ort der Welt in dem Maße wie in dem grenzenlosen Bezirk namens Los Angeles. ›Das weitläufigste Stadtgebiet der Welt‹, ›fraglos von einer Weltoffenheit, die größere Vielfalt duldet als jede andere Stadt‹, wurde ich belehrt. Also ging ich nach ›L.A.‹, ging dorthin und fand die Prophezeiungen bestätigt. Aus mir wurde ein recht vielbeschäftigter Mann mit bisweilen einem ganzen Dutzend, ja bis zu zwanzig Klienten am Tag und mit einer Angestellten, die über meine Post wachte und mir bei schriftlichen Nachforschungen, meiner Terminplanung und so weiter behilflich war.

Manch einer wird vielleicht sagen, daß diese Art von Arbeit nicht nur meine Zukunftsaussichten, sondern auch meine Umgangsformen verbessert hat. Ich bin mir da nicht so sicher. Eines ist allerdings unbestritten: Wenn mich ein Klient interessierte, dann ließ ich mir von ihm sehr viel mehr gefallen – des Geldes wegen, aber auch aus Interesse –, als ich mir je zuvor hätte gefallen lassen. Deswegen ließ ich jetzt auch Mr. Intils Ansturm über mich ergehen. Warum ich sogar noch mehr tat, ist vielleicht schwerer zu erklären. Ich muß wohl eine Art Ahnung gehabt haben. Möglich, daß ich mich in meiner Berufsehre gekränkt fühlte – wir, die wir sowohl mit Ahnungen als auch mit den Mitteln der Analyse arbeiten, schämen uns immer ein wenig unseres ›Ansatzpunktes‹. Vielleicht hinderte mich das daran, meinen ungehobelten Eindringling hinauszukomplimentieren. Er war mit ziemlicher

Sicherheit ein wenig übergeschnappt, aber das gilt schließlich für viele Klienten, und wie steht es letztlich um meine eigene Tätigkeit und die Art und Weise, wie sich meine Begabung äußert? Und kein Zweifel, auf irgendeine Weise hielt er mich in Bann.

»Nein«, sagte ich, »kein Betrüger. Denn erstens habe ich kein Honorar von Ihnen gefordert, und zweitens habe ich Ihnen, statt meine Arbeitsweise zu verschleiern und Ihnen die Zeit zu stehlen, offen gesagt, daß ich nicht in der Lage bin zu helfen.«

Was er darauf erwiderte, war seltsam: »Aber zu wem kann ich denn sonst noch gehen? Ich muß ...«

»Gut«, sagte ich. »Sie haben gesehen, wie ich arbeite. Ich sage Ihnen, es ist keine Geheimschrift, die sich entziffern ließe. Aber ich will Ihnen auch etwas Positives sagen, und Sie werden es mir glauben, weil Sie schon jetzt daran glauben. Obwohl es kein systematisch verschlüsselter Code ist, bin ich doch überzeugt – genauso überzeugt, wie Sie es sind –, daß tatsächlich eine Bedeutung, eine Botschaft dahintersteckt. Es ist keine Chiffre, aber es ist eine kryptische Kommunikation.« Ich war versucht hinzuzufügen: ›Und ich glaube, es ist etwas ausgesprochen Unheimliches‹, doch dies war der Grund für die Bemerkung, die ich anschloß – dies und das ebenso abwegige Gefühl, daß ich, nachdem ich ihm nun einmal zu verstehen gegeben hatte, daß meine Methode zumindest zu Anfang irrational sei, auf einer Ahnung beruhe, diese Methode der ›Ahnung‹ rechtfertigen müsse.

Mein Besucher erhob sich bereits, wobei er mir einen mißmutigen Blick zuwarf.

»Mr. Intil, wenn Ihnen diese Angelegenheit solchen Kummer bereitet, wie es den Anschein hat, dann will ich Ihnen noch einen weiteren Rat geben. Ich habe Ihnen gezeigt, wie ich im wesentlichen arbeite – intuitiv, ›ganzheitlich‹, oder wie immer Sie es nennen wollen. So und nicht anders bildet sich schließlich auch jeder Künstler unmittelbar sein Urteil darüber, ob ein Bild wirklich ein Kunstwerk ist. Zunächst wirft er einen Blick darauf, und wenn es ein Meisterwerk ist, dann weiß er das innerhalb von Sekundenbruchteilen. Und dann, wenn er zu diesem Schluß gekommen ist, macht er sich daran, die Gründe dafür zu finden.«

Das einzige, was er auf die Darlegung dieses ausgesprochen vernünftigen Ansatzes zu erwidern hatte, war: »Können Sie mir denn jemanden nennen, der weiß, was das hier ist?« Er hielt seinen geheiligten Zettel zwischen Daumen und Zeigefinger.

»Genau das wollte ich tun.«

»Na, wenigstens sind Sie ehrlich, auf gewisse Weise«, sagte er nachdenklich. »Also gut.«

So kam es, daß wir zehn Minuten später gemeinsam die Straße entlang marschierten.

»Ich führe Sie«, sagte ich, »zu einer Freundin, die sich einen Schritt weiter als ich auf das weite Feld des Geheimnisvollen hinauswagt.«

Ich hatte Miss Brown auf jener Konferenz für Dechiffrierwesen kennengelernt, deretwegen ich ursprünglich in dieses Land gekommen war. Auf ihr waren Teilnehmer aus dem gesamten Spektrum zusammengekommen – vom Infrarot der Physiker und Chemiker mit ihren Röntgenstrahlen, Reagenzien und Analysen bis hin zum Ultraviolett der Wünschelrutengänger, Psychometriker und ähnlicher Leute. Miss Brown gehörte zu den extremeren Vertretern des UV-Bereichs. Doch sie war dabei eine ungewöhnlich vernünftige Frau geblieben, und ich hatte sie manches Rätsel lösen sehen, dessen Lösung meine Fähigkeiten bei weitem überfordert hätte. Sie verließ sich bei ihrer Methode natürlich ganz auf den Zufall – die reine Inspiration, keine logischen Folgerungen. Aber im Grunde war es nur eine erweiterte oder extravagantere Form meiner eigenen Arbeitsweise. Und da ich den Gedanken nicht los wurde, daß irgendein Geheimnis in Intils Zettel stecken mußte, wollte ich sehen, ob sie mit ihrer seltsamen Begabung diesen Verdacht bestätigen würde.

»Wenn etwas dran ist an Ihrem Fund, dann wird diejenige, zu der ich Sie bringe, es aufspüren – wenn jemand dazu in der Lage ist, dann sie«, erläuterte ich Intil unterwegs, denn ich habe die Erfahrung gemacht, daß man oft ungeahnte Resultate erzielt, wenn es einem gelingt, Vertrauen aufzubauen. Ich glaube, ein Detektiv, der den Mut sinken läßt, könnte nicht einmal einen Heuhaufen finden.

Mr. Intil jedoch ging auf meinen Versuch, sein Interesse zu wecken, nicht ein, sondern musterte statt dessen mißtrauisch die bescheidene Fassade von Cortegna Cottage, während wir auf Einlaß warteten.

»Miss Brown«, sagte ich, als die Besitzerin uns geöffnet hatte, »Sie sagten letzte Woche, ich solle heute nachmittag vorbeikommen. Ich habe einen Besucher mitgebracht, der Sie sicher interessieren wird.«

Wie die meisten Experten war Miss Brown so unauffällig, so ›gesichtslos‹, wie man sich das nur wünschen konnte. Ich beobachtete, wie Intil sie betrachtete, und ich sah, daß er absolut nichts in ihr sah. ›Mittelgroß, helle Augen, Haar mittelblond, Gesichtsfarbe blaß – eher jung.‹ Sie war in der Tat das lebende Ebenbild jener Suchmeldungen, die die Polizei veröffentlichen muß, obwohl sie natürlich niemals dazu führen, jemanden zu identifizieren – oder, schlimmer noch, in beinahe jedem den Verdächtigen erkennen lassen. Klug, gesund, in jeder Situation gelassen und ruhig, war Miss Brown doch einer jener Menschen, die keinen nennenswerten Eindruck hinterlassen – vielleicht, weil sie in allem so alltäglich wirkte, daß man sich später nicht mehr an sie erinnern konnte. Es schien nichts Bemerkenswertes an ihr zu geben, geschweige denn etwas Auffälliges, mit dessen Hilfe man sie zu fassen bekommen und sich ihr Bild hätte einprägen können. Sie hatte eins jener ausdruckslosen Gesichter, die kein Zeichner festzuhalten vermag. Und das, das brauche ich wohl kaum eigens zu erwähnen, war ihr größtes Kapital.

»Kommen Sie herein«, sagte sie. Und natürlich war ihre Stimme ebenso klar, freundlich und alltäglich wie ihr Äußeres und ebenso schwer ›einzuordnen‹ oder im Gedächtnis zu behalten. Man hätte sie nicht nachmachen können. Ihr Tonfall weckte keinerlei Reaktion. Ich führte Mr. Intil in ihr Wohnzimmer. Sie folgte und fuhr mit jener belanglosen Konversation fort, die so viel unverbindlicher, so viel nichtssagender ist als jedes Schweigen. Es waren all diese unaufdringlichen Klischees – nicht nur, daß kein einziger Satz davon im Gedächtnis bleibt, man kann sich später kaum daran erinnern, wieviel Zeit man damit verbracht hat oder womit man beschäftigt war, während diese einlullenden Töne an einem vorbeiplätscherten. Vielleicht ist all das Teil jenes geheimnisvollen Vorspiels, das Zauberkünstler, glaube ich, ›Salbadern‹ nennen – eine Art verbales Streicheln und Tätscheln, unter dessen Einfluß unser Mißtrauen sich legt und unser verkrampfter Verstand sich öffnet. Auf diese Weise führte sie uns hinein, und als wir es uns gemütlich gemacht hatten, und um Mr. Intil einen Begriff davon zu geben, wer sie war, begann ich, ihr von dem zu berichten, was er mir mitgeteilt hatte.

»Mein Besucher hier hat mich in einem interessanten Fall um eine Analyse gebeten –«

»Er hat völlig versagt. Können Sie irgendwas damit anfangen?« Mr. Intil war aufgesprungen und näherte sich Miss Brown, während er noch in den Taschen nach seinem heiligen Zettel kramte.

»Nein«, sagte sie, lachte und erhob sich ebenfalls, um einen Schritt zurückzuweichen. »Nein, Mr. Silchester kann Ihnen nichts über meine Arbeitsweise erzählt haben, wenn Sie glauben, es wäre für die Lösung Ihres Rätsels von Nutzen, daß ich mir Ihr Beweisstück ansehe.«

»Steckt ihr zwei Verrückten unter einer Decke?« rief er. »Der eine sagt: ›Da gibt's keine Geheimschrift, aber kommen Sie doch mal mit, wir zeigen's meiner Kollegin.‹ Und die sagt dann: ›Nein, zeigen Sie mir bitte nichts!‹«

Miss Brown fuhr ungerührt fort: »Wenn Sie sich bitte setzen und Ihr Material, was auch immer es sein mag, einstweilen in der Tasche behalten wollen, dann erkläre ich Ihnen, worum es geht – oder vielleicht wäre es besser, wenn Mr. Silchester das täte.«

Mr. Intil setzte sich zwar nicht, aber er nahm den Finger aus der Westentasche und wandte sich mir zu.

»Miss Brown«, sagte ich, »geht weiter als ich. Ich gebe zu, ich bin auf eine Ahnung angewiesen, um die Fährte aufzunehmen, aber dann muß ich, wie ich schon sagte, den Schlüssel durch schieres Probieren finden, indem ich jeder Möglichkeit, die Aussicht auf Erfolg verspricht, nachgehe. Ich sehe mir die Sache erst einmal an, und dann weiß ich, ob sich eine weitere Untersuchung lohnt – es ist so eine Art erste Beweisaufnahme. Miss Brown sieht sie sich nicht an und weiß trotzdem, worum es geht.«

»Sie haben mich also zu einer Spiritistin gebracht!«

»Ach, Etiketten sind immer Schwindel. Ein Spiritist ist einfach nur jemand, der eine besondere, nicht mit dem Verstand zu erfassende Begabung hat. Miss Brown ist nicht spiritistischer als ein Wünschelrutengänger.«

»Ja, die hab' ich schon bei der Arbeit gesehen. Ich hab' sogar mal einen gesehen, der konnte Metalle finden – ich war selbst dabei. Ja, das gehört heutzutage wohl dazu, wenn man prospektieren will.«

»Na also!« sagte ich, denn der trottlige kleine Kerl wurde mir allmählich lästig, zumal mir der Gedanke nicht aus dem Kopf ging, daß er den Finger da auf eine Sache gelegt hatte, die höchst interessant zu werden versprach – sonst hätte ich ihn schon lange vor die Tür gesetzt gehabt. »Dann seien Sie doch nicht so unvernünftig. Haben Sie schon einmal einen Wünschelrutengänger gesehen, der seiner Arbeit nachgehen und Wasser finden konnte, während Sie ständig Bocksprünge vollführen und ihm dabei die Wünschelrute aus der Hand schlagen?«

Er antwortete zwar nicht, aber er ging zurück zu seinem Sessel.

Miss Brown warf mir einen Blick zu. »Können wir anfangen?«

»Ich glaube, wir sind so weit«, antwortete ich.

Ich schloß die Jalousien, während sie ihren Sessel ans Feuer rückte. Es war ein warmer Tag, doch sie legte noch ein paar kleine Scheite auf die Glut, und binnen weniger Minuten loderten im Kamin die Flammen. Schon bald war es im Zimmer unangenehm heiß geworden. Mr. Intil keuchte und begann sich mit seinem Taschentuch den Schweiß zu wischen, doch hielt er Gott sei Dank den Mund. Miss Brown hatte den Sessel ans Feuer gerückt und sich ein Taschentuch über das Gesicht gebreitet. In dieser Haltung, wie sie alte Herren an Winternachmittagen lieben, entschlummerte die muntere Miss Brown an diesem heißen, hellen Tag unter rasselndem Röcheln. Ich mag dieses Eigenschaftswort nicht – es ist journalistisch, alliterativ, paßt nicht zu einer Dame und ist erst recht ungeeignet bei einer hübschen jungen Frau. Aber was ich hier schreibe, ist ein Bericht – keine stilvolle Übung in Geschmack oder geschmackvolle Übung in Stil. Miss Brown war tief eingeschlafen. Sie atmete so schwer, daß es hart am Rande des Schnarchens war, und begann schließlich zu zucken, wie man es im Tiefschlaf tut, warf sich hin und her, murmelte etwas vor sich hin, seufzte ein- oder zweimal und richtete sich dann auf. Das Taschentuch rutschte ihr vom Gesicht. Sie war in Trance. Offenbar führte sie bereits eine lebhafte, angeregte Konversation, doch sie gab sich keine Mühe, die Worte präzise auszusprechen – es war eher das impressionistische Tongemälde einer Konversation. Sie sprach nach und nach deutlicher, doch ergaben ihre Worte leider keinen Sinn. Und dann – so wie in der guten alten Zeit, als wir unsere Fotografien noch selbst zu entwickeln pflegten, das Bild allmählich im roten Licht zum Vorschein kam und schließlich aus dem gelben Nebel die sichtbaren, eindeutigen Einzelheiten entstanden – bildeten sich auch aus dem ›Nebel‹ ihrer Laute allmählich klare Sätze.

Es war natürlich der übliche Kram. »Oh, da sind so 'ne Masse Leute hier«, die Grammatik gehört in der Regel nicht zu den Stärken einer Prophetin, »oh, da sind so viele hier, die sich danach drängen, etwas zu sagen. Da ist ein alter Mann hier, so ein hübscher Bart, und er sagt, er heißt ... ach, es hat irgendwas mit diesem Ding zu tun, das du um ein Kabel wickelst, aus dem elektrisches Licht kommt, etwas Schwarzes, Klebriges, eine Art Band.«

»Genau«, unterbrach ich, denn ich wußte aus früherer Erfahrung, daß man dieses ›Fischen‹, dieses Plätschern im flachen Wasser des Übersinnlichen, abkürzen konnte. »Ganz genau, das ist ausgezeichnet, und neben dem Isolierband – das ist es noch nicht genau, aber du bist schon ganz nahe dran –, siehst du da nicht eine Registrierkasse und etwas, was man hineingetan hat?«

»Was machen Sie denn da?« fuhr mich unser Ratsuchender mit einer Art Zischen an. »Wollen Sie alles verderben?«

Sein Flüstern ging im begeisterten Lachen dessen, was sich da in Trance mitteilte, unter. »Aber ja, genau das ist es, genau wie Sie sagen, Mr. Sydney!«

»Gut gemacht, Elsie. Du kennst ja den Namen unseres Besuchers, und er ist dir sehr dankbar, daß du seinen lieben alten Vater mitgebracht hast.«

»Mein Vater!« hörte man es halblaut schnauben. »Der und 'nen Bart! Jetzt aber Schluß mit den Albernheiten!«

Nun kam die Sitzung natürlich erst richtig in Schwung.

»Du weißt, Elsie, Mr. Intil hat ein klitzekleines Stückchen Papier in der Tasche, und da steht etwas drauf. Er möchte so gern wissen, was es bedeutet.«

»Das ist ein Käfig«, antwortete die Kinderstimme wie aus der Pistole geschossen. »Ich sehe einen Käfig.«

»Alles Betrug!« hörte ich Intil schnauben.

»Aber was für ein seltsamer Käfig. Er ist rund ... völlig rund ... und wo ist der Vogel? Ah ja, da ist er. Er ist so dünn, da hätte ich ihn beinahe überhaupt nicht gesehen.«

Ich hörte, wie Intil, der mißmutig zusammengesunken war, sich aufmerksam aufrichtete.

»So dünn?« drang ich in sie. »Das ist dann aber ein seltsamer Vogel?«

»Oh, *so* seltsam nun auch wieder nicht, Mr. Sydney; ich hätte ihn gern zur Gesellschaft. Der Schnabel ist sehr, sehr spitz, und er reicht bis an den Rand des Käfigs, auf dieser Seite.« Das Medium machte eine Bewegung mit der rechten Hand. »Er *könnte* pikken.«

»Pickt er?«

»Nein, er pickt nicht, jedenfalls im Augenblick nicht. Er sitzt mitten in seinem Käfig.«

»Und trotzdem berührt er mit seinem Schnabel den Käfig – versucht er, sich daraus zu befreien?«

»Aber nein; er muß mit dem Schnabel so weit nach rechts, wenn er seinen Flügel ausstrecken will – das machen sie immer, die Papageien. Is' 'ne Art Gähnen mit dem Flügel, streckt ihn aus.«

Intil war inzwischen völlig still geworden.

»Kannst du uns sonst noch irgend etwas über diesen Vogel sagen, Elsie? Er ist sehr wichtig für uns.«

»Na, ich hab' ja schon gesagt, er ist so dünn, eigentlich ist er nur 'ne Spitze«, kicherte der ›Geist‹ kindisch.

»Ganz spitz?«

»Spindeldürr, ganz spitz, und er zeigt auf etwas.«

»Ein Spitz ist aber nicht besonders dünn, Elsie. Das sind auch keine Vögel – es sind Hunde. Sie zeigen mit ihrer spitzen Schnauze auf Vögel.«

»Nun stellen Sie sich doch nicht so dumm an, Mr. Sydney.«

»Ach, du meinst einen spitzen Stock, einen Zeigestock«, korrigierte ich meinen Fehlschluß.

»Aber natürlich. Tja, ich glaube, viel mehr gibt's da nicht zu sagen. Er ist so dünn . . .«

Ihre Stimme wurde schwächer. Das war ein schlechtes Zeichen. Verlor die ›Sekundärpersönlichkeit‹ das Interesse und ließ den Faden fallen, würde man ihn wahrscheinlich nie wieder aufnehmen können – und das, wo wir der Lösung so nahe waren, wenn es uns nur gelang, die Aufmerksamkeit aufrechtzuerhalten. Der nächste Satz bestätigte meine Befürchtungen.

»Ach, der nette alte Herr möchte so gern etwas sagen. Ich soll mir nicht so lange den dummen Papagei ansehen.«

Ich hörte, wie Intil ein resigniertes »Verdammt« hauchte.

»Das ist aber ungezogen, so zu fluchen«, bemerkte unsere impertinent infantile Informantin.

»Da hast du recht, meine liebe Elsie«, griff ich rasch ein. »Natürlich ist das ungezogen, und wenn wir fluchen, dann spricht uns der hübsche Papagei die bösen Worte am Ende noch nach.«

Diese Taktik hatte Erfolg; die blödsinnige, aber hochbegabte Seite von Miss Browns Persönlichkeit griff das Thema mit jenem neuerwachten Interesse wieder auf, das wir brauchten, um ihre seltsame Begabung erneut zu aktivieren. »Ich frage mich«, fuhr Elsie in einem enervierend langsamen Tempo fort, »ich frage mich, ob dieser Papagei hier wohl wirklich sprechen lernen könnte? Ich glaube das eigentlich nicht, Mr. Sydney. Er hat so einen winzigen Kopf, und der Schnabel ist auch gar kein Papageienschnabel. Er streckt ihn nur so weit es geht zur einen Seite, damit er seinen Flügel so weit, wie er in die andere Richtung reicht, ausstrecken kann.«

Damit waren wir also wieder zum Vogel in seinem Käfig zurückgekehrt und waren im Grunde auch nicht schlauer als ganz zu Anfang.

»Ob er es sich wohl gefallen läßt, wenn du ihm den Kopf kraulst?« machte ich einen verzweifelten Vorstoß, damit ›Elsies‹ wirres Interesse wachzuhalten. Und wieder einmal war es ein erfolgreicher Wurf.

»Wenn ich wüßte, daß er nicht pickt . . . schon möglich . . . das wäre nicht schwer.« Offenbar sahen ihre Sinne in diesem Traumzustand eine Art Vogel im Käfig. »Das wäre leicht; der Käfig ist nämlich . . . das ist vielleicht 'n komischer Käfig! Warum bleibt er da überhaupt drin?«

»Was ist denn so seltsam daran?«

»Na, 's ist so 'ne Art Ring, überhaupt keine Stäbe, nur so was wie 'n Reifen.«

»Weißt du, viele Papageien werden ab und zu in solchen Käfigen gehalten. Da haben sie viel mehr Bewegungsfreiheit.«

»Aber sie haben eine Stange, nicht wahr?«

»Natürlich. Hat dieser Papagei etwa keine?«

»Ich kann nicht sehen, wo er draufsitzt. Is' das nicht 'ne komische Sache!« Gott sei Dank, die kindliche Neugier des Unterbewußten war nun geweckt. »Aber da ist noch etwas, was ich sehe – mehrere davon sogar. Rund um den Reifen von diesem Käfig sind kleine Knoten.« Das Medium machte eine Handbewegung. »Oben, der in der Mitte, der ist ganz dick.« Ihr Finger wies nach oben. »Und dann ist da noch ein anderer, direkt unter dem Papagei, der ist nicht ganz so dick.« Sie wies nach unten. »Und unter der Schnabelspitze ist noch einer, das ist aber eher ein Schleifchen, kein Knoten. Ach, jetzt kann ich sie ganz genau sehen. Genau zwölf Stück sind es.« Dann ließ ihr Interesse plötzlich nach. »Aber ich weiß nicht, wozu sie gut sind. Und das ist ein ganz blöder Vogel, sitzt immer nur da und gähnt und gähnt mit seinem Flügel. Ach, er macht, daß ich selber gähnen muß. Ach, ich bin so müde, so erschöpft. Nein, ich will dich nicht mehr; geh weg.«

Gesagt, getan, das Medium gähnte ausgiebig und begann dann von neuem schwer zu atmen. Miss Brown lehnte sich in ihrem Sessel zurück, und ihr Kopf fiel zur Seite. Sie hatte uns nicht gerade viel übermittelt, aber immerhin war es etwas Konkretes. Ich war mir recht sicher, daß ich die Lösung unseres Problems bis zu einem gewissen Punkt gefunden hatte. Intil erhob sich; ich machte ihm ein Zeichen sitzenzubleiben.

»Aber –«, hob er an.

»Bleiben Sie ruhig«, zischte ich mit dem Erfolg, daß er tatsächlich den Mund hielt.

Miss Brown begann sich zu rühren. Sie murmelte, winselte beinahe. Ein fragender Ton mischte sich in diesen leisen, wiehernden Laut. Wiederum zuckte ihr Körper ein- oder zweimal. Sie räusperte sich, seufzte und richtete sich auf.

»Nun«, fragte sie, »wie lange war ich weg?«

»Nur einen Augenblick.«

»Kam irgend etwas Brauchbares dabei heraus?«

»Eine ganze Menge.«

»Was!« fuhr Intil dazwischen. »Sie geben ihr massenhaft Hinweise und Hilfestellungen, und dann plappert sie nur vor sich hin, erzählt uns irgendein wirres Zeug von Vögeln –«

»Mr. Intil!« herrschte ich ihn an. »Wenn Ihre Dummheit ebenso groß ist wie Ihr schlechtes Benehmen, dann werden Sie niemals etwas finden.«

»Oh, es ist einfach, jemanden zu beschimpfen, wenn man vertuschen will, daß man nichts zustandegebracht hat«, sagte er verächtlich und traf mich damit an meinem wundesten Punkt. Ich hatte nicht vorgehabt, diesem rüpelhaften Dummkopf irgend etwas zu sagen. Aber die Sitzung war tatsächlich ein Erfolg gewesen, und ich hatte, da war ich mir sicher, dabei den entscheidenden Anhaltspunkt gefunden.

»Da sind Sie wieder einmal im Unrecht. Wie man ein Prospektor sein kann, wenn man so mit Blindheit geschlagen ist, ist mir ein Rätsel!«

»Ach, Sie, wo Sie selbst überhaupt nichts herausgefunden haben, geben Sie jetzt an und tun so, als ob Sie diesen Narrenzug hier verstanden hätten!«

Ich erhob mich und öffnete die Tür. »Verlassen Sie bitte das Haus! Und Ihre Frage, das lassen Sie sich gesagt sein, wurde beantwortet! Der erste Teil Ihrer Botschaft lautet: ›Wenn die Zeiger der Uhr zwanzig Minuten vor drei zeigen!‹«

Es war meine Absicht gewesen, ihn zu überraschen, doch einen so durchschlagenden Erfolg hatte ich nicht erwartet. Er blickte mich einen Augenblick lang an, dann drehte er sich um und rannte regelrecht aus dem Zimmer, den Flur hinunter, riß die Haustüre auf und warf sie hinter sich ins Schloß. Und wir konnten seine Schritte noch hören, als er bereits die Straße hinunterlief.

Kapitel 2

Ich wandte mich wieder Miss Brown zu.

»Sagen Sie mir nicht, was geschehen ist«, waren ihre ersten Worte. »Der kleine Kerl interessiert mich. Ich glaube, da steckt mehr dahinter, als mein ›Geist‹ an den Tag bringen konnte. Sollten wir diese Fährte jemals wieder aufnehmen, dann wird es besser sein, ich weiß so wenig wie möglich, damit uns mein Bewußtsein nicht in die Quere kommt.«

Ich kannte ihre Methode – es war das A und O eines jeden echten ›Mediums‹. Andernfalls mischt sich das Bewußtsein ein, versucht voreilig einen Sinn in etwas hineinzulesen, was aus tieferen Schichten emporgestiegen ist, und alles ist verdorben.

»Nun«, antwortete ich, »Sie wissen, daß Sie tatsächlich auf die Frage zu sprechen gekommen sind, die unserem seltsamen Kunden keine Ruhe ließ; und Sie wissen, daß Sie mir die Antwort gegeben haben, die ich ihm zuvor aus eigener Kraft nicht zu geben vermochte, und daß er ... man kann nicht sagen, zufrieden ist – er war regelrecht erschlagen von unseren vereinten Bemühungen.«

Sie lächelte. »Sie lassen mich also wissen, wenn er wieder auftaucht. Sicher ist er in irgendeine höchst merkwürdige Geschichte verwickelt.«

Ich hatte das sichere Gefühl, daß dies der Fall war. Ich verabschiedete mich von Miss Brown und versprach ihr, sie anzurufen, falls jener seltsame kleine Wal, der da eben weggetaucht war, wieder in unseren Gewässern gesichtet würde.

Doch es verstrichen einige Monate, und ich erinnerte mich erst wieder an Mr. Intil, als ich bei der halbjährlichen Durchsicht meiner Kartei auf den folgenden einzeiligen Eintrag unter IN stieß: ›Intil: selbst: kein Ergebnis – Mitarb.: Miss Brown. Hinweis gefunden. k.H.‹ Der Fall hatte sich offensichtlich von selbst erledigt, und wenn am Ende ›k.H.‹ steht, ist dies in aller Regel ein Zeichen für Endgültigkeit. Denn ›k.H.‹ bedeutet ›kein Honorar‹.

Zu jener Zeit war ich mit Routinearbeiten beschäftigt. Ein- oder zweimal dachte ich noch zurück an den Mann, aber wohl in erster Linie, weil ich noch immer eine deutliche Genugtuung empfand über die Art, in der ich den von Miss Brown in Trance gegebenen Hinweis entschlüsselt hatte. Aber schon bald sorgten andere Erfolge dafür, daß ich diesen kleinen Triumph vergaß. Ich genoß das Leben auf meine beschauliche Weise. Rätsel, die sich rentieren – es war ein Glücksfall, daß ich eine Möglichkeit gefunden hatte, meinem Vergnügen zu frönen und damit zugleich auch noch meinen Lebensunterhalt bestreiten zu können.

Doch dann ging ich eines Tages die Straße entlang, in Gedanken, wenn ich mich recht erinnere, gerade mit der Lösung eines mir gestellten Rätsels beschäftigt, als ich, ohne aufzublicken, unwillkürlich zur Seite trat, um meinen Gedankengang nicht zu unterbrechen – jemand stand mir im Weg, so nahm ich geistesabwesend wahr. Aber als ich auswich, trat die Gestalt, die ich keines Blickes würdigte – wie ich selbst bemüht, einen Zusammenstoß zu vermeiden –, ebenfalls zur Seite. Ich blickte mürrisch auf. Es war eines dieser lächerlichen kleinen, unbewußten Höflichkeitsduelle – jeder von uns machte dem anderen so spontan Platz, daß wir es fertigbrachten, uns weiterhin im Wege zu stehen. Diese alberne Springprozession auf dem Bürgersteig war für mich schon immer der beste Beweis für die Notwendigkeit eines aufgeklärten Egoismus. Dann sah ich, daß ich mich geirrt hatte. Mein Gegenüber versuchte gar nicht, mir aus dem Weg zu gehen, sondern vielmehr, mir denselben zu versperren. Er war ein Mann, der sich – dessen bin ich mir sicher – seines Rangs sehr wohl bewußt war. Er war alt; weißhaarig, aber sehr – nein, nicht aufrecht, er hatte nichts Militärisches an sich –, sehr elastisch, so sagt man wohl; seine Bewegungen wirkten geschmeidig – was mir bei einem alten Mann seltsam vorkam. Seine auffällige Erscheinung betonte er noch zusätzlich durch einen kurzen weißen Spitzbart. Dann sah ich ihm in die Augen. Sie waren auf mich gerichtet. Er versperrte mir absichtlich den Weg. Aber wo hatte ich diese Augen schon einmal gesehen? Ich kannte sie, da bestand kein Zweifel, und da er sicherlich kein Straßenräuber war, mußte auch er wohl der Meinung sein, mich zu kennen.

»Mr. Silchester«, sagte er.

»Mr. Mycroft!« rief ich. »Was hat Sie denn hierhin verschlagen?«

»Wie Sie sehen« – welch vertraute Einleitung: Stets forderte er mich auf, etwas zu sehen, was auf der Hand lag und was mir trotzdem gänzlich entgangen war –, »bin ich Ihnen auf der Spur.«

Irgendwie drängten mich sein Tonfall und der Umstand, daß ich mich ein wenig erschrocken hatte, in die Defensive. Dennoch war ich nicht mehr so hilflos wie einst. Inzwischen war ich ja selbst eine Art Fährtensucher geworden – genau wie er.

»Mr. Mycroft«, sagte ich, darum bemüht, meine Fassung zurückzugewinnen, »ich weiß, als wir uns seinerzeit trennten, war ich vielleicht zu Ihnen aus dem Wunsch heraus, zu meinem beschaulichen Leben zurückzukehren, ein wenig unhöflich. Nun, das Leben hat mich aus meinem bequemen Sessel vertrieben, und irgendwie ist es mir gelungen, wieder auf die Füße zu fallen oder, wenn Sie so wollen, Fuß zu fassen.«

»Allerdings«, sagte er leichthin mit dieser wissenden Art, die ihm eigen war. »Ich darf Sie nun einen Waffenbruder nennen, und«, so fügte er ein wenig spöttisch hinzu, »sollte ich gelegentlich in die alte Gewohnheit verfallen, ›Sehen Sie nicht?‹ zu sagen, dann betrachten Sie es als Kompliment, nicht als Kritik.«

»Als Kompliment?«

»Weil wir doch nun Kollegen sind.«

Ja, ich muß zugeben, daß ich mich wieder wie dazumal so oft geschmeichelt fühlte. Und als er fortfuhr und mich fragte, ob ich eine halbe Stunde erübrigen könne, da er mir eine interessante Geschichte zu erzählen habe und dringend meines Rats bedürfe, lud ich ihn ein, mit zu mir nach Hause zu kommen.

»Ja«, kommentierte er, als wir eintraten, »ja – wenn Sie mir eine persönliche Bemerkung gestatten –, ich hatte schon bei unserer letzten Begegnung den Eindruck, daß Ihre Flügel Sie tragen würden, sollte das Schicksal Sie je zum Fliegen zwingen. Ich habe von Ihrer Arbeit gehört und Ihre Artikel gelesen. Sie können Ihr Licht eben doch nicht unter den Scheffel stellen, Mr. Silchester. Aber sicher werden Sie wissen wollen, warum ich Sie gerade heute als Ihr Klient aufsuche. Eine sehr seltsame Spur hat mich hierher geführt. Ich glaube, keiner von uns Detektiven« – ich fühlte mich wie Königin Viktoria, als sich Disraeli, seine effekthascherischen Romane waren gerade in aller Munde, an die Verfasserin der *Blätter aus einem Hochland-Tagebuch* mit den Worten wandte: ›Wir Schriftsteller, Madam‹ – »ist jemals, wenn Sie mir diesen modernen Ausdruck erlauben, mit einer seltsameren Operation betraut worden. Ich will ganz offen mit Ihnen reden, Mr. Silchester, und deshalb beginne ich mit dem Hinweis, daß ich nicht ganz offen sein kann. Es ist – und ich weiß, was ich sage – die größte und«, er hielt inne, als ließe er sich die Sache noch einmal durch den Kopf gehen, »ja, die kurioseste, schillerndste, gefährlichste Angelegenheit, mit der ich mich jemals beschäftigt habe.«

Dieser zweite Teil der Beschreibung ließ, ich muß es zugeben, meine eben erst erwachte Neugierde schon wieder abflauen, getreu der guten Maxime, daß man sich hüten soll, in ein Wespennest zu stechen.

Er fuhr unbeirrt fort: »Über eines jedoch können wir ganz offen sprechen. Und das ist der Bereich, in dem Sie mir behilflich sein können und weswegen ich auch hierhergekommen bin, um Ihre Unterstützung zu erbitten. Irgendwo in diesem Teil der Welt steckt ein Mann, mit dem eine Reihe von Leuten, die in den meisten Teilen der Welt Ansehen genießen oder Einfluß ausüben – und in deren Auftrag ich diesen Fall bearbeite –, dringender als mit irgend jemandem sonst ins Gespräch zu kommen wünschen. Und der Letzte, der diesen Mann gesehen und mit ihm gesprochen hat, Mr. Silchester, das waren Sie. Wissen Sie, wo ein gewisser Mr. Intil zu finden sein könnte? Und wenn Sie es wissen, wären Sie bereit, mir diese Information anzuvertrauen?«

Ob ich nun wollte oder nicht, ich hatte zu dem alten Burschen ein gewisses Maß an Vertrauen. Und mit diesem Vertrauen verband sich ein plötzlich wiedererwachtes Interesse an jenem seltsamen kleinen, nur halb zu Ende geführten Fall. Also beugte ich mich zum Aktenschrank hinüber, holte jene Karteikarte hervor, die ich einige Wochen zuvor in der Hand gehabt hatte, und legte sie vor Mr. Mycroft auf meinen Schreibtisch.

»Hinweis gefunden«, sinnierte der alte Spürhund.

Ich erzählte ihm die Geschichte ohne Umschweife, obwohl mir ein wenig unwohl bei dem Gedanken war, was er wohl von meiner Zusammenarbeit mit Miss Brown halten würde.

»Gut gemacht.« Seine Antwort gefiel mir. »Ordentliche Arbeit. Es wäre für uns alle von Vorteil, wenn wir dem Unterbewußten mehr Aufmerksamkeit schenkten. Ich frage mich«, fügte er hinzu, »ob ich selbst wohl ohne solch eine Hilfe auf diese Lösung gestoßen wäre? Ich wäre Ihnen dankbar, wenn Sie so freundlich wären, irgendwann einmal einen altmodischen Vernunftmenschen wie mich mit einer Dame bekannt zu machen, die offenbar ihren Spürsinn auf eine ganz eigene Weise zu nutzen weiß.

Doch kommen wir zurück zu unserer Angelegenheit. Eines darf ich Ihnen, ja muß ich Ihnen über Mr. Intil verraten. Sie und Ihre Kollegin haben zu Recht das Gefühl gehabt, daß er ein mehr als gewöhnliches Interesse an der Sache nahm; und ich bin Ihnen für das, was Sie mir erzählt haben, sehr zu Dank verpflichtet. Es paßt ins Bild: Wir sind einen Schritt vorangekommen. Ich werde Ihnen die Geschichte kurz erzählen. Intil ist, auch wenn er, wie Sie zweifellos bemerkt haben, mehr als nur ein wenig übergeschnappt ist – im Augenblick will ich mich darüber lieber nicht weiter auslassen –, wirklich etwas Großem auf der Spur. Vielleicht sollte ich die Sache doch etwas ausführlicher erzählen, damit Sie sich eine bessere Vorstellung davon machen können, welche Ausmaße die Angelegenheit hat, um die es hier geht. Nun, ich sage Ihnen, er hat, wenn ich recht vermute, jemanden aufgespürt, der auf der Spur von etwas ist, gegen das ein Piratenschatz Kinderkram ist. Das ist eigentlich alles, was ich im Grunde sagen darf. Um das Wort Miss Browns, das Sie zitierten, aufzugreifen: ›Es kann leicht geschehen, daß man zuviel weiß, um noch mehr herausfinden zu können.‹ Doch an allem, was ich bisher gesagt habe, soll kein Zweifel bestehen. Mr. Silchester, ich bitte Sie, diese Jagd mit mir gemeinsam aufzunehmen.«

Er sah, daß ich zögerte. »Um ehrlich zu sein, ich brauche Ihre Hilfe. Sie kennen Intil, und Sie könnten ihn mir zeigen, wenn Sie ihn sehen. Ich glaube nicht, daß er bei Ihnen Verdacht schöpfen würde. Mich hingegen wird er wahrscheinlich bereits verdächtigen – zumindest wird er vermuten, daß meine Klienten jemanden auf ihn angesetzt haben. Er gehört zu denen, die es vorziehen, ihre Angelegenheiten per Post abzuwickeln, ohne in persönlichen Kontakt mit denjenigen zu treten, die vielleicht die volle Bedeutung dessen erahnen, was er seiner Meinung nach zu verkaufen hat.«

Ich zögerte noch immer, und er fügte hinzu: »Glauben Sie mir, ich hätte Sie nicht um Ihre Hilfe gebeten, wären Sie nicht inzwischen zu dem geworden, was Sie sind – ein ausgefuchster Experte –, und unter anderen Umständen hätten Sie natürlich auch nicht zugestimmt.« Was für eine aufrichtige, handfeste, freundliche Schmeichelei! »Außerdem – und auch hier kann ich ein ›natürlich‹ hinzufügen – kann ich mit Ihnen offen reden, da wir ja beide Profis sind. Verschwiegene Männer sind ja oft nicht gerade die Vertrauenswürdigsten. Ich will es nicht eine Spur geheimnisvoller machen, als es ist. Ich möchte, daß Sie das wissen – das Spiel, das wir spielen, ist nicht nur gefährlich. Gefährlich ist es ganz ohne Zweifel, aber es geht dabei eher um große Werte als um großes Risiko. Wie ich schon sagte, und ich habe meine Worte wohl gewählt – es ist eine Schatzsuche, und zwar eine Schatzsuche, neben der das Silber von Potosi, das Gold der Inka, selbst Eldorado, ja, alle drei zusammengenommen nicht mehr als ein Kehrichthaufen wären.«

Selbst zu der Zeit, als ich Mr. Mycroft noch mißtraute, hatte ich ihm zugestehen müssen, daß er ein außerordentlich korrekter Mann war. Sein Vorschlag mußte ernstgemeint sein, und es mußte sich tatsächlich um eine Angelegenheit von großer Bedeutung handeln. Doch die mir eigene Vorsicht hielt mich noch zurück.

»Warum gerade ich?« wollte ich wissen. »Was Sie für Ihre Arbeit brauchen, ist ein Bluthund, kein Trüffelschwein.«

Er lächelte. »Ich spiele den müden alten Hund, der die Fährte aufnimmt, und Sie spüren die Stelle auf, an der die verborgene Wurzel liegt. Ich glaube, wir werden beide Typen brauchen.«

»Meine Arbeit . . .« Ich begann, meine letzte Verteidigungsstellung zu errichten. Es war mir durchaus bewußt, daß es lächerlich wirkte – ich, der ich mein ganzes Leben in Muße zugebracht hatte! Doch wenn ich nun mein Büro im Stich ließ, dann verließ ich mein Heim, mein Hobby – und ich verlor meinen Lebensunterhalt.

»Wenn diese Suche ihr Ziel erreicht, dann werden Sie über die Spesen nicht groß nachzudenken brauchen. Ich mache Ihnen ein anständiges Angebot. Ich bin Geschäftsmann, und ich habe normale geschäftliche Vereinbarungen mit meinen Klienten getroffen. Geld kümmert sie nicht – und braucht sie nicht zu kümmern. Ich bin bereit, Ihnen ein Drittel des Honorars anzubieten, das man mir zugesagt hat. Und das ist kein Edelmut von mir. Es ist eine so immense Summe, daß sie für einen Mann meines Alters nicht mehr von großer Bedeutung ist.«

Ich wußte, daß es nur wenig Sinn hatte, Mr. Mycroft zu widersprechen, wenn er sich erst einmal etwas in den Kopf gesetzt hatte. Es war mir auch klar, daß er jeden, den er engagierte, großzügig entlohnen würde. Und ich wußte, daß meine Geschäfte im

Augenblick nicht allzu gut gingen. Natürlich ließ ich mich auf sein Angebot ein.

Im Gehen bemerkte er noch: »Können wir uns morgen vormittag treffen? Ich muß zuvor noch einige Erkundigungen einziehen, und dann kann unsere Jagd beginnen.«

»Aber«, gab ich zu bedenken, »ich habe keine Ahnung, wo Intil steckt. Ich habe ihn nur ein einziges Mal gesehen – und das liegt Monate zurück, und damals hat er im wahrsten Sinne des Wortes die Flucht ergriffen.«

»Oh«, erwiderte Mr. Mycroft, »ganz so sehr im dunkeln tappen wir nicht. Ich habe mehr als nur eine Vermutung, auf welchen Pfaden unser Mann wandelt und wo wir folglich hoffen können, einen Blick auf ihn zu werfen, sofern wir ihn im Vorbeigehen erkennen können. An dieser Stelle können Sie uns einen ersten wertvollen Dienst erweisen. Entsprechend ist auch unser Treffpunkt gewählt. Kennen Sie die kleine Kirche Los Angeles, der diese bemerkenswerte, wenn auch nicht gerade von Engeln bewohnte Stadt ihren Namen verdankt?«

»Das kleine alte Gebäude am Square?«

»Genau; seien Sie morgen vormittag um zehn Uhr dreißig dort. Und nun wäre es, sofern Ihr Büro über einen Hinterausgang verfügt, nicht unangebracht, ihn zu benutzen. Selig sind die Unauffälligen, denn sie werden nicht gefragt werden, warum sie dort waren, wo sie waren.«

Ich zeigte ihm, wie er die Rückseite des friedlichen Häuserblocks erreichen konnte, in dem sich mein kleines Büro befand, und ich hatte ihm den Weg kaum erklärt, da war er auch schon verschwunden.

Am darauffolgenden Morgen um zehn Uhr dreißig – ich war schon immer pünktlich, auch in Zeiten des Müßiggangs – schlüpfte ich in die schäbige kleine Kirche. So dunkel und ärmlich, wie sie im Inneren war, stellte sie einen ausgezeichneten Treffpunkt dar. Ein paar Mexikaner waren im Gebet versunken. Hin und wieder warf jemand einen Blick hinein, jedoch nur, um wieder zu gehen, als er nichts Sehenswertes entdeckte. Selbst der Geruch war alltäglich und unverdächtig.

Als meine Augen sich – nach dem grellen Licht draußen – an das ein wenig bedrückende Dämmerlicht gewöhnt hatten, suchte ich mir einen Platz, und einige Minuten später setzte sich jemand neben mich.

»Wenn ich von hier weggehe«, flüsterte er gerade noch hörbar, »dann harren Sie noch zwei Minuten aus. Danach folgen Sie mir und gehen zu der steinernen Bank auf der anderen Seite des Squares. Wenn Sie näher kommen, werden Sie bemerken, wie sich ein Mann mit einem breitkrempigen Strohhut und großer Sonnenbrille in Richtung Stadtzentrum entfernt. Bleiben Sie hinter ihm – folgen Sie ihm so lange, bis er einen Drugstore betritt. Gehen Sie hinein, und setzen Sie sich in die Nähe des Fensters. Dem Drugstore unmittelbar gegenüber befindet sich ein Laden für wissenschaftliche Instrumente. Den behalten Sie im Auge. Es ist ein großer Laden mit regem Publikumsverkehr. Falls Sie Mr. I. erblicken, fassen Sie sich mit der Hand hinten an den Jackenkragen, so als wollten Sie ihn zurechtrücken. Dann gehen Sie in Ihr Büro, wo ich mich mit Ihnen in Verbindung setzen werde.«

Das exerzierte ich einige Tage lang durch. Ich bekam Intil nie zu Gesicht, obwohl ich die Augen offenhielt und von diesem dauernden Blick zur Seite einen ganz steifen Nacken hatte. Nach etwa zwei Stunden pflegte Mr. Mycroft hinauszugehen, und ich folgte ihm in angemessenem Abstand. Nach dem ersten Tag ließen wir den ersten und zweiten Akt weg – das Treffen in der Kirche und die Verfolgung vom Square aus –, aber die Wache im Drugstore kam mir nur um so länger vor. Ich weiß nicht mehr, wie oft wir dieses Ritual durchlaufen hatten – ich vorne am Fenster und Mr. Mycroft im Hintergrund, von wo aus er ganz im Stile einer Spinne sein Netz im Auge behielt –, ehe ich ihn nach getaner Arbeit beim Treffen in meinem Büro fragte, warum er damit rechne, daß Intil überhaupt auftauchen werde, und warum just an jener Stelle und zu jenem Zeitpunkt.

»Es ist halb Vermutung, halb logische Schlußfolgerung«, antwortete er, »wie die meiste Detektivarbeit. Aber zum Teil zumindest sind es Folgerungen, die sich geradezu aufdrängen. Ich will Sie nicht, wie ich das früher getan habe, verwirren. Ich weiß, Sie haben Ihren Beobachtungssinn geschärft. Doch der letzte Schliff in puncto Kriminologie, der fehlt Ihnen noch. Haben Sie also Geduld mit mir. Ich bin sicher, wir sitzen direkt an jenem Loch, in das unser großer Fisch den Kopf hineinstrecken wird; eines Tages wird er zu jener Stunde vorbeihuschen, zu der wir dort Wache halten.«

Seine Zuversicht war mir ein Ansporn, vor allem, als Mr. Mycroft mir nach Ablauf der ersten vierzehn Tage – ich glaube, es war bei einem der Treffen in meinem Büro nach der üblichen ergebnislosen Wache – einen Scheck überreichte, einen Scheck über einen überraschend hohen Betrag. Er erledigte dies auf jene schnelle, sachliche Art und Weise, die einem das Gefühl gibt, daß man nicht nur einfach bezahlt wird. Hier zumindest gab es greifbare Ergebnisse. Er mußte genau wie seine Auftraggeber – wer immer sie sein mochten – der Ansicht sein, daß es galt, einen großen Fisch an Land zu ziehen, wenn man so großzügig beim Köder war.

Dann, als ich eines Tages wieder einmal in gewohnter Manier von meinem Posten im Drugstore aus die Kunden musterte, die im Laden gegenüber ein- und ausgingen, fiel mir ein Mann mit einem großen Koffer auf. Er trug eine Lederjacke, Blue Jeans und Trapperstiefel, und unter seinem großen Hut glaubte ich sogar einen Schnurrbart erkennen zu können. Es war der typische Aufzug für jemanden, der die High Sierra durchstreifen will, eine Uniform, ohne die dieser Tage kein gewöhnlicher Geschäftsmann der Wüste und den Bergen einen Besuch abstattet, ebensowenig wie ein New Yorker ohne Zylinder heiraten würde. Der Mann schritt eilig die Straße entlang, und etwas an seinem Gang machte mich stutzig – ich rückte meinen Kragen zurecht und sah im Spiegel, wie Mr. Mycroft rasch zur Tür hinausging und die Straße überquerte. Einen Augenblick lang beobachtete ich, wie die beiden breitkrempigen Hüte sich in der Menschenmenge einander näherten. Dann versperrte mir eine Straßenbahn die Sicht, und beide waren verschwunden.

Ich kehrte zurück in mein Büro und wartete. Schließlich erledigte ich ein paar Routinearbeiten. Ich hatte meiner Sekretärin – deren Tüchtigkeit sich hinter einer Erscheinung verbarg, die ihrem Namen, Miss Delamere, angemessen war – bereits gesagt, sie brauche nicht zu warten. Ich selbst hatte beschlossen, nicht länger als eine weitere halbe Stunde auszuharren. Dann trat Mr. Mycroft ein. Er machte einen recht erschöpften Eindruck.

»Wir haben ihn gefunden und wieder verloren«, waren seine ersten Worte. »Sie hatten recht, da besteht kein Zweifel. Es war der Mann, den wir suchen – Intil. Und wir werden ihn auch zu fassen bekommen. Aber er hat die Stadt verlassen.«

»Wie wollen Sie ihn dann zu fassen bekommen?« fragte ich vielleicht ein wenig ungehalten. »Dieses Land ist sehr groß, Mr. Mycroft, und in diesen Breiten fast menschenleer.«

»Und genau deswegen«, erwiderte er, »wird es um so leichter sein, die Fährte aufzunehmen.«

»Aber in einem Umkreis von tausend Meilen könnte er sich buchstäblich überall versteckt halten.«

Meine – wenn auch nur oberflächliche – Kenntnis des gewaltigen Südwestens gab mir das Gefühl, ich müsse einen Landsmann, der sozusagen gerade erst die engen Dimensionen unserer heimatlichen Insel, wo man in Zoll und nicht in Meilen maß, verlassen hatte, mit meinem überlegenen Wissen beeindrucken.

»Unser Mann«, sagte der alte Knabe, »hält sich nicht versteckt. Er mag zu einem Unterschlupf gehen, aber nicht, um sich dort zu verstecken. In Ordnung, ich werde Ihnen mit Hilfe einiger Indizien beweisen, daß es Zweck hat weiterzumachen. Warum haben wir jenen Laden für wissenschaftliche Instrumente so viele Tage lang beobachtet, und warum immer nur zu bestimmten Zeiten? Haben Sie jemals von der Etvos-Waage gehört? Sie war das Urmodell einer ganzen Reihe hochempfindlicher Meßgeräte. Es gibt Meßgeräte für elektromagnetische Wellen, die so feinfühlig auf Ströme reagieren, daß sie ein Ansteigen der Spannung zeigen, wenn sie sich über Wasser, über einem unterirdischen Fluß in großer Tiefe befinden, über Wasser, das erkennen läßt, daß es Verbindung zu einer Erzader hat, weil die Spannungswerte ansteigen. Es gibt gravimetrische Meßgeräte, die das Vorhandensein eines Erzlagers oder eines Kohleflözes in über dreihundert Meter Tiefe an der geringfügigen Veränderung des Gravitationsfeldes messen können, denn die verborgene Masse wiegt ein wenig mehr – oder weniger – als das sie umgebende Gestein.«

Mir waren diese unerhörten Geräte völlig unbekannt, und ich verspürte auch keine besondere Lust, sie kennenzulernen. Um die Geschichte voranzubringen, fragte ich: »Nehmen wir einmal an, Intil habe einen dieser Apparate erwerben wollen – warum hätte er das nicht zu jeder beliebigen Tageszeit tun können?«
»Genau deswegen«, erwiderte mein alter Schulmeister, und damit war er wieder bei seinen ›Eins nach dem anderen‹- und ›Immer mit der Ruhe‹-Ermahnungen, »genau deswegen müssen Sie erst einmal verstehen, um was für eine Art von neuen Apparaten es hier geht. Manche Menschen meinen, Instrumente würden den Menschen ersetzen. Dabei ist genau das Gegenteil der Fall. Je feinfühliger ein Instrument ist, desto geschickter muß auch der Benutzer sein. Man könnte sagen, manche dieser Maschinen sind

geradezu menschlich in ihrer Feinfühligkeit und ihrem Intuitionsvermögen. Manche sind – wie große Gelehrte – so sensibel, daß sie nur nachts arbeiten können; und eines dieser hochempfindlichen gravimetrischen Instrumente hat tatsächlich selbst die Initiative ergriffen und Dinge entdeckt, die zu finden es niemand beauftragt hatte, denn niemand wußte, daß sie zu finden waren.«

»Schön und gut«, sagte ich, »aber was hat das mit Intil zu tun?«

Er gluckste. »Wir haben Zeit, Mr. Silchester. Gestatten Sie einem alten Mann, seine Sinne zu erfrischen und zu ordnen, indem er seinem Berufsstand Reverenz erweist. ›Welch ein Meisterwerk ist doch‹, wie schon Hamlet sagt, ›der Mensch.‹ Ich habe so oft mit ansehen müssen, wie Menschen ihre Talente mißbrauchen, sehen müssen, wie mühselig und beladen sie sind, weil sie sich in die Netze ihrer eigenen List – einst ein angesehenes Wort – verstricken. Lassen Sie mich in Gedanken aufatmen und Dank sagen für einen Verstand, der so anständig und klar und liebenswert ist in seinem Instrumentarium.«

Dieser Stoßseufzer rührte mich. Schließlich – das verstand ich nun –, wie oft mußte der wahre Detektiv doch daran verzweifeln, ob es bei all diesen labyrinthischen Rätseln, den hinterhältigen Fallen und den Leuten, die ein doppeltes Spiel treiben, irgendeinen Sinn, irgendeine Richtung, irgendein Ziel geben konnte!

»Ich sehe, Sie erbarmen sich meiner. Sind Sie bereit, noch einen Schritt weiter zu gehen? Sind Sie bereit, einen echten Chinatee mit mir zu trinken, wie es sich für einen Briten schickt?« Er zog einen kleinen Beutel aus seiner Tasche hervor. »Ich habe immer ein wenig Itschang bei mir. Trimethylxanthin – das ist das Elixier, das die detektivischen Sinne belebt. Man nehme Alkohol, wenn tatkräftig gehandelt werden soll, Koffein für den vernünftigen Ratschlag, Thein zum Nachdenken.«

Ich setzte Wasser auf, und bald fühlten wir uns ruhiger, denn kein anderes Getränk ist ein solcher Balsam für die Nerven.

Mr. Mycroft schlürfte seinen Tee und fuhr fort: »Sie werden schon bald erkennen, was all das mit Intil zu tun hat und warum wir ihn – was daraus folgt – ein wenig an der langen Leine lassen können. Wie gesagt, es gibt ein Meßinstrument von solcher Sensibilität, daß es etwas entdeckt hat, von dem wir nichts weiter wissen, als daß dieses Instrument es registriert! So hochempfindlich, daß es nur in der Nacht arbeitet – wo es die nächtlichen Schwingungen der magnetischen Veränderungen des Tages mißt –, ja, und das nicht einmal während der ganzen Nacht. Lediglich in der Mitte der Nacht, meist so um die Geisterstunde gegen ein Uhr morgens, übermittelt es eine Folge von im Augenblick unverständlichen Signalen. Was dahintersteckt? Wir wissen es nicht. Wir können nur vermuten, daß sich in jener Stunde in der unsichtbaren Welt, die uns umgibt, irgendeine Kraft manifestiert, irgendeine Flut ihren Höhepunkt erreicht. Es mag eine Welle im Ozean neuer Entdeckungen sein, die sich am schmalen, landumschlossenen Ufer unserer Sinne bricht. Die Bedeutung, die das für Intil und uns hat« – ich muß zugeben, ich blickte erleichtert über den Tassenrand –, »besteht darin, daß der Umgang mit solchen Meßgeräten, das brauche ich wohl kaum eigens zu erwähnen, erlernt sein will. Bei manchen davon ist im Vergleich dazu das Beherrschen der Violine ein Kinderspiel.

In diesem Bereich muß ein Verkäufer auch ein Gelehrter sein. Kurz gesagt, jener Laden für wissenschaftliche Instrumente hat, wie Sie sicher schon vermuteten, sämtliche geologischen Instrumente vorrätig, die man zum Prospektieren braucht. Der mächtige Staat Kalifornien ist auf Mineralien – vom Gold bis hin zum Öl – errichtet worden. Die üblichen Ausrüstungsgegenstände kann man ohne weitere Instruktionen verkaufen. Doch die neuesten wissenschaftlichen Instrumente müssen vorgeführt werden. Als ich hierher kam, um Intil aufzuspüren, machte ich selbstverständlich zuallererst den besten und angesehensten Laden für geologische Meßinstrumente ausfindig. Ich brachte in Erfahrung, daß sich dort jemand nach einem ganz besonderen Instrument erkundigt hatte, einem Instrument, das erst seit kurzem auf dem Markt ist; es handelt sich um einen speziellen Detektor für radioaktive Erze. Glücklicherweise hatte der Hersteller dieser wissenschaftlichen Instrumente dem Laden noch kein Exemplar geliefert. Aber in derselben Woche war eine Benachrichtigung aus dem Osten, wie man hier zu sagen pflegt, eingegangen, daß in Kürze damit zu rechnen sei. Zugleich fand ich – was mich um Ihretwillen sehr erleichterte – heraus, daß der einzige Mann, der die empfindlichsten Instrumente, die der Laden führt, vorzuführen imstande ist, nur jeden Vormittag für zwei Stunden anwesend ist. Er wird dafür bezahlt, daß er einigen wenigen ›fortgeschrittenen‹ Kunden zur Verfügung steht, die diese fortgeschrittenen Dinge verlangen. Hauptberuflich arbeitet er in einem Naturkundemuseum. Daher war ich mir hinreichend sicher, daß Intil genau zu der betreffenden Zeit genau diesen Laden aufsuchen würde. Und das tat er dann auch; an dem Tag, an dem wir ihn sahen, nahm er das gelieferte Instrument in Empfang und ließ es sich erläutern. Ich folgte ihm zum Bahnhof, beobachtete, wie er sich eine Fahrkarte kaufte, brachte sein Ziel in Erfahrung und vergewisserte mich, daß er den Zug bestieg. Dann kehrte ich zurück zu dem Laden für Meßinstrumente und wechselte einige freundliche Worte mit dem Inhaber, der mich bat, in drei Tagen erneut vorzusprechen, denn bis dahin hoffe er, ein weiteres Exemplar der ›Waage‹ vorrätig zu haben. Es war sehr freundlich von ihm, daß er mir das Instrument vorführen wollte, doch ich mußte ihm sagen, daß ich diese Präsentation auf später verschieben müsse. Denn in drei Tagen werden Sie und ich, Mr. Silchester, diese Stadt verlassen haben. Mit Verlaub, wir machen uns auf in die Wildnis – in die endlose Wüste.«

»Um einen Mann zu finden, von dem Sie nicht mehr wissen, als an welchem Bahnhof er aussteigt? Oder vielleicht auch nur umsteigt?« protestierte ich.

»Aber nein. Ich habe so meine Hinweise, und ich habe einige Vorkehrungen getroffen. Werden Sie mich begleiten?«

Ich war mir meiner Sache ganz und gar nicht sicher, doch ich sagte zu, und wir nahmen Abschied voneinander.

Kapitel 3

Der Zug fährt erst nachmittags um zwei«, begrüßte mich Mr. Mycroft bei seiner Ankunft in meinem Büro, wo ich damit beschäftigt war aufzuräumen – hatte er mich doch vorgewarnt, daß wir vielleicht vierzehn Tage lang unterwegs sein würden. »Aber wir müssen noch einige Besorgungen erledigen. Gestatten Sie mir, daß ich mich nach wie vor weitgehend in Schweigen hülle? Sie haben nichts dagegen, sich so weit in meine Hände zu geben und keine Fragen zu stellen?«

Ich gebe zu, ich verspürte einen Anflug von Unmut. Wollte der alte Knabe sich nur wichtigmachen, wollte er mich in meine Schranken weisen, oder war das alles wirklich notwendig? Nun, ich war bereit, zu seinen Gunsten das letztere anzunehmen. Er reichte mir eine Liste von Dingen, die ich für ihn besorgen sollte; es handelte sich um die üblichen Sachen, die man für einen Wanderausflug zu brauchen pflegt: Schlafsäcke, Kochgeschirr, Lebensmittel etc.

»Wir treffen uns um ein Uhr fünfundvierzig im Wartesaal des Bahnhofs«, sagte er, und gehorsam machte ich mich auf die Socken.

Sein Bündel war, als wir wieder zusammentrafen, kleiner als das meine. Es kam mir vor, als hätte ich den Hauptteil der Arbeit erledigt. Im Zug, der übrigens fast leer war, packte er einiges davon aus und ordnete es. Ich erinnere mich noch, daß mir dabei die sehr schweren wasserdichten Handschuhe auffielen.

»Ich dachte«, sagte ich, »wir fahren in die Wüste? Die Nächte sind zwar oft kalt, aber um diese Jahreszeit brauchen wir nicht einmal mit einem Schauer zu rechnen, und wir werden kein Wasserloch mit auch nur einer Spur von Wasser finden.«

Er blickte auf. »Einen Schauer?« fragte er. »Eine sprudelnde Quelle womöglich?«

Es schien mir, als sei diese Bemerkung auf meine Schwatzhaftigkeit gemünzt. Ich war verletzt und beschloß, dem Alten keine Fragen mehr zu stellen, nicht einmal bei unserer Ankunft, wo auch immer das sein mochte.

Wir ratterten dahin. Ich las. Es wurde Nacht. Wir schliefen. Er las ebenfalls. Meinetwegen, ich konnte genauso gut schweigen wie er. Auch der nächste Tag neigte sich dem Ende zu. Ich blickte träge in eine Landschaft hinaus, die mittlerweile wirkte wie ein geologisches Schaubild gewaltigen Ausmaßes. Der Zug hatte gehalten – es war ein Zug, der häufig hielt; er verfiel ins Meditieren an Orten, die eigens dazu und zu nichts anderem geschaffen schienen. Diese Station glich dem letzten halben Dutzend aufs Haar. Doch Mr. Mycroft erhob sich.

»Hier steigen wir aus«, sagte er.

Getreu dem Vorsatz, ihm keine Fragen zu stellen, solange er sich so verschlossen geben wollte, blickte ich aus dem Abteilfenster. Ein kleiner Schuppen stand unmittelbar neben den Gleisen. Meine Pakete wurden bereits ausgeladen. Draußen empfing uns eine solche Hitze, daß ich einen Augenblick lang die Augen schloß und mich ganz meinen Gefühlen hingab. Die gewaltige Landschaft mit ihrer unermeßlichen Weite hatte weit mehr von einem engen, bedrückenden Raum an sich als der klimatisierte Zug, den wir eben verlassen hatten. Dieser große schwarze Zylinder der Zivilisation, mit dessen Hilfe wir in diese unmenschliche Wüstenwelt vorgedrungen waren, schnaubte nun, rüttelte sich wach aus seiner kurzzeitigen Apathie, stieß einen Klagelaut aus und nahm die Fahrt wieder auf. Man hätte uns ebensogut am hellichten Mittag auf dem Mond aussetzen können. Ich hatte versucht, bei Mr. Mycroft den Eindruck zu erwecken, daß ich dieses Land kennen würde. Aber in Wirklichkeit hatte ich nie einen Fuß in die eigentliche Wüste gesetzt. Ich war lediglich mit dem Zug hindurchgefahren, was im Grunde wie ein kurzer Ausflug in einem Unterseeboot ist – man blickt hinaus in ein anderes Element, aber man kommt nie wirklich damit in Berührung. Und natürlich hatte ich bei schönem Wetter ein oder zwei Ausflüge zu dem einen oder anderen Naturpark in der Wüste gemacht. Doch dieses Mal fühlte ich, daß ich weit weg von zu Hause war. Mr. Mycroft hingegen unterhielt sich angeregt mit einem Mann, der aus dem Schatten des Schuppens herausgetreten war. Als ich meine Kräfte gesammelt hatte und zu ihm hinüberging, wandte er sich mir zu.

»Mr. Silchester, dies ist Mr. Kerson.« Und nachdem wir die Vorstellungsprozedur hinter uns gebracht hatten, fuhr er fort: »Schritt eins ist getan, und, soweit ich beurteilen kann, war es ein Schritt in die richtige Richtung. Nun also Schritt zwei.«

In der Hitze und im gleißenden Licht begannen er, Kerson – und ich, nachdem ich wußte, was sie zu tun gedachten –, unsere Gepäckstücke auf die andere Seite des Schuppens zu schleppen. Dort wartete ein Wagen auf uns. Inzwischen war der Zug zu einem schwarzen Fleck mit einem dunklen Schatten darüber geschrumpft, und man konnte beide in der Ferne allmählich verschwinden sehen. Wie man sonst den Ruß und den Rauch und das rußverschmierte Eisen verabscheute! Und doch blickte ich nun, wo ich von einer Welt der harten, scharfen Farben umgeben war – die Erde braungelb, eingerahmt von Bergen in Amethyst und Lapislazuli und überwölbt von einem Himmel in makellosem Saphir –, wehmütig dem einen rasch kleiner werdenden Fleck auf dieser unermeßlichen Landschaft nach. Nun gab es nichts mehr außer den schmalen Schienensträngen, die von uns fortliefen, bis sie nur noch einen dünnen schwarzen Faden bildeten, der uns allein noch mit der Menschenwelt verband.

»Alles verpackt«, hörte ich Mr. Mycrofts Stimme, und ich folgte ihm in den Wagen. Ich fühlte mich auf eine irritierende Weise beschämt, weil ich nicht geholfen hatte, und wegen meiner Antipathien, die ich gegenüber der Wüste empfand.

»Wohin fahren wir?« fragte ich unwillkürlich, denn mir fiel auf, daß keine Straße zu sehen war und daß wir offenbar von der Bahnstrecke wegfuhren.

»Mr. Kerson weiß schon, was er tut«, antwortete Mr. Mycroft. »Der Untergrund ist ausgezeichnet, und wie er mir gesagt hat, bleibt er das noch für viele Kilometer. Wir werden an den ehemaligen Ufern und auf dem Grund einer Reihe ausgetrockneter Seen entlangfahren.«

Die Hitze war unglaublich, aber nach dem ersten Schock – es war, als stehe man vor einem offenen Backofen – merkte ich, wie ich mich allmählich daran gewöhnte. Es war eine absolut trockene Hitze, und das macht es – habe ich mir erklären lassen – erträglich, obwohl ich sagen muß, daß ich mich nach einer Weile um die Lippen und die Nase herum wie eine Eidechse zu fühlen begann. Ich weiß nicht, wie weit wir fuhren; es ging auf dem flachen, harten Untergrund aus Sand recht schnell voran. Schließlich bemerkte ich, wie rund um die Hügel oder Berge – man konnte ohne etwas Lebendiges als Maßstab, das dem Auge half, sich ein Urteil zu bilden, nicht abschätzen, wie groß sie waren – die Schatten begannen, sich als große blaue Felder auf dem Beige abzuzeichnen. Als wir den nächsten Streifen unwegsameren Geländes, der diese ehemaligen Seen voneinander trennte, überquerten, hörte ich, wie Kerson zu Mr. Mycroft sagte: »Links hinter dem Steinhaufen dort habe ich ein Lager eingerichtet.«

Wir steuerten es an. Er schaltete den Motor ab, und eine Stille, die – das konnte man sich leicht ausmalen – über den von uns selbst gemachten belanglosen Geräuschen gehangen hatte, sank plötzlich auf uns herab. Sie dauerte jedoch kaum mehr als ein paar Sekunden, denn weder Mr. Mycroft noch Kerson – ein Mann, der so vertrocknet wirkte wie die Wüste selbst – schienen innezuhalten. Sie stiegen aus, und ich folgte ihnen. Es war sozusagen ein zweiter Schritt hinaus und hinab – nach dem ersten aus dem Zug war dies nun ein Schritt in etwas noch Fremderes und Unergründlicheres. Nach ein paar Schritten wandte sich Kerson plötzlich nach links und verschwand. Die Luft in dieser Gegend war so klar, daß man hätte denken können, er sei durch die flache, bemalte Kulisse gestiegen, der jegliche Tiefe zu fehlen schien. Als ich dort anlangte, sah ich, daß zu unseren Füßen eine recht weitläufige Schlucht lag, doch obwohl sie fast fünfzig Meter breit war, sah man diesen Riß in der Erde erst, wenn man unmittelbar davorstand. Unter einigen riesigen Felsen, die die Kante krönten, befand sich eine Höhle, in der Kerson verschwunden war. Im Inneren waren einige Vorräte aufgestapelt, und sie wirkte gemütlich wie ein Blockhaus – eigentlich sogar noch gemütlicher, denn die Höhle war kühl und geräumig. Unser Führer machte sich daran, das Abendessen für uns zu richten.

»Kommen Sie mit, Mr. Silchester«, sagte Mr. Mycroft. »Wir decken den Wagen ab und bringen das Gepäck herüber.« Ich folgte ihm nach draußen. Während wir mit diesen Dingen beschäftigt waren, sagte er: »Kerson ist einer aus meiner Zunft, der sich in die Einsamkeit zurückgezogen hat. Schließlich ist der Fährtensucher der Detektiv der Vorzeit. Dieser Mann hat etwa 70 Kilometer von hier einen kleinen Handelsposten für die Indianer; es gibt ein großes Reservat ganz in der Nähe. Als ich meine Vorstudien für diesen Fall – mit denen ich Sie im Augenblick nicht zu belästigen brauche – abgeschlossen hatte, war mir klar, daß ich die Wüste im Auge behalten mußte. Sie konnten mir, so fand ich bald heraus, Informationen über den Menschen Intil geben; aber ich mußte jemand anderen finden, der mir etwas über sein Ziel erzählen konnte.«

»Es ist ein reichlich weitläufiges Ziel.«

»Aber wunderbar klar und leer.«

»Trotzdem – hier könnte ein Mann für immer verschwinden, ohne daß irgend jemand davon erführe.«

»Möglich, er könnte hier sterben, doch ich würde jede Wette eingehen – selbst wenn diese Landschaft noch so weitläufig und leer erscheint, irgend jemand hätte ihn gesehen – wenn auch vielleicht nicht im Augenblick seines Untergangs, so doch als er in sein Verderben lief. Die Indianer sind von Natur aus aufmerksam, sie sind gute Beobachter. Sie mischen sich nicht ein, wenn sie es vermeiden können. Sie sprechen auch nicht über ihre Beobachtungen, es sei denn aus einem triftigen Grund. Doch einer unter ihnen hätte ihn gesehen. Unwillkürlich, es ist seine Natur. Er mag keine Fremden und schon gar keine Eindringlinge. Deshalb wird er sie in der Regel sich selbst überlassen, selbst wenn sie in größte Gefahr geraten sind.«

»Hat Kerson denn irgend etwas Neues über unseren Mann erfahren?« fragte ich ein wenig ungeduldig.

»Ich wäre wohl kaum mit Ihnen hier herausgefahren, wäre das nicht der Fall.«

Das Ausladen des Gepäcks war beendet, und als wir hinter dem Felsen wieder bei unserer Höhle anlangten, richtete Mr. Mycroft das Wort an Kerson, der auf dem flachen, glatten Lehmboden saß und mit einem Spirituskocher zugange war.

»Wären Sie wohl so freundlich und würden uns beiden noch einmal berichten, was Sie von den Aktivitäten des Fremden vor drei Tagen wissen?«

Ohne seine Arbeit zu unterbrechen, rezitierte der Händler mit lustlos schleppender Stimme, so, als lese er aus dem Logbuch eines Schiffes vor: »Blaue Feder sah Mann mit zwei Mauleseln – hat er vielleicht von dem alten Goldsucher Sanderson. Der hat sich früher hier überall rumgetrieben. Schon ziemlich lange nicht mehr gesehen worden, ist vielleicht irgendwo untergetaucht. Schotte, macht von Zeit zu Zeit mal 'ne Kur nur mit Scotch. Blaue Feder hat Mann mit Mauleseln hier auf diesem Pfad beobachtet. Sind von hier noch ein ganzes Stück weitergezogen. Natürlich könnten die drei – wenn er es schafft, in der Nähe der Wasserstellen zu bleiben, und wenn er den Weg kennt – von hier bis Kanada gehen. Na, das erste Stück können wir ihnen auf jeden Fall nachgehen. Blaue Feder sagt, die Spuren sind eine ganze Weile deutlich zu sehen.«

Mr. Mycroft ließ die Worte im Raume stehen und begann, auf einem zweiten Kocher den Kaffee zuzubereiten. Da man von mir anscheinend erwartete, daß ich mich ebenfalls nützlich machte, rollte ich unser Bettzeug aus und legte es auf dem breiten Sims aus, einer Art Plattform, die sich zu beiden Seiten der Höhle erstreckte. Als ich mich umwandte, schaufelte Kerson gerade Speck und Eier auf zerbeulte Blechteller, und Mr. Mycroft hatte ein ebenso ramponiertes Trio von Trinkbechern aufgetrieben. Die Tatsache, daß das Eßgeschirr so wirkte, als stamme es von einem Abfallhaufen, konnte mir den Appetit nicht verderben. Es roch ausgezeichnet, und die dünne Luft hatte mich hungrig gemacht. Was mich diesem köstlich duftenden Mahl zwar nicht mit Abneigung, aber doch mit einem leichten Zögern entgegensehen ließ, war das Ambiente, in dem es eingenommen werden sollte. Durch den Höhleneingang sah man – scheinbar zum Greifen nahe – einen Berg aus reinem Amethyst. Es schien, als bestehe er aus einem einzigen gewaltigen Kristall, der zu glatt und steil war, um je bestiegen zu werden. Die Sonne war hinter ihm versunken, aber mir war, als müsse man die waagerechten Strahlen purpurfarben durch die Felswand dringen sehen, so glasklar wirkte er. Über dem messerscharfen Gipfelgrat wölbte sich der Himmel in Streifen von Orange, Zitronengelb, Grün bis hin zu Blau und einem Purpurviolett, das fast schon indigofarben war. Bis in den grünen Streifen hinab waren bereits die hellsten Sternbilder wie eine Stickerei aus Gold zu sehen. In diesem Szenario, in dieser von Heiterkeit erfüllten Weite, schien es unangemessen, ›sich den Bauch vollzuschlagen‹ – und dabei konnte ich es kaum erwarten.

»Der Kaffee ist fertig«, hörte ich dann Mr. Mycroft sagen, und als ich erst einmal mit Essen und Trinken begonnen hatte, schwanden meine seltsamen Bedenken.

Doch nachdem wir aufgeräumt hatten – Kerson hatte sich bereits in seine Decke gewickelt, und auch Mr. Mycroft ruhte schon auf seinem Lager und machte sich lediglich noch einige Notizen beim Schein der Taschenlampe –, besah ich mir die spektakuläre Szenerie ein weiteres Mal. Der Himmel war nun gleichmäßig indigoblau, doch so sternenübersät, daß man sich kaum vorstellen konnte, es könnte große Entfernungen in diesem kosmischen Schneesturm der Sonnen geben. Über mir wölbten sie sich in einem vollkommenen Rund, ein leuchtender Schleier – man blickte hinauf zur Milchstraße, auf den Dreh- und Angelpunkt unserer eigenen kleinen Welt. Die Luft war so klar, daß es sie gar nicht zu geben schien. Sterne standen auf dem Bergrücken gegenüber und waren ebenso hell, so leuchtend, wie die hoch über mir. Immer wieder – wie ferne Leuchttürme – blitzten sie hinter dieser jäh aufsteigenden westlichen Wand auf, während ein zweiter Wächter seine Zeichen hinter dem Wall im Osten gab. Plötzlich, aus dem Dunkel hervorschießend, zog ein Meteor seinen vollkommenen Lichtbogen, ließ einen Augenblick lang ein schwaches Leuchten zurück und verschwand.

»Das ist einer unserer Hinweise«, vernahm ich leise Mr. Mycrofts Stimme neben mir. »Sie sollten nicht meinen, Mr. Silchester, nur weil wir in dieser grenzenlosen Wüste – ›Am Tage nichts als Geologie, in der Nacht nichts als Astronomie‹, wie Priestley es so unvergleichlich ausdrückte –, nur weil wir nach einem Mann und zwei Mauleseln auf der Suche sind, hätten wir jeglichen Sinn für die Proportionen verloren. Auch wir folgen im wahrsten Sinne des Wortes einem Stern, und zwar einem Stern, dem ich lieber nachziehe, als daß ich ihm zu nahe komme. Darüber hinaus – eigentlich trifft es die Sache auch viel besser – ist das, was wir suchen und dessen Mißbrauch wir verhindern wollen, wenn er sich verhindern läßt, etwas, das uns hinführt zum Wesen der Dinge. Gehen Sie zu Bett, Mr. Silchester, und ruhen Sie sanft. Das ›ewige Schweigen‹ braucht uns nicht zu ›schrecken‹, denn wenn wir wollten, könnten wir selbst sagen, was es uns zuflüstert.«

Was all dies heißen sollte, war ich außerstande zu sagen. Aber mir schien, der alte Herr war davon überzeugt, daß er ein Ziel hatte, dem zuzustreben sich lohnte und von dem er wußte, wie er es erreichen konnte. Und zugleich fühlte ich, daß es im Moment nichts Besseres als den Schlaf gab. Ich kroch in meinen Schlafsack und war eingeschlafen, bevor ich mich einmal umgedreht hatte.

Die beiden anderen hatten schon mit den Frühstücksvorbereitungen begonnen, als ich erwachte – mit einem Appetit, der nichts dabei fand, alles zu verspeisen, was man mir anbot, mochte das Panorama noch so schön sein. Mr. Mycroft und Kerson hatten offensichtlich schon Pläne geschmiedet. Das Gepäck, das wir mitnehmen sollten, war bereits zusammengestellt. Nachdem ich herzhaft gefrühstückt hatte, saß ich also draußen und bewunderte die Aussicht, die bei den ersten Sonnenstrahlen und der Kühle des Morgens zwar nicht so spektakulär war wie am Abend zuvor, doch deshalb vielleicht noch um so reizvoller war. So allmählich bekam ich das Gefühl, daß ich mich mit der Wüste anfreunden könnte. Es wehte ein sanftes Lüftchen; die Sonne stand niedrig und warf lange Schatten, die die schroffen Abhänge und farbigen Felsen stark hervortreten ließen. Dieser Ort glich mehr einem phantastischen Garten als einer Wüste. In den Ritzen der seltsam geformten farbigen Steine wuchsen, wie ich jetzt bemerkte, merkwürdige kleine Pflanzen, deren kräftige Blätter und Stiele fast wie aus Stein gemeißelt schienen. »Nun fehlten nur noch ein oder zwei Tiere«, dachte ich bei mir, »und die Komposition wäre auf ihre Art perfekt«, und im selben Augenblick huschte ein flinkes graues Wesen, eine Art langgestrecktes Eichhörnchen, vorbei. Behende sprang es auf einen Felsbrocken und wieder zurück auf die Erde. Gebannt beobachtete ich seine eleganten Bewegungen. Es steuerte auf ein kleines Stück Brotrinde zu, das ich in einiger Entfernung hingeworfen hatte. Es schoß hervor, schnappte das Brot, schaute sich um, nahm ein oder zwei genüßliche Bissen – und wurde zu einem kleinen blutigen Fellbündel zerschmettert. Mein linkes Ohr dröhnte, als habe es einen Schlag abbekommen. Ich schnellte herum. Kerson stand einige Meter hinter mir, das Gewehr in der Hand.

»Sie Bestie!« schrie ich erregt. Ich war erschrocken und zugleich schockiert über diesen kaltblütigen Mord. Ich wandte mich um und beugte mich über den armen kleinen Leichnam, der das Brot noch zwischen den Zähnen hielt.

»Fassen Sie es nicht an«, hörte ich Mr. Mycrofts Stimme, »sein Blut an Ihren Händen könnte Ihr Verhängnis sein. Wir sind hier nicht weit vom Tulare County, das eine traurige Berühmtheit erlangt hat als der Ort, an dem man erstmals Fälle von Tularämie festgestellt hat. Heute hat sich die Seuche allerdings schon über Tausende von Kilometern verbreitet. Wenn Sie eine kleine Wunde an der Hand haben und das Blut des Tieres mit dem Ihren in Berührung kommt, dann ist es um Sie geschehen.«

Ich fuhr zurück. Sogar in der Wüste, in der keimfreien Wüste drohte tödliche Ansteckungsgefahr!

Beiläufig fügte Kerson hinzu: »Kann man nicht zulassen, daß die kleinen Biester überall über unseren Kram krabbeln. Tularämie ist nicht so schlimm, das ist nur 'ne Blutkrankheit. Aber ein Wildhüter hat mir neulich gesagt, die Ziesel und Backenhörnchen haben jetzt allesamt die Pest. Wenn man von denen ihren Flöhen gebissen wird, dann geht's einem dreckiger wie bei 'ner Klapperschlange.«

Rasch trat ich noch weiter zurück – schon jetzt konnte ich zu meinem Ekel eine kleine Prozession brauner Pünktchen ausmachen, die das leblose graue Fell verließen.

»Die gehen schon nicht an Sie«, fuhr Kerson leichthin fort, »nur wenn sie müssen. Aber wenn die Flöhe hier überall in der Höhle wären, dann würd' Sie früher oder später einer beißen, wer weiß warum, aus Zufall, und dann kämen Sie zu Fall.« Er kicherte über sein widerliches Wortspiel. »Nein, wenn man sie erschießt, sobald man eins sieht, und sie dann austrocknen läßt, dann geht man so ziemlich auf Nummer sicher. Schlimm würd's erst, wenn die jemals Milzbrand kriegen würden. Hat mir 'n Wildhüter neulich erzählt, daß er meint, er hätte 'n Fall davon bei einem von diesen verdammten Nagern gesehen. Natürlich hat er nur Benzin über den Kadaver gekippt und 's verbrannt. Autopsie hätte der nicht riskiert.«

Wir schlossen unsere Vorbereitungen ab und machten uns schweigend auf den Weg. Ich war erregt und saß im Auto, ohne ein Wort zu sagen. Wir folgten der Uferlinie des nächsten ausgetrockneten Sees und kamen recht gut voran, denn wir blieben die ganze Zeit auf der harten Sandpiste, dort, wo sie in Fels und Geröll überging. Die Spur sah aus wie eine fein säuberliche Ziernaht, wie ein exakt eingeprägtes Muster. Als wir sie zum ersten Mal sahen, stiegen Mr. Mycroft und Kerson aus. Ich folgte ihnen.

Ich hörte, wie Kerson sagte: »Manchmal halten sie sich jahrelang.« Mr. Mycroft erwiderte: »In der baktrischen Wüste sah der Forscher Aurel Stein, als er eine Stätte aufsuchte, an der er einige Jahre zuvor gewesen war, vor sich die Spur eines Mannes und eines Hundes. Es war seine eigene, viele Jahre alte Spur.«

»Die hier sind allerdings frisch; achten Sie auf die Ränder. Ich wette, das ist der Bursche, von dem Blaue Feder gesprochen hat.«

Wir stiegen wieder in den Wagen und schnurrten dahin, während sich die Spur vor uns abzurollen schien. Wir umrundeten eine Landspitze nach der anderen, wo sich einst, so vermutete ich, baumbedeckte Kuppen im ruhigen, kühlen Wasser gespiegelt hatten – ein schmerzlicher Gedanke für manchen Trapper. Dann plötzlich fanden meine Gedanken und, so glaubte ich, Mr. Mycrofts Hoffnungen ein jähes Ende. Der harte sandige Grund des Sees endete – wir hatten das obere Ufer erreicht.

»Das ist der letzte in der Seenkette«, sagte Kerson. »Es hat keinen Zweck, in der Richtung weiterzufahren. Es kommt kein Sand mehr, nur noch Felsen und Geröll.«

Mr. Mycroft wirkte nicht allzu niedergeschlagen. »Wir können uns glücklich schätzen, daß wir dank Ihrer Hilfe erfolgreich begonnen haben. Ich denke, wir werden noch ein wenig zu Fuß weiter erkunden und uns in der Gegend umsehen. Wenn Sie uns etwas Proviant hierlassen, werden wir wohl sonst nichts weiter brauchen, und wenn Sie am Abend hierher zurückkommen, richten wir unseren Erkundungsgang so ein, daß wir hier wieder auf Sie treffen.«

»In Ordnung«, entgegnete Kerson nur, und wenige Minuten später war auch das Geräusch des Wagens, nachdem er um einen Felsvorsprung gebogen war, nicht mehr zu hören. Wir loteten eine Einsamkeit von bisher ungeahnter Tiefe aus.

»Jetzt geht es erst richtig los mit der Spurensuche«, war hingegen Mr. Mycrofts schlichter Kommentar. »Eine so offensichtliche Fährte mag für den morgendlichen Ausritt genügen, aber nicht für eine echte Jagd.« Er ging zu jener Stelle, an der acht kleine und zwei größere Abdrücke die Sandfläche verließen und ihren Weg auf dem Geröll fortsetzten. Ein-, zweimal ließ er seine Blicke schweifen und legte dabei den Kopf auf die Seite. »Es trifft sich gut«, sagte er, »daß die Sonne noch nicht allzu hoch steht. Sehen Sie, hier im Geröll kann man gerade noch die Andeutung einer Spur erkennen.«

Mit gesenktem Kopf legten wir so wohl gut einen Kilometer zurück, wobei wir immer wieder verharrten, um nach Spuren Ausschau zu halten. Der See hatte offenbar, lange bevor er ausgetrocknet war, einen flachen Kieselstrand besessen, auf den an stürmischen Tagen die Wellen schlugen; so war eine zerklüftete Küste entstanden. Wir kamen nur mühsam voran, denn die Sonne stieg allmählich höher, auf dem Untergrund konnte man nur schlecht gehen, und wir hatten eine Höhe erreicht, auf der ich mich schon jetzt schlechter in Form fühlte, als ich vielleicht in Wirklichkeit war. All das machte – ich brauche es wohl kaum zu sagen – wenig, wenn überhaupt irgendeinen Eindruck auf meinen Begleiter. Die Fährte war das einzige, was ihn interessierte. Konzessionen machte er nur an Klima und Gelände: kräftige Lederstiefel und ein heller, breitkrempiger Hut.

»Warum«, fragte ich, in erster Linie, um das Schweigen zu beenden und um auf unserem hastigen Vormarsch zu verschnaufen, »warum haben wir unser Gepäck nicht mitgenommen?« Denn dazu wäre ein Esel vonnöten gewesen, und es schien mir zu jenem Zeitpunkt, daß es eine große Erleichterung sein müßte, sich an einem solchen festhalten zu können.

»Wir brauchen unsere Ausrüstung noch nicht«, antwortete er. »Wir unternehmen nur einen ersten Versuch.« Nachdem sich noch ein weiteres halbdutzend Mal prüfende Blicke und stürmisches Voranschreiten abgewechselt hatten, hielt er inne. »Die Sonne wird allmählich zu einem Problem.«

»Zu einer verdammten Qual, wollten Sie wohl sagen!«

»Oh, ich spreche nicht von der Hitze«, entgegnete er lächelnd. »Wenn es nur darum ginge, wäre es unsere Pflicht weiterzumachen. Aber es gibt keine ausreichenden Schlagschatten mehr, die uns die Spur im Geröll weisen.«

Er blickte um sich und begann dann, gerade so wie ein alter, aber munterer Ziegenbock, auf einen großen Felsen zu klettern, der sich aus dem Geröllfeld erhob; wahrscheinlich hatte ein Erdbeben ihn dorthin geschleudert. Ebenso geschickt, wie er im Kies die schwachen, verwischten Spuren der zehn Füße, denen wir folgten, entdeckt hatte, sah er nun am Felsen Stellen, wo seine Hände und Füße Halt fanden. Behutsam und mühelos arbeitete er sich nach oben, bis er schließlich auf der Spitze stand, etwa sechs Meter über meinem Kopf. Er zog ein kleines Fernglas aus der Tasche und suchte die Einöde vor uns ab. Zwei Minuten später stand er wieder neben mir.

»Manchmal findet man eine verlorene Fährte wieder, wenn man einen erhöhten Standpunkt einnimmt. Fünfzehn Meter über der Wasseroberfläche sieht man so viel tiefer und klarer, als wenn man direkt von der Oberfläche aus schaut. Ich glaube, ich sehe, wo die Spur über den Kies entlangläuft, und ich bin ziemlich sicher, daß man die Abdrücke weiter hinten, auf einem weiteren sandigen Stück, wieder so gut erkennt wie heute morgen.«

Unter Keuchen und Stolpern preschten wir erneut voran und gelangten schließlich an die Sandfläche. Wie nicht anders zu erwarten, konnte man die Fährte klar erkennen. Es war jedoch nur ein kurzes Stück, und diesmal endete sie nicht im Kies, sondern auf hartem Untergrund, wo nicht die Spur einer Spur zurückblieb.

Ich muß gestehen, daß ich nicht ohne Erleichterung bemerkte: »Jetzt werden wir wohl aufgeben müssen.«

»Nun gut, warten Sie hier hinter dem Felsen im Schatten, während ich weiter auskundschafte.« Ich ließ mich nieder und beobachtete, wie die unermüdliche alte Gestalt sich drehte und auf- und abwippte – genau wie ein großer Storch, der unter Steinen nach kleinen Fröschen sucht. Nach etwa zehn Minuten hielt er kurz inne, bückte sich, wandte sich dann um und rief nach mir. Widerwillig erhob ich mich und ging zu ihm hinüber.

»Wie Sie sehen« – wieder die vertraute Eröffnung, doch diesmal kam ich ihm zuvor.

»Ja, eine kleine Stechpalme«, antwortete ich, »und sie ist vor noch gar nicht langer Zeit beschädigt worden.«

»Genau; einer der Maulesel hat einen Bissen genommen. War wohl kaum ein erfrischendes Blatt bei so einem erbärmlichen Dornbusch. Aber sehen Sie, er hat das Blatt ins Maul genommen und als eine Art Kaugummi benutzt; er hat es durchgekaut, und dann« – während er das sagte, hasteten wir schon wieder in der großen Hitze voran – »hat er die zerkauten Fasern nach und nach wieder aus dem Maul fallen lassen.«

Die Fährte der Stechpalme führte uns noch wesentlich weiter, als ich schon befürchtet hatte, aber schließlich endete auch sie.

Wir hatten eine Art von niedrigem Sattel erreicht. Als wir uns umwandten, konnten wir auf die Wüste hinunterblicken – erst jetzt bemerkte ich, daß der Weg während der gesamten Fahrt an den ausgetrockneten Seen entlang leicht angestiegen war. In der uns nahegelegenen flachen und breiten Niederung hatten sich, nehme ich an, einst die Quellen, Bäche und Ströme gesammelt, die dann die tieferliegenden Seen gefüllt hatten. Vor uns weitete sich das Land, was uns einen willkommenen Grund gab innezuhalten, denn Mr. Mycroft ließ von neuem sein Fernglas über das Gelände schweifen. Er hatte erneut einen Felsen erklettert, und nachdem er sich endlich davon überzeugt hatte, daß vor uns nichts mehr zu finden war, warf er nun einen letzten Blick auf eine Gegend wesentlich weiter rechts von uns, die so ganz und gar nicht in unserer Richtung lag. Ich beobachtete ihn mit einiger Ungeduld, denn ich hatte den Eindruck, daß er sich einfach weigerte aufzugeben, daß er nach Vorwänden dafür suchte, die Umkehr noch hinauszuzögern, und deshalb in Richtungen spähte, in denen nichts zu finden war, nur um Zeit zu vergeuden.

Ich war eben im Begriff, ihm zuzurufen, daß in jener Richtung zweifellos nichts zu erwarten sei, da die ansteigenden Hügel an einer Felswand endeten, doch noch während ich mich erhob, um ihn auf mich aufmerksam zu machen, sah ich, daß sein gerade noch umherschweifender Blick jetzt auf etwas fixiert war. Aufmerksam beobachtete er etwas durch sein Fernglas. Ein recht kräftiger, allerdings alles andere als erfrischender Wind, der eher dem Hitzeschwall aus einem Backofen ähnelte, blies nun aus der Richtung, aus der wir gekommen waren. Gegen diesen Wind rief er zu mir herunter: »Ich bin sicher, ich sehe von hier oben etwas, das sich bewegt.« Er prägte sich sorgfältig die Richtung ein, kletterte dann herunter und begann auf das, was er da ausgemacht hatte, zuzumarschieren.

Natürlich war es weiter entfernt, als ich erwartet hatte. Ich hatte gedacht, ich hatte gehofft, er habe eine Spur nicht allzu weit von unserem Standort entdeckt. Schließlich jedoch konnten wir – nachdem wir durch Senken geschritten waren, in denen wir das, was er als unser Ziel angab, aus den Augen verloren hatten, und über Anhöhen, von denen aus die Felsen, auf die er wies, nicht näher waren als zuvor – deutlich einen kleinen Canyon überblikken. Nun, wo ich unser Ziel deutlich vor mir ausmachen konnte, erkannte ich, daß es sich doch nicht um verwelkte Blätter an einem alten Zweig handelte, auch wenn die Farbe diese Vermutung nahegelegt hatte. Es neigte sich und schwankte im Wind, der nun unangenehm heftig geworden war. Mr. Mycroft hielt inne und sah sich um. Diesmal nahm er nicht das Fernglas.

»Leichtsinnig«, war sein einziger Kommentar zu dem, was er sah. Dann musterte er sorgfältig den Boden zwischen unserem Standort und dem wehenden Zweig. »Keine Anhaltspunkte hier«, bemerkte er. »Gehen Sie vorsichtig, und achten Sie auf jede mögliche Spur am Boden.«

Da ich versuchte, mich an seine Anweisung zu halten und ihm gleichzeitig zu folgen, bemerkte ich nicht, daß wir die Talsohle erreicht hatten und auf der anderen Seite wieder ein beträchtliches Stück emporgestiegen waren. Mr. Mycroft war stehengeblieben; offensichtlich hatten wir unser Ziel erreicht. Auch jetzt noch konnte ich im ersten Augenblick nicht genau erkennen, was es war. Es war kein Zweig. Es ragte unter einigen Steinen hervor. Nach einem zweiten Blick schaute ich auf und bemerkte, daß Mr. Mycroft mich beobachtete.

»Ich sage es ja – leichtsinnig, nicht wahr?«

Es schien mir nicht der rechte Augenblick, auf einem Diktum zu beharren.

»Das«, sagte ich, indem ich einen Schritt zurück trat, »das ist – das *war* ein Menschenarm!«

Er kniete bereits neben unserem Fund. Vorsichtig näherte auch ich mich wieder.

»Jemand«, kommentierte er über die Schulter, »hat die Wüste einmal das Land genannt, ›wo es weder Wasser gibt, um einen Mann zu ertränken, noch den Baum, um ihn aufzuhängen, noch Erde, um ihm ein Grab zu schaufeln‹. Nun, in dieser Gegend ist es sogar noch schwerer, einen Toten verschwinden zu lassen, denn der Tod balsamiert seine Opfer ein.«

Er ergriff die arme, vertrocknete Hand. Als der Schock, den mir dieser Fund versetzt hatte, erst einmal verflogen war, sah ich, daß im Grunde nichts Abstoßendes daran war. Ja, es war beinahe schön, wie sich um die Knochen die zusammengezogenen Sehnen und die gänzlich verdorrten Muskeln gelegt hatten. Hin und her schwankte der Arm im Wind – wir hätten es bezaubernd genannt, wäre es ein junger Baum gewesen. Er war biegsam wie eine Feder. Mr. Mycroft hatte bereits einen großen Teil dessen weggeräumt, was ein flaches, in aller Eile aufgeschüttetes Steingrab gewesen war. Ich half ihm, und während wir das Geheimnis dieses Grabes ans Tageslicht brachten, verspürte ich das dringende Bedürfnis, im Einvernehmen mit dem einzigen lebendigen Menschen in dieser Wüste des Todes zu leben. In einer Wüste, die nun für uns in einem Toten ihren Mittelpunkt gefunden hatte, einem Menschen, der selbst zu einem Stück Wüste geworden war – ausgedörrter als die Stechpalme, seine Gebeine trockener als das teuerste Pergament.

»Warum meinten Sie ›leichtsinnig‹?« fragte ich versöhnlich.

»Nun«, antwortete er, während er, ohne aufzublicken, die letzten Steine von den Füßen des Toten entfernte, »es ist leichtsinnig, jemanden nicht sorgfältiger zu begraben, wenn man ihn ermordet hat.«

»Sind Sie sicher?« fragte ich.

»Betrachten Sie die Haut. Überall sonst ist sie völlig unversehrt, aber in der Brust hat sie einen Riß, und ich denke, die dunkle Färbung auf dem Hemdfetzen ist mit einiger Sicherheit Blut.«

Diese unerfreuliche Schlußfolgerung war schwer zu widerlegen. Dennoch, was ich hier sah, entsprach ganz und gar nicht meiner Vorstellung von einem Mordopfer. Ich hatte dergleichen noch nie gesehen, und nun lag es vor mir. Die Haut spannte sich über den Sehnen und Knochen so straff wie ein Trommelfell. Die ganze Gestalt erinnerte nur noch entfernt an einen Menschen. Ich hätte mir nie vorstellen können, daß irgend etwas so verdorrt, so ausgetrocknet sein könnte. Doch abgesehen von jenem Loch in der Brust war die Haut unversehrt.

»Es ist entsetzlich, unbegreiflich«, sagte ich.

»Allerdings«, antwortete er. »Wer auch immer den Mann getötet hat, den einst die Hülle barg, die nun zu unseren Füßen liegt – er wußte nicht genug über die Wüste. Es ist das Leben, das die Geschichte verschwinden läßt, die Spuren, die Aufzeichnungen. Der Tod ist ihr Bewahrer – er führt das große Buch. Dieser Mann ist ermordet worden. Wie und warum, damit werden wir uns später beschäftigen. Wir wollen zuerst einmal versuchen zu begreifen, warum er uns Suchern als Signal hier ein Zeichen geben konnte. Er ist erschossen worden«, fuhr Mr. Mycroft fort, der offenbar die Vorgänge in Gedanken rekonstruierte und sich so von dem, was wir nun sahen, zu dem vergangenen Ereignis zurückarbeitete, »wahrscheinlich von jemandem, der ihm gefolgt ist, jemandem, der ihm vielleicht seine Maultiere und andere Besitztümer abnahm; und dann, eine ganze Weile später, nachdem der Mörder das, was er entwendete, durchforscht hatte – denn selbst die Wüste braucht ihre Zeit, bis sie etwas so perfekt gegerbt und getrocknet hat wie dieses hier –, sind die Esel mit ihrem neuen Herrn von neuem hier vorbeigekommen auf der Suche nach der Spur ihres vormaligen Herrn und nach dem, was auch er gesucht hatte. Aber noch sind wir ja erst am Tag des Mordes. Der Tote muß begraben werden. Nun, da waren wir uns einig, jemanden hier zu begraben, ist keine einfache Aufgabe; man muß ihn also mit Steinen bedecken. Doch alles in dieser Gegend trocknet ungewöhnlich schnell aus. Ein Körper, ein Menschenkörper, besteht zu 68 Prozent aus Wasser. Wenn man einem solchen Schwamm das Wasser entzieht – nun, dann wird er genauso hart und elastisch wie ein sehr trockener Schwamm. Genau das hat die Wüste hier getan. Sie hat unser Beweisstück unverzüglich ihrem unvergleichlichen Konservierungsmittel ausgesetzt – der Luft, die begierig jeden Tropfen Feuchtigkeit aufsaugt. Unser Mörder hat sein lebloses Opfer mit über der Brust gekreuzten Armen unter einen Hügel aus kleinen Steinen gepackt und sich davongemacht. Dann ging die Wüste an ihr Werk, an ihre Arbeit als Balsamiererin; feuchte und schlaffe Muskeln rollten und schrumpften zusammen wie ein nasser Strick; lasche Sehnen spannten sich wie eine Sprungfeder. Der obere der beiden Arme bog sich nach außen – die Kiesel rollten hinunter – und der federnde Arm winkte seinem Feind sein makabres *au revoir* zu, uns jedoch winkte er herbei.«

»Sie wissen, wer diesen Mann umgebracht hat!« unterbrach ich ihn.

»Das weiß ich nicht, jedenfalls nicht mit Sicherheit.«

»Aber das liegt doch auf der –«

»Mr. Silchester, mittlerweile wissen Sie genausogut wie ich, daß man nicht nur jede Spur, die sich durch die Indizien ergibt, aufgreifen muß, sondern daß es ebenso wichtig ist, niemals voreilig deren Aussagewert überzubewerten. Wie ich schon sagte, ist dieser Mann mit Sicherheit nicht von der letzten Person, die hier vorbeikam, getötet worden.«

»Nun gut«, sagte ich, verärgert, daß er immer noch den Meister herauskehrte, obwohl ich doch inzwischen selbst zur Zunft gehörte. »Wenn man also nicht raten darf, zu welchem Resultat kommen Sie also mit Ihren detektorischen Schlußfolgerungen?«

»Wir sind uns darüber einig, daß dieser Mann erschossen wurde; wahrscheinlich handelt es sich um Mord, mit Sicherheit um Totschlag. Die nächste Frage, die wir klären können, bevor wir uns an das ›warum‹ und das ›von wem‹ begeben, ist die vergleichsweise einfache Frage des ›wann‹. Die Wüste leistet zwar in diesen Gegenden schnelle Arbeit, doch, wie gesagt, eine gewisse Zeit braucht auch sie. Ich habe mehrfach Präparate getrocknet, um sie zu konservieren – abgetrennte Leichenteile und dergleichen«, sagte er leichthin. »Ich weiß, wie lange es dauert. Die Luft in dieser Gegend ist außerordentlich günstig.« Was für ein Wort im Zusammenhang mit den furchtbaren Ereignissen, es war ebenso gefühllos wie diese entsetzliche Wüste selbst, diese tödliche Öde ›außerordentlich günstig‹ zu nennen! »Es weht den ganzen Tag über ein gleichmäßiger, heißer Wind, und es gibt nicht die geringste Luftfeuchtigkeit. Und noch eine letzte Eigenheit zeichnet die Luft dieser Gegend aus. Wären wir von der anderen Seite gekommen, wäre es für mich ein Rätsel geblieben. Doch diese ausgetrockneten Seen, an denen wir entlangfuhren, lieferten mir den Schlüssel, auch wenn ich damals noch nicht wußte, daß wir ihn brauchen würden. Die sandigen Seeböden erhalten ihre Festigkeit dadurch, daß sie mit Natronsalzen gesättigt sind – was ja bei diesen Wüstenseen in der Regel der Fall ist. Wenn bei Nacht nun die ein wenig feuchte, salzgeschwängerte Luft aufsteigt und über den Felsrücken dort getragen wird, dann nimmt dieser vertrocknende Leichnam die Salze in sich auf. Er wird regelrecht gepökelt – ein ganz natürlicher Gerbprozeß. Dieses chemische Phänomen kann unter den verschiedensten Bedingungen auftauchen, wenn nur dieses Gleichgewicht, wenn auch in anderen Proportionen, gewahrt bleibt. In den Gewölben der alten Kirche St. Michan's in Dublin gibt es Leichname wie diesen hier – eingesalzen, ausgetrocknet, gegerbt wie Leder –, und das einfach nur, weil sie einer Luft ausgesetzt sind, die im richtigen Verhältnis mit den chemischen Substanzen von einem alten, marschumgebenen Eichenwald geschwängert ist. In der Tat, dieser Prozeß würde hier schnell vonstatten gehen, schneller als dort, ja, schneller vielleicht als an irgendeinem anderen Ort. Das heißt, es ist ein höchst unvernünftiger Ort, um einen Mord zu begehen und dann zu hoffen, daß die Natur die Spuren beseitigen wird.

Doch sogar hier« – er beugte sich hinunter und berührte den federnden Arm, der einen leisen, hohen Ton von sich gab, als er zurückschwang –, »sogar hier, dessen bin ich mir sicher, muß eine erhebliche Zeit vergangen sein, bis das Wetter den Körper in einem solchen Maße austrocknen konnte. Der Mann dürfte also vor einigen Monaten, einem halben Jahr vielleicht, erschossen worden sein. Nun zu der Frage: Wer ist er? Auf alle Fälle ist er jemand, den ein anderer umbringen oder zumindest ausrauben wollte. Ich vermute, die Kleider, die er – abgesehen von Hemd und Hose – noch trug, hat man ihm abgenommen und, nachdem man sie durchwühlt hatte, verbrannt. Wie Sie sehen, hat ihn jemand, wenn auch hastig, durchsucht. Die Taschen sind nach außen gekehrt, so, als ob man keine Innentasche übersehen wollte, und nicht zurückgesteckt worden.« Mr. Mycroft kniete dicht neben dem zusammengeschrumpften Leichnam. »Hastig«, fuhr er fort, »aber, ähm, nicht ohne Sorgfalt. Ich vermute, mit diesem Schnitt hier am Hemd hat man das Etikett entfernt.«

»Tja«, unterbrach ich in an dieser Stelle, »mehr werden wir wohl nicht herausfinden. Sollten wir nicht besser zurückgehen und einen Sheriff oder sonst irgend jemanden verständigen?«

Die ganze Angelegenheit war entschieden zu schaurig für meinen Geschmack, und je länger wir bei diesem entsetzlichen Gewebe, das einmal ein Mensch gewesen war, verweilten, desto mehr schien es Mr. Mycroft in seinen Bann zu schlagen. Er hing regelrecht wie eine riesige Fledermaus über dem Leichnam. Die ganze Angelegenheit war mir nun geradezu unheimlich geworden, und ich unternahm den kläglichen Versuch, mich mit dem Gedanken aufzuheitern, daß ein Vampir kein weniger lohnendes Opfer hätte wählen können als dieses traurige Bündel aus Sehnen und vertrockneter Haut, doch als ich wieder hinunterblickte, war ich – nun, entsetzt und angewidert. Denn Mr. Mycroft begann, sich an diesem ›Ding‹ zu schaffen zu machen. Er hatte ihn angehoben, so daß sein hageres, festes, bleiches Gesicht nun auf dessen graubraunen, eingefallenen Schädel blickte. Doch nicht das war das Schockierende. Vielmehr war es das, was er damit anstellte, nachdem er sich ihn auf den Schoß gelegt hatte. Er hatte ihm die linke Hand von hinten um den dürren Hals gelegt, und ich sah, wie er mit seinen langen Fingern auf die Backenknochen drückte. Er handhabte ihn wie eine abscheuliche Bauchrednerpuppe. Und tatsächlich öffnete sich zu meinem Schrecken und Entsetzen der Mund. Ich sah, wie sich die vertrocknete Zunge vorstreckte, als deren Muskeln im Hals zusammengedrückt wurden.

»Was machen Sie denn da?« rief ich.

So sehr war er in seine abscheuliche Arbeit vertieft – was auch immer er damit bezweckte –, daß er keine Antwort gab. Einen Augenblick lang ließ meine Furcht den Gedanken zu, er könne wahnsinnig geworden sein – zuviel Sonne, zuviel Anstrengung, dazu ohne Zweifel noch der Schock. Ich befürchtete, seine ganze Ruhe wäre nur aufgesetzt, ein Schutz, und ich stünde allein hier in der Wüste, allein mit einem Ermordeten und mit einem Wahnsinnigen, der mit der Leiche seinen Schabernack trieb. Ich konnte den Blick nicht von dem schrecklichen Duo abwenden. Doch was der Lebende als nächstes mit dem Toten tat, ließ mich aufatmen. Allein meine Panik hatte mich glauben lassen, er versuche, den

Leichnam zum Reden zu bringen. Nein, er untersuchte nicht das Spiel der Zunge, er besah sich die Zähne. Ich war erleichtert, denn nun war ich mir sicher, daß er nach plombierten Zähnen suchte, um den Toten auf diese Weise eventuell identifizieren zu können.

»Warum nehmen Sie keine Fingerabdrücke?« schlug ich vor, bestrebt, mir selbst zu beweisen, daß wir uns noch auf dem Boden der Vernunft bewegten und daß das alles, wie grausig unsere derzeitige Beschäftigung auch sein mochte, nur zu einer Routineuntersuchung dazugehörte, wie man sie von jedem Polizisten erwarten würde.

»Die Haut ist so gespannt, daß alle natürlichen Kennzeichen verschwunden sind«, sagte er, ohne sich umzudrehen. »Nein, wenn wir irgendwo einen Anhaltspunkt finden, dann hier.«

Meine Neugier überwand den Ekel. Ich beugte mich über seine Schulter und starrte dem Toten in den Mund, der jetzt so aufgerissen war wie das Maul einer erwürgten Ratte. Nein, da war keine Gaumenplatte, keine Brücke, nichts, bis auf ein paar ganz gewöhnliche Füllungen und ein oder zwei Lücken, wo Schneidezähne fehlten.

»Nichts Besonderes«, sagte ich, froh darüber, daß ich mich an der Untersuchung beteiligt hatte, statt mich zu drücken. Nun gab es nichts mehr, was uns noch hier hielt.

Doch der letzte und schlimmste Schock stand mir noch bevor. Gerade als ich glaubte, nun könnten wir diese erbärmliche sterbliche Hülle unter den neu aufgetürmten Kieselsteinen zurücklassen, bis irgend jemand Zuständiges den Toten fand oder auch nicht, sah ich, wie Mr. Mycroft, statt den Körper niederzulegen, nur dessen Lage änderte. Der Griff der linken Hand zwang den Mund, sich noch weiter zu öffnen, bis dieses entsetzliche Ding über uns zu lachen schien. Dann griff er ihm mit der Rechten unvermittelt in den Mund, woraufhin eine Art Ringkampf begann, eine der abscheulichsten und zugleich lächerlichsten Begebenheiten, die ich jemals gesehen habe. Es war ein gespenstisches Kasperletheater, denn das Ding wand und wehrte sich, während Mr. Mycroft verbissen mit ihm rang. Dann hörte man ein Geräusch – so als ob etwas herausgerissen wurde –, welches mir tatsächlich fast den Magen umdrehte.

Mr. Mycroft ließ den Leichnam zu Boden fallen und steckte etwas in die Tasche.

»Mehr können wir im Augenblick nicht tun. Helfen Sie mir, ihn wieder mit Steinen zu bedecken«, sagte er, und verstört, wie ich war, hatte ich nichts Eiligeres zu tun, als ihm zur Hand zu gehen, damit das verwelkte Ding endlich wieder unter seinen Kieselsteinen verschwand. Zu meiner Erleichterung sorgte Mr. Mycroft, indem er den Leichnam mit dem Gesicht nach unten legte, dafür, daß der winkende Arm nicht mehr herausragte. Als wir uns wieder auf den Weg zum Ausgangspunkt machten, folgte ich ihm wie in Trance.

Ich glaube, Mr. Mycroft wußte, wie entsetzt ich war, doch vielleicht waren ihm meine Empfindungen einfach egal. Vielleicht nahm ihn auch sein Rätsel so vollkommen in Anspruch, daß er das grausige Ding mit der Distanz behandelte, mit der ich ein Wort wie zum Beispiel ›Verwesungsgeruch‹ behandeln würde, wenn ich wüßte, daß es der Schlüssel zu einem Code ist. Mir wäre vollkommen gleichgültig, daß das Wort einen wahrhaft entsetzlichen Gestank bezeichnet, und so betrachtete Mr. Mycroft vermutlich unseren Fund einfach nur als Beweisstück. Ich war müde und völlig erschöpft, als wir wieder an unserem Ausgangspunkt ankamen. Er dagegen, noch immer voller Energiereserven, goß uns kalten Kaffee aus der Flasche ein und bot mir Zigaretten an, obwohl er selbst, wie ich bemerkt hatte, nicht rauchte.

»Kerson wird erst in zwei Stunden hier sein. Ich hatte nicht erwartet, daß wir gleich beim ersten Fischzug einen solchen Fang einholen würden. Unter diesen Umständen lohnte es sich nicht weiterzugehen, jedenfalls im Augenblick nicht.« Er lehnte sich zurück und genoß nun offensichtlich die karge Landschaft in vollen Zügen. Es gab sonst nichts zu tun, und so widmete er dieser Tätigkeit seine übliche ungeteilte Aufmerksamkeit.

Endlich, als sich in den flachen beigefarbenen Kelchen der Seen die ersten Flecken blauer Schatten bildeten, hörten wir den Motor in der Ferne surren. Noch vor Einbruch der Dunkelheit waren wir wieder an unserem Höhlenlager angelangt.

Kapitel 4

Auch in dieser Nacht schlief ich wie ein Murmeltier, und als ich erwachte, fand ich Mr. Mycroft und Kerson bereits damit beschäftigt, unsere gesamte Ausrüstung zusammenzupacken. »Wir brechen auf?« war meine spontane, wenn auch nicht allzu scharfsinnige Bemerkung. Ich gebe zu, ich erwachte in jener Stimmung, die mein Kindermädchen als ›auf der falschen Seite aus dem Bett gestiegen‹ zu bezeichnen pflegte – auch wenn das ›Bett‹, in dem ich geschlafen hatte, der breite Felssims rund um die Höhlenwand war, so daß man natürlich ohnehin nur auf einer Seite herabsteigen konnte; und außerdem hatte ich gut geschlafen. Es waren die Anstrengungen des voraufgegangenen Tages. Eine Schatzsuche, bei der Leichen als die makabren Wegweiser dienten, war nichts für mich. Ich sollte lieber bei meinen Kreuzworträtseln bleiben. Und doch – welch widernatürliche Reaktion! –, als Mr. Mycroft entgegnete: »Ja, wir kehren zurück«, da kränkte mich auch dies.

»Zurück, wo wir noch nichts gefunden haben!« Ich hielt inne. Auf der Rückfahrt am Abend zuvor hatten wir Kerson über unseren Fund nichts erzählt. Man konnte es wohl kaum einen Schatz nennen, aber immerhin war es eine Entdeckung. Hatte Mr. Mycroft den Händler ins Vertrauen gezogen? Die Vorsicht ließ mich meinen Unmut zwar nicht vergessen, aber sie lenkte ihn in sichere Bahnen. »Ohne Frühstück?« fragte ich in herausforderndem Tonfall. Ich war hungrig und brauchte etwas zu essen. Schließlich hatte ich einen anstrengenden Tag hinter mir. Kerson sah sich um, und es lag etwas in seinem Blick, das mich kränkte. Mir war klar, daß er mich für einen Weichling hielt, einen Grünschnabel oder was er sonst an barbarischen Bezeichnungen für Naturen bereithalten mochte, die empfindsamer waren als er selbst.

Ohne sich von den Gepäckstücken abzuwenden, entgegnete Mr. Mycroft: »Wenn wir den Zug am späten Nachmittag erreichen wollen, müssen wir binnen der nächsten zehn Minuten aufbrechen. Dort, wo wir auf der Herfahrt ausgestiegen sind, hält er heute nicht.«

Ich befreite mich aus den Decken und schlüpfte in meine Kleidung. Die beiden letzten Nächte hatte ich in der Unterwäsche geschlafen. Ich hasse so etwas, ja, ich hatte es kaum je zuvor in meinem Leben getan. Und nun reichte die Zeit nicht einmal mehr zum Rasieren. Ich war also alles andere als in mitteilsamer Stimmung, als wir den Wagen bestiegen. Ich verspürte nicht einmal den Wunsch zu fragen – und sei es nur um meine Neugierde zu stillen –, warum nicht das gesamte Gepäck an Bord war. Einen Augenblick lang hegte ich die schadenfrohe Hoffnung – so ärgerlich hatten mich all diese Unannehmlichkeiten gemacht –, sie hätten einen Teil ihrer Sachen vergessen, was, zumindest was Mr. Mycroft anging, ein abwegiger Gedanke war. Ich jedenfalls war nicht bereit nachzugeben. Die unerfreulichen Vorgänge und die Unsinnigkeit dieser ganzen Wüsteneskapade empörten mich. Ich wollte mit alldem nichts mehr zu tun haben und sehnte mich danach, wieder in meinem ordentlichen Büro zu sitzen, wo mir meine ordentliche Arbeit von meiner ordentlichen Sekretärin ordentlich vorgelegt wurde. Und die lange Fahrt in atemraubender Hitze stimmte mich auch nicht eben milder. Ich brütete vor mich hin. In der gleißenden Sonne schwanden alle Farben und Formen aus der endlosen Landschaft. Es war ein veritables Hochofenfeuer, das da von oben brannte, in dessen unablässiger Glut alles zerbröselte. Wie hatte ich jemals, ganz gleich zu welcher Tageszeit, etwas Schönes an ihr finden können! Mr. Mycroft verstand meine Stimmung und reichte mir wortlos etwas kalten Kaffee – der natürlich überschwappte, denn just in jenem Moment holperten wir über einige Steine. Ich trank einen Schluck, aber der Rest tropfte mir auf die Kleidung und hinterließ häßliche Flecken. Als nächstes bot er mir ein Sandwich an – ein altes Brot mit etwas schwitzendem Käse dazwischen. Nachdem ich einen kleinen Bissen genommen hatte, erzeugte es einen solchen Ekel in mir, daß ich es kurzerhand aus dem Auto warf. Sollte doch einer der armen kleinen infizierten Nager eine gute Henkersmahlzeit haben!

Die nächsten Stunden verbrachte ich in der Erwartung, daß wir den Zug versäumen würden, und die Stunde danach – denn wir waren sehr zeitig dort, und der Zug hatte eine dreiviertel Stunde Verspätung – mit dem Gedanken daran, daß wir uns gerade einmal fünf Minuten Pause auf der gesamten Schüttelstrecke gegönnt hatten. Kein Zweifel, meine Stimmung hatte sich im Laufe des Tages verschlechtert, und entgegen dem Rat des weisen Salomo ließ ich die Sonne untergehen – was sie tat, als wir bereits eine Zeitlang schweigend in dem rußgeschwärzten Zug saßen –, ohne meinen Groll zu begraben. Wir hatten keine Schlafwagenplätze reserviert. Also holperten wir die Nacht hindurch weiter. Als im ersten Morgenlicht die Stadt in Sicht kam, stand mein Entschluß fest: Nie wieder Detektivarbeit in der Wüste!

Ich suchte meine letzten, ausgetrockneten Reste von Höflichkeit zusammen und wandte mich, als wir auf dem Bahnsteig standen, mit den Worten an Mr. Mycroft: »Ich danke Ihnen für diese denkwürdige Reise. Allerdings wird Ihnen nicht verborgen geblieben sein, daß ich für das harte Detektivgeschäft auf Leben und Tod nicht geschaffen bin. Es freut mich, daß ich Ihnen behilflich sein und Sie auf die rechte Fährte bringen konnte, und ich bin sicher, Sie werden meine bescheidenen Dienste nun nicht weiter benötigen.«

Wie üblich schien ihm nichts von dem, was ich sagte, wirklich ins Bewußtsein zu dringen. Es war, als würden meine Worte an eine Art mechanische Sekretärin delegiert, während der Chef selbst überhaupt nie erfuhr, daß man sich an ihn gewandt hatte.

»Gut möglich, gut möglich. Aber ganz sicher sein kann man sich da nie, nicht wahr? Es ist schon jetzt ein bemerkenswert vielschichtiger Fall, und manches, was heute nebensächlich erscheint, mag später noch eine Rolle spielen.«

Ich glaube nicht, daß er dabei an mich dachte, aber selbst in einer so indirekten Bemerkung lasse ich mich nicht gern als Nebensache abstempeln. Jedermann sieht sich selbst schließlich im Mittelpunkt. Ich spielte mit dem Gedanken, noch mehr zu sagen, und sei es nur, um mich nicht abtun zu lassen, wie man eine abgefahrene Fahrkarte fortwirft. Doch der alte Knabe hatte mir bereits den Rücken zugewandt, einen Gepäckträger herbeigerufen und war nun dabei, seine Sachen zusammenzusammeln. Ich hielt meinerseits nach einem Dienstmann Ausschau – was konnte ich sonst auch tun? Die jeweiligen Träger gingen voran, und die Menschenmenge trennte uns.

Nach einem erholsamen Tag, den ich damit verbrachte, mich wieder in Form zu bringen, und an dessen Ende ich mich wieder glatt und rund fühlte – ich rasierte mich, badete, aß tüchtig und schlief mich aus –, saß ich am nächsten Morgen wieder an meinem Schreibtisch. Meine Sekretärin hielt eine recht beachtliche Menge interessanter Arbeit für mich bereit, die ich nun inspizierte. Eine Reihe neuer Anfragen lag vor. Ich verbrachte einige Wochen in vollkommener Zufriedenheit. Dies, sagte ich mir, war das wahre Leben für mich – beschäftigt mit interessanten Dingen zu sein, ohne jedoch in sie hineingezogen zu werden, die Rätsel sozusagen in einem Rätsellaboratorium zu lösen und nicht das Leben eines albernen, hitzköpfigen Terriers zu führen, der in einen Kaninchenbau hineinstürmt und dann am unteren Ende steckenbleibt.

Nach einem Monat schien es mir, als hätte ich alles wieder bestens im Griff. So kam es, daß ich eines Tages, als ich alle Briefe unterschrieben und meinen letzten Klienten abgefertigt hatte, auf die Uhr sah und feststellte, daß es erst zehn Minuten vor vier war. ›Ich werde Miss Brown besuchen‹, überlegte ich mir, ›und ihren Rat einholen.‹ Es gab da zwei Fälle, bei denen ich gern von ihr wissen wollte, ob sie eine Sitzung für lohnend hielt. Außerdem hatte ich sie seit einer Ewigkeit nicht mehr gesehen. Ich hegte keinerlei Zweifel, daß meine Lösungen der beiden Rätsel, die ich zu ihr mitnahm, die richtigen waren, aber ich wußte, daß sie es zu schätzen wußte, wenn ich sie mit ihr besprach. Zudem hatte sie eine sehr nette Art, meinen Spürsinn zu würdigen, dessen Leistungsfähigkeit, wie ich sehr wohl wußte, stark von der gebührenden Anerkennung abhängig war. Nichts ist so gut für das Unterbewußtsein wie Ermunterung. Ein Telefonat gab mir Gewißheit, daß sie zu Hause war und für den Tag keine weiteren Termine hatte.

Nach einer herzlichen Begrüßung saßen wir gemütlich beim Tee. Sie hatte meine beiden Deutungen gutgeheißen und mir versichert, daß sie nicht glaube, daß eine Sitzung mit ihrem ›Geist‹ meinen Klienten weiterhelfen würde. Ich erkundigte mich nach ihrer Arbeit.

»Ach, das Übliche: 77 Prozent wollen den Beweis, daß Tante, Onkel, Mami oder Papi, Männe oder Herzchen ›da drüben glücklich, ach so glücklich‹ sind. Nun, vielleicht ist es ja so, wie sie es sich erhoffen. Ich weiß es nicht, denn ich bin nicht hier, wenn sie versuchen, mein Unterbewußtsein für ein fernes Ferngespräch oder eine Funkübertragung ins Jenseits zu benutzen. Dann gibt es da noch die Abteilung ›Fundbüro‹. ›Wo ist das Testament, wo sind die Geldscheine oder die Münzen versteckt?‹« Sie hielt inne.

»Übrigens, haben Sie jemals wieder etwas von dem seltsamen kleinen Kerl gehört, den Sie mitbrachten, als Sie das letzte Mal hier waren? Hin und wieder muß ich an ihn denken. Wissen Sie, ich hatte bei ihm das Gefühl, daß da mehr dahintersteckt, als man auf den ersten Blick erkennen kann. Das ist das Schlimmste«, fuhr sie fort, »wenn man ein ehrliches Medium ist. Man verpaßt den ganzen Spaß. Man ist wie ein Kind, das aus dem Zimmer geschickt werden muß, wenn die Erwachsenen über ihre Geheimnisse reden.«

Ich hatte ohnehin das Gespräch auf mein Abenteuer bringen wollen, nun, wo es vorbei und die Akte offenbar für immer geschlossen war. Folglich machte es mir auch gar keine Mühe, mich selbst davon zu überzeugen, daß ich meiner Kollegin diesen kleinen Gefallen schuldig war.

Als ich mit meiner Erzählung zu Ende war, meinte Miss Brown, nachdem wir beide etwa eine Minute geschwiegen hatten: »Da haben Sie ja allerhand erlebt. Und wer weiß – ich habe so ein Gefühl, daß dieses Abenteuer noch nicht zu Ende ist. Ich glaube, es wird erst zu Ende sein, wenn Sie Ihrem Kollegen dabei helfen, es zum Abschluß zu bringen.«

»Die Sache geht mich nichts mehr an. Ich habe ihm jede erdenkliche Hilfe gegeben, zu der ein Außenstehender fähig war ... mit Ihrer Unterstützung natürlich«, fügte ich hinzu.

»Nun«, sagte sie und beharrte nicht weiter auf dem Thema, von dem sie merkte, daß ich es gern auf sich beruhen lassen wollte, »nun, wir werden sehen. Im Wachzustand sind Ihre Ahnungen ja verläßlicher als die meinen. Vielleicht haben Sie recht, und die Sache ist ausgestanden.«

Doch auch wenn ich es lieber für mich behielt, so deckte sich ihre Ahnung doch genau mit meiner eigenen, und es war eine Ahnung, die mir ganz und gar nicht gefiel. Wie auch immer – ich war unhöflich zu Mr. Mycroft gewesen und wollte deshalb nicht noch einmal mit ihm zusammentreffen; und ich hatte im Gefühl, daß hinter meiner Unhöflichkeit – wie immer – die Angst steckte.

Es kann jedoch kein Zweifel bestehen, daß ihre Worte den weiteren Lauf der Ereignisse beschleunigten. Es war vielleicht drei Tage – jedenfalls nicht mehr – nach meinem Tee bei Miss Brown, als meine Sekretärin sagte, ich werde am Telefon verlangt – von Mr. Mycroft. Ich glaube, ohne Miss Brown sanftes Drängen hätte ich geantwortet: »Sagen Sie, ich bin nicht da, und er kann eine

Nachricht hinterlassen.« Aber wie die Dinge standen, griff ich zum Hörer.

»Ich hätte gerne Ihre Meinung gehört« – das waren vertraute Töne, und die einfache Formel verfehlte natürlich nicht ihre Wirkung. Ein wenig Rhetorik, und schon war ich zum Zuhören bereit. »Ich hätte gerne Ihre Meinung zu einem sehr interessanten Resultat unseres Ausflugs gehört. Ich habe Ihnen etwas zu zeigen, das, wie ich glaube, für Sie von Interesse sein dürfte.«

Er wollte, daß ich mich zu einer Adresse begab, wo er sich, wie er sagte, eingemietet hatte. Die Stimme der Vernunft in mir konnte nur sagen: »Gut, am besten bringst du es schnell hinter dich.« Was auch immer der wirkliche Beweggrund gewesen sein mag, Tatsache ist, daß ich dorthin ging. Wie nicht anders zu erwarten, hatte Mr. Mycroft sich mit großem Geschick behaglich eingerichtet. Er bot mir Tee an – ausgezeichneten Tee, selbstverständlich – und plauderte so liebenswürdig über unseren Ausflug, als hätten wir uns im besten Einvernehmen getrennt. Dann führte er mich mit der Bemerkung, er wolle meine Zeit nicht unnötig in Anspruch nehmen, aus seinem Wohnzimmer in eine kleine dahinterliegende Kammer, in der er ein Labor eingerichtet hatte.

»Hier haben wir die kleine Angelegenheit, zu der ich Ihr Urteil hören wollte«, sagte er und wies auf sein Mikroskop. Ich schaute gehorsam hindurch. In dem beleuchteten Feld erblickte ich eine weiße Scheibe, über die sich konzentrisch Ringe zogen.

»Es sieht aus«, äußerte ich zögernd, »wie ein Querschnitt durch einen Baumstamm mit gerade noch erkennbaren Jahresringen.«

»Eine ausgezeichnete Diagnose«, hörte ich seine Stimme direkt neben mir. »Es müßte allerdings ein Zwerg von einem Baum sein, der auf so geringem Durchmesser das Wachstum so vieler Jahre verzeichnet, denn die Zahl der Ringe liegt noch weit über dem, was Sie bei dieser Vergrößerung erkennen können. Einen Moment bitte, wenn Sie gestatten.« Er nahm meinen Platz am Okular ein und drehte einige Rändelschrauben. Mit einem »Nun?« forderte er mich zur erneuten Betrachtung auf. Der erleuchtete Ausschnitt zeigte eine große Zahl von Linien, die das gesamte Blickfeld ausfüllten. »Die stärkere Vergrößerung zeigt deutlich die Linien, und außerdem werden Sie nun erkennen, daß sie nicht alle gleich sind.«

»Eine von ihnen«, antwortete ich, »weicht so sehr von den übrigen ab, daß sie wie ein ungeschickter, unsicherer Bleistiftstrich aussieht. Die anderen hingegen sind so gleichmäßig, daß sie fast maschinell gefertigt wirken.« Ich hielt in meinem Bericht inne und überlegte, um was für ein Präparat es sich hier wohl handeln konnte. »Und oben in der Ecke ist eine weitere, fast ebenso schlecht gezeichnete Linie. Was ist das – eine Wurzel vielleicht oder ein Stengel?«

»Nicht schlecht beobachtet. Mit ein wenig logischem Schlußfolgern werden Sie, glaube ich, herausfinden, was Sie da vor sich haben. Aber ich möchte Ihre Zeit nicht über Gebühr in Anspruch nehmen, und ich hätte gern Ihre Meinung zu einem weiteren Präparat.«

Ich sah, wie der Objektträger ausgewechselt wurde, und als das Bild wieder an Konturen gewann, hatte ich dasselbe Muster vor Augen wie zuvor.

»Sie haben aus Versehen den ersten Objektträger wieder hineingesteckt«, meldete ich.

»Aber nein«, entgegnete er. »Dies ist ein anderer mit einem anderen Präparat.«

»Aber ich sehe genau das gleiche Muster aus dünnen Linien und einige wenige, die mißlungen wirken.«

»Ich danke Ihnen; ich hatte gehofft, daß Sie zu diesem Schluß kommen würden. Darf ich Ihnen nun erläutern, worum es sich bei dieser breiteren, schlecht gezeichneten Linie handelt? Es ist ein Geburtsmal. Und was Sie oben in der Ecke sehen, ist eine schwere Erkrankung mit sechseinhalb Jahren.«

»Wovon sprechen Sie eigentlich?« fragte ich und blickte vom Okular auf.

»Das ist mit wenigen Worten gesagt«, gab er zur Antwort, wobei er mir einen Hocker anbot und sich selbst auf der Tischkante niederließ. »Was Sie mir da freundlicherweise beschrieben haben, sind feine Querschnitte durch zwei menschliche Zähne. Vor einigen Jahren machte ein Biologe eine Entdeckung, die für die Detektivarbeit von großem Nutzen sein kann. Während er die Bleichwirkung von Fluor auf Rattenzähne untersuchte, stieß er auf das Phänomen, daß man, wenn man Querschnitte von Nagetierzähnen in angemessener Vergrößerung betrachtete – man muß stark vergrößern, denn jeder Ring mißt nur ein sechshundertstel Millimeter –, Wachstumsringe erkennen konnte, genau wie die Jahresringe bei Bäumen. Er fand heraus, daß bei Ratten für jeden Tag ihres Lebens ein neuer Ring hinzukommt und daß diese Ringe ebenso exakt das Wachstum, den Gesundheitszustand, Unfälle und Krankheiten der Ratte widerspiegeln wie die Wachstumsringe die Geschichte eines Baums. Und das war noch nicht alles. Er wandte sich als nächstes menschlichen Zähnen zu und fand das gleiche Phänomen – wenn auch bei uns nur jeden vierten Tag eine neue Schicht hinzukommt. Aber auch wir halten in Elfenbeinintarsien alle großen Ereignisse fest, die uns widerfahren. Ich sagte, die breite, ›schlecht gezeichnete‹ Linie, auf die Sie hinwiesen, sei ein Geburtsmal. Genau darum handelt es sich. Die Geburt ist ein schwerer Schock für uns Menschen, vergleichbar mit einer schweren Krankheit, und die Qualen unserer ersten Verbannung werden in dieser Form aufgezeichnet.«

»Aber wenn das stimmt, dann trüge ja jeder Zahn, den man im Mund hat, die gleichen Aufzeichnungen?« fragte ich.

»So ist es; Sie haben meine Vermutung bestätigt, daß diese beiden Zähne, deren Querschnitte Sie untersucht haben, von ein und derselben Person stammen. Sie weisen exakt das gleiche Muster auf – die gleiche Spur einer Krankheit im Alter von sechseinhalb Jahren und dann eine schöne Folge, in der sich Jahre kräftigen Wachstums mit weniger guten Jahren abwechseln. Der Mann, über den wir mittels seiner Zähne etwas erfahren haben, war ein gutes, gesundes Exemplar. Und dann, mit vierundfünfzig Jahren, starb er – ohne krank gewesen zu sein.«

»Haben Sie noch mehr herausgefunden?« fragte ich. Ich war überzeugt, daß er eine heiße Spur verfolgte – sofern das für einen so überaus trockenen Gegenstand wie den zweier mikroskopischer Zahnsegmente der passende Ausdruck ist.

»Allerdings. Sie waren seinerzeit entsetzt darüber, wie ich mit jenem ausgetrockneten Leichnam umging. Doch ich hatte auf Anhieb erkannt, daß dies unsere einzige Chance war. Und wenn man den Griechen glauben darf, wünscht sich der Geist, der bei dem Leichnam wacht, nichts so dringend wie die Rache für seine Ermordung. Ich handelte also, wenn auch auf ungewöhnliche Art, aus Ehrfurcht vor den Toten. Denn ich konnte hoffen, den Mörder dieses Mannes zu finden, sofern es mir nur gelingen würde festzustellen, um wen es sich bei dem Opfer handelte. Einige Zahnärzte – darunter ein oder zwei in dieser Gegend – haben damit begonnen, Zahnsammlungen anzulegen. Sie bitten ihre Kollegen, ihnen extrahierte Zähne zu überlassen – mit Angaben zu Namen und Alter des Patienten und allem, was weiter interessant sein könnte. Sie fertigen Querschnitte an und setzen dann die Wachstumsringe mit den Angaben zur Person in Beziehung. Eine neue Wissenschaft ist hier im Entstehen begriffen, und das ist etwas, was wir Detektive stets im Auge behalten und uns zunutze machen müssen. Der zweite, den ich aufsuchte, war ein Meister seines Faches. Er hatte eine großartige, wunderbar systematische Sammlung. Wie Fingerabdruckspezialisten saßen wir da, mein Präparat auf dem einen Schirm, und auf den zweiten projizierte er seine Sammlung. Wir hatten gerade erst ein paar hundert durchgesehen, als wir beide riefen: ›Das ist er!‹ Er schrieb sich die Nummer des Diapositivs auf, ging zum Karteikasten, zog die Karte heraus und las vor: ›Geschlecht männlich, Alter dreiundfünfzig; zusätzliche Informationen des übermittelnden Zahnarztes: Extraktion – oberer Biskuspidat; Name des Patienten – Samuel Sanderson.‹«

»Sanderson«, unterbrach ich, denn ich habe ein gutes Namensgedächtnis, »Sanderson? Hieß so nicht der Goldsucher, von dem Kerson sprach, der, der in seiner Gegend häufiger gesehen wurde?«

»So ist es; und Sie werden sich erinnern, daß Blaue Feder und die übrigen Indianer ihn seit geraumer Zeit nicht mehr gesehen hatten. Niemand hatte ihn fortgehen sehen.« Er hielt kurz inne. »Wir haben ihn zuletzt unter jenem allzu nachlässig geschichteten Steinhaufen gesehen.«

»Aber was hilft uns das? Einmal angenommen, wir kennen« – in meiner Aufregung wurde ich wieder zum Jäger, wie ein friedlicher Ackergaul plötzlich durchgeht und die Straße verläßt, wenn die Meute mit großem Geheul seinen Weg kreuzt –, »einmal angenommen, wir kennen den Namen, den dieser ... den dieses Ding trug, als es noch am Leben war – weiß Kerson denn, wo Sanderson wohnte, und wenn ja, würde uns das helfen, seinem Mörder auf die Spur zu kommen?«

»Nein, Kerson könnte uns nicht weiterhelfen, und ich will seine Neugier bezüglich unserer Nachforschungen nicht noch weiter anheizen. Er würde sich uns ohnehin nicht anschließen wollen. Diese Goldsucher sind merkwürdige Gesellen – verschwiegen wie das Grab. Sie wandern Hunderte von Meilen durch die endlose Weite des Südwestens, von dem mehr als ein Drittel noch nicht einmal kartographisch erfaßt ist. Wenn sie eine Ader finden – und ich denke mir, das kommt gar nicht so selten vor, wie man immer meint –, dann haben sie natürlich nur den einen Wunsch, ihre Spur dorthin zu verwischen. Kerson erzählte mir, er kenne einen Goldsucher, der bemerkte, daß er verfolgt wurde, und daraufhin in der Nacht zu seinem Verfolger zurückschlich. Als er sah, daß dieser nur genügend Wasser für einen Tag bei sich hatte, womit seine Unkenntnis der Gegebenheiten offenkundig war, führte er ihn in eine Gegend, wo man einen Wasservorrat für drei Tage benötigt. Dies mag kein Mord im eigentlichen Sinne sein; Blut wird sicher keines vergossen, wenn die Wüste einen Eindringling ausdörrt. Aber es ist eine recht drastische Art der Verteidigung. Ich weiß natürlich nicht, ob Sanderson solche Mittel angewendet hätte, und Sie können sagen, er ist das beste Beispiel dafür, wie es jemandem ergeht, der es nicht tut. Was ich allerdings weiß – aufgrund einer Adresse, die dank der Hilfe des Experten, von dem ich dieses Präparat habe, nicht schwer zu ermitteln war«, er hielt den zweiten Objektträger empor, »was ich mit Sicherheit weiß, ist, daß Sanderson ein Doppelleben geführt hat, was ebenfalls nichts Ungewöhnliches ist. In der Wildnis war er ein abgerissener Vagabund; in der Stadt hatte er eine durchaus respektable Bleibe. Hier ist die Adresse.«

»Sie meinen also, Intil hat sich als – wie sagt man doch gleich –, als Straßenräuber betätigt?«

»Es ist noch zu früh, sich eine Meinung zu bilden. Ich denke, wenn wir bereit sind zu handeln, können wir der Lösung des Rätsels sehr nahekommen, und erst dann ist die Zeit zum Kombinieren und Schlüsseziehen gekommen.«

Ich gebe zu, es hatte mich wieder gepackt. Ich weiß nicht, wie es kam, aber die Art, wie Mr. Mycroft im wahrsten Sinne des Wortes Informationen aus einem Mund gezogen hatte, von dem der Mörder überzeugt war, er habe ihn für immer zum Schweigen gebracht, und die Tatsache, daß wir hier offenbar einem erstklassigen Geheimnis auf der Spur waren, reichten mir, um ihm zu glauben, als er sagte, unsere Suche werde am Ende reichlich belohnt werden.

»Wie geht es nun weiter?« fragte ich, und ich weiß, daß ich dabei unschickliche Neugier an den Tag legte.

»Natürlich werden wir Sandersons Wohnung einen Besuch abstatten.«

»Wird denn jemand dort sein, der uns behilflich sein kann?« fragte ich.

»Das will ich nicht hoffen.« Seine Antwort gab mir das Gefühl von Abenteuer, zeigte mir aber auch, daß wir auf uns allein gestellt sein würden. Mein Entschluß stand fest, und als Mr. Mycroft mich fragte: »Werden Sie mich heute abend bei einem Besuch im Chellean Drive 10272 begleiten?«, sagte ich nicht nein, und so fügte er, wie um den Pakt zu besiegeln, sofort hinzu: »Dann werden wir vorher noch zu Abend essen.«

Das taten wir dann auch – und zwar ausgezeichnet; er hatte ein kleines, mir völlig unbekanntes Restaurant aufgespürt. Als unser Mahl beendet war, bestieg ich mit ihm das Taxi, so, als gelte es nichts weiter, als einen Höflichkeitsbesuch zu absolvieren oder sich, sollte niemand zu Hause sein, einen Eindruck zu verschaffen, in welcher Art von Wohnung der alte Goldsucher seine Tage verbracht hatte, wenn er ›an Land‹ war.

Die Straßen schlängelten sich dahin, und im letzten Abendlicht ging es immer weiter bergauf, bis sich das ›weitläufigste Stadtgebiet der Welt‹ meilenweit zu unseren Füßen erstreckte wie ein Teppich aus Licht. Endlich hielt der Wagen.

»Weiter geht es nicht mehr«, erklärte uns der Fahrer. »Die Spekulanten haben die Straße hier hoch im Jahre '29 gebaut, und '38 haben die Unwetter sie wieder weggespült. Aber 10272 muß irgendwo hier auf der Höhe liegen. Mit dem Auto kommt man nicht weiter, aber den Rest können Sie zu Fuß gehen.«

»Wenn Sie eine halbe Stunde warten, haben Sie auch die Rückfahrt sicher«, sagte Mr. Mycroft und gab ihm, wie ich sah, eine stattliche Summe für das Warten.

Sein »Da können Sie drauf wetten« war wohl als Zeichen der Zustimmung zu verstehen. Wir machten uns auf und marschierten die Straße hinauf. Sie war, der Höhenlinie folgend, entlang eines Steilhangs angelegt; der aus Beton erbaute Bürgersteig stand im großen und ganzen noch, doch ein Wolkenbruch hatte den lockeren Granitschotter, der die eigentliche Straße getragen hatte, fast vollständig fortgespült. Die Gegend war wie ausgestorben, und als wir den vorspringenden Hügel umrundet hatten, sahen wir, daß wir in eine Sackgasse geraten waren. Der betonierte Fußweg führte nicht mehr weiter; er war von Sand, der den Abhang hinuntergerutscht war, in den man die Trasse für die Straße geschnitten hatte, zugeschüttet worden. Bis hier hinauf war die große Welle des ›permanenten Wohlstands‹ geschwappt, und dann war der Erdrutsch gekommen. Der verbogene Laternenpfosten aus

Beton, dessen Lampe abhanden gekommen war, markierte einen ›Höhepunkt‹ der Grundstücksspekulation, der vielleicht nie wieder erreicht werden würde.

»Ein ruhiges Fleckchen, das er sich da ausgesucht hat«, bemerkte Mr. Mycroft. »Die dunkle Masse über uns dürfte das Haus sein.«

Wir kletterten einige Betonstufen hinauf, die inzwischen ebenfalls fast ganz vom Sand begraben waren.

»Buchstäblich auf Sand gebaut!« rief ich aus. Das Haus stand auf einer Art Konsole aus Betonpfeilern.

»Immerhin kann man sehen, wenn jemand kommt«, antwortete er, »und bei einem Goldsucher ist es nicht verwunderlich, daß er die Weite des Horizonts liebt.« Wir hatten eine kleine Terrasse erreicht, die sich entlang der Vorderseite des Hauses erstreckte. »Niemand zu Hause«, war seine nächste Bemerkung. »Und wie ich amerikanische Häuser kenne, vertrauen sie eher auf die Vorwärtsverteidigung als auf Barrikaden.«

Zu meinem Entsetzen musterte Mr. Mycroft bei diesen Worten das Haus mit einem allzu professionellen Blick. »Nun, mehr gibt es hier wohl nicht zu sehen. Es war immerhin einen Versuch wert«, versuchte ich abzulenken.

»Oh, wenn das alles wäre, hätte ich Sie nicht hierher bemüht«, beeilte er sich, mir in aller Höflichkeit meinen Glauben zu nehmen. »Zweifellos können wir noch sehr viel mehr sehen, wenn wir die Art von Riegel vorfinden, die ich erwarte.« Natürlich war das der Fall. Eine Fensterscheibe ließ sich öffnen, das ganze Fenster klappte auf, und mit perfekten Manieren streckte Mr. Mycroft die Hand aus und lud mich zum Nachtisch zu einem kleinen Einbruch ein. Als ich zögerte, ermunterte er mich: »Drinnen fallen Sie weniger auf«, und damit hatte er nur zu recht. Ich glitt über die Fensterbank, und damit war ich unausweichlich in einen Diebstahl verwickelt, oder was immer sonst der Staatsanwalt daraus machen mochte.

Die Lichter der tief unter uns gelegenen Stadt gaben uns durch die großen, gardinenlosen Fenster genügend Licht, um uns zurechtfinden zu können.

»Eines Tages, wenn er genügend Geld zusammengehabt hätte, wollte er hier im Luxus leben«, bemerkte mein Versucher, als wir durch die Küche in einen großen Wohnraum traten. »Sehen Sie hier, er hat – innerhalb gewisser Grenzen – bereits der Sammelleidenschaft gefrönt. Nichts fördert den Hang zum Luxus mehr, als wenn man im wahrsten Sinne des Wortes die Wildnis durchwandert hat.«

Der Raum wirkte kahl, doch stand in ihm verstreut eine beachtliche Sammlung von Möbelstücken – schwere alte Sessel, ein Sofa im gleichen üppig venezianischen Stil, und es gab sogar einige verschwenderisch gerahmte Bilder. Zwei schöne geschnitzte Bücherschränke mit Glastüren enthielten beim näheren Hinsehen mit Hilfe der elektrischen Taschenlampe eine Reihe von Büchern, deren Einbände recht wenig miteinander harmonierten. Es handelte sich fast ausschließlich um Abhandlungen zu archäologischen Themen.

»Vielleicht«, stellte ich die Vermutung an, »war er bemüht, seine Bildung seinen Neuerwerbungen anzupassen.«

Es gab auch einen Tisch mit massiven vergoldeten Beinen und einer verschnörkelten Girlande, die sich entlang der unteren Kante hinzog.

»Jawohl«, bemerkte Mr. Mycroft. »Das ist die Reaktion auf die Entbehrungen in der Wüste. Diese Leute entwickeln immer einen Hang zum Rokoko, wenn ihr Schiff den Heimathafen anläuft. Solch ein Mann, der ohne Heim hat leben müssen und der sich in der Einöde nach Geborgenheit gesehnt hat, will nichts Schlichtes in seinem Heim. Selbst bei dem spärlichen Licht wage ich zu behaupten, daß dieser Intarsientisch ein wertvolles Stück ist. Und dann der Schreibtisch hier – er muß in der Tat schon einiges zusammengebracht haben, daß er sich so etwas leisten konnte. Ich nehme an, jedesmal, wenn er von einer seiner Expeditionen hierher zurückkehrte, erwarb er vom Erlös des Goldstaubs ein weiteres Stück für seine Sammlung. Warum hat er sich nun nicht zur Ruhe gesetzt?« Mr. Mycroft hing wohl nur noch laut seinen Gedanken nach. »Weil er einer wirklich großen Sache auf der Spur war – etwas, neben dem Goldstaub und Goldkrümel nur Kinkerlitzchen sind.« Während er sprach, ließ er die Hand über die massigen Möbelstücke gleiten und beurteilte ihre Art und Qualität ebenso mit seinem hochentwickelten Tastsinn wie mit den Augen. »Ja, das sind echte Stücke, und deshalb« – plötzlich hielt er in seinem hastigen *sotto voce*-Monolog inne, wobei seine Hände jedoch weiter über den Tisch glitten. Im nächsten Augenblick warf seine Taschenlampe einen kleinen Lichtkegel auf den Tisch. Man sah, wie die verschnörkelten Messingverzierungen schimmerten, wie sie sich um die dunkleren Rundungen des geschnitzten Schildpatts wanden.

»Eine abscheuliche Form der Verzierung«, ließ ich meinen Gedanken freien Lauf. »Es gibt nichts, was uns hier noch länger in der Gegenwart solcher Stücke halten könnte.«

»Mag sein, daß sie häßlich sind: *de gustibus non disputandum;* aber unserem Mann ging es nicht nur um das Dekorative – zumindest nicht bei diesem Stück. Die Verzierungen waren eine sehr nützliche Tarnung, so wie die Plauderei eines Zauberkünstlers, bei dem man, bliebe er stumm, weit mehr auf der Hut wäre. Ah, ich habe es«, sagte er und streckte die Hände aus, als spiele er – so schien es im Dunkeln – auf der Tischplatte Klavier. Es folgte ein leises, schnarrendes Klicken. »Geschafft«, hörte ich ihn sagen. »Jetzt müssen wir nur noch herausfinden, wo.«

Der Kegel seiner Lampe erschien von neuem und huschte über die massive Tischplatte, während seine erklärenden Worte mir zumindest eine gewisse Vorstellung dessen vermittelten, was er im Sinne hatte.

»Diese schönen Stücke, und es handelt sich wirklich um großartige Handwerksarbeit, auch wenn man nichts für den Stil übrig haben mag, wurden für die Paläste von Staatsministern gebaut, für Männer, die sich nach außen ausgesprochen weltgewandt geben mußten, deren Konversation geprägt war vom ›großen Stil‹ der leeren Rhetorik und der überschwenglichen Komplimente, die so bedeutungslos waren wie diese niemals endenden Arabesken mit – ah, hier ist es« – er fuhr mit der Hand am hinteren Tischbein entlang – »einer Fähigkeit zur völligen Geheimhaltung unter dem Deckmantel des Dekorativen. Hier ist das Geheimfach, das solche Tische oft enthalten und das man nur finden und öffnen kann, wenn man genau weiß, an welchen Stellen des geschnitzten Rankenwerks man zu drücken hat.« Plötzlich erhob er seine Stimme ein wenig. »Genau, wonach ich gesucht habe.«

In dem dünnen Lichtstrahl sah ich, daß sein hagerer Zeigefinger in einen Schlitz hineinfuhr, der sich dort aufgetan hatte, wo das Tischbein zu jenen großen Schnecken anschwoll, auf denen der eigentliche Tisch ruhte. Das Licht erlosch.

»Wir werden den Fahrer nicht länger warten lassen als verabredet.«

Und tatsächlich, noch zehn Minuten vor der vereinbarten Zeit waren wir wieder bei ihm.

»Jemand zu Hause gewesen?« fragte er. »Nein«, erwiderte Mr. Mycroft. »Aber die Aussicht allein war den Ausflug wert. Der Abend ist zweifellos die beste Zeit für einen Besuch hier.«

Als wir wieder in seinem Haus angelangt waren, zog Mr. Mycroft aus seiner Brusttasche ein kleines Stück Papier. Es war, wie es schien, mehrmals gefaltet. Solange er es in der Hand hielt, glich es einem schmalen Band, vielleicht fünfzehn Zentimeter lang und fünf Millimeter breit. Auseinandergefaltet maß es fast einen Meter. Es schien jedoch nichts darauf zu stehen, lediglich an den Rändern bemerkte ich einige kleine Federstriche und Tintenflecken, so, als habe jemand eine Feder ausprobiert, dann aber doch nichts geschrieben.

»Wir haben nichts gefunden«, sagte ich. »Das ist nur ein unbedeutendes Stück Papier, allenfalls mit ein paar Maßangaben, die der Tischler, als er den Tisch anfertigte, für sich gemacht und dann im Geheimfach liegengelassen hat.«

»Nein«, erwiderte Mr. Mycroft, der den Streifen mit einer Lupe betrachtet hatte, »zunächst einmal ist das hier kein altes Papier, und außerdem möchte ich wetten, daß es sich auch um moderne Tinte handelt.« Wir beugten uns gemeinsam darüber. »Sehen Sie«, sagte er und reichte mir ebenfalls eine Lupe, »sehen manche dieser Markierungen nicht wie Teile von Buchstaben aus?«

Ich ging noch näher heran. Es stimmte. Ich ließ mein Auge von einem Federstrich zum anderen wandern und musterte den Papierstreifen von oben bis unten. Aber die Zeichen weigerten sich, mir auch nur den geringsten Anhaltspunkt zu liefern. Doch allmählich, während ich mit dieser Aufgabe beschäftigt war – fest entschlossen, Mr. Mycroft zu beweisen, daß ich eine Sache genauso sorgsam untersuchen konnte wie er –, begann sich das Papier zu wellen. Ich war ihm so nahegekommen, daß mein Atem es gestreift hatte. Ich streckte die Hand aus, um es wieder glattzustreichen, doch sie wurde festgehalten. Mr. Mycroft hielt mich nicht nur zurück, sondern er hauchte nun ebenfalls das Papier an, welches sich daraufhin deutlich weiter zu krümmen begann.

»Nicht berühren«, sagte er und kicherte in sich hinein: »Na, man sagt ja, die Schotten sind lakonisch, und unser alter Gäle war offenbar gebildet genug, um nicht nur zu wissen, was das Wort bedeutet, sondern auch, wie sich die Lakonier ihre Wortkargheit zunutze machten.«

Während er sprach, hatte er einen kleinen elektrischen Kessel angeschaltet; als das Wasser zu sieden begann, hielt er die Tülle an die Unterseite des Papierstreifens, den er so gedreht hatte, daß die Markierungen nun alle nach unten zeigten. Er hob ihn vorsichtig an und führte die dampfende Tülle unter ihm her. Das Papier kräuselte sich deutlich, und als er mit dem Finger nachhalf, begann der Streifen sich in eine korkenzieherförmige Spirale zu verwandeln.

»Das ist die Lösung«, sagte er und stellte den Kessel zurück. Dann ergriff er das Papier, das jetzt aussah wie eine kleine Schlange, und streifte es über ein schmales rundes Lineal, das auf seinem Schreibtisch lag.

»Es hat nicht ganz die richtige Größe«, kommentierte er. »Aber wenn man ein wenig schiebt, dann geht es. Sehen Sie.« Und kein Zweifel, durch die Windungen der Spirale kamen die kleinen Federstriche einander nahe genug, so daß ganze Worte erkennbar wurden. »Es ist die alte spartanische Methode, verschlüsselte Botschaften zu schicken. Sie müssen kurz sein. So wie diese. Und sie sollten auf einem Papier stehen, das, wenn es abgerollt wird, seine Spiraldrehung nicht beibehält. Anders als dieses hier. Wenn man nicht über ein genaues Gegenstück des originalen Stabs verfügt, um den das Papier gewickelt war, als die Botschaft darauf geschrieben wurde, hat man kaum eine Chance, sie zu entziffern.« Er ging mit dem papierumwickelten Lineal ans Licht. »Dies, vermute ich, wird Ihnen bekannt vorkommen«, bemerkte er und las: »Wenn der Flieger, der nicht flieget in den Lüften, sitzet in seinem Käfig und recket den Flügel zur Linken.«

»Natürlich«, rief ich aus, »das ist Intils Rätsel, das ich für ihn gelöst habe.«

»Mit Miss Browns Hilfe«, fügte er hinzu, bevor ich es sagen konnte, was ich ein wenig unhöflich fand.

»Sie hat nur ein Bild übermittelt; ich habe die Bedeutung gefunden.«

Natürlich war es dumm von mir, mich so zu rechtfertigen, aber schließlich hatte ich klettern und in ein Haus einbrechen müssen, und die Aufregung und Anspannung nach dem schweren Essen hatten meinen Magen durcheinander gebracht – und das macht einen schließlich immer reizbar. Ich war, ich muß es zugeben, verärgert, und Mr. Mycrofts ein wenig überheblicher

Ton brachte das Faß zum Überlaufen. Und damit ließ er es nicht bewenden. Er reizte mich sogar noch weiter.

»Dann werden Sie zweifellos auch beim Rest der Botschaft behilflich sein können, nun, wo sie uns vollständig vorliegt? Ich glaube, ich habe meinen Teil getan, nun kommen wir zu Ihrer Domäne. Was ich Ihnen sagen kann, sofern Sie der Spur nicht bis hierher gefolgt sind, ist, daß Samuel Sanderson selbst in dieser bemerkenswerten Gesellschaft der Goldsucher ein bemerkenswerter Mann war, und ganz wie es in diesen Kreisen üblich ist, hielt er den Ort seiner Schürfstelle streng geheim. Die einzige Sache, die er scheinbar gefürchtet hat, war – er wurde schließlich älter –, daß er vergeßlich werden könnte. Ich bin sicher, daß auch er – vielleicht sogar als erster von uns allen – wußte, daß es irgendwo in der unerforschten Wüste etwas gab, das zu finden sich lohnte. Er war es, der uns alle auf diese Spur gebracht hat. Vielleicht hat er sein Ziel sogar tatsächlich erreicht und mußte sicherstellen, daß er es wiederfand. Wenn meine Vermutung zutrifft, dann war es etwas, was er nicht selbst bearbeiten konnte, zumindest nicht ohne äußerst sorgfältige Vorbereitungen. Es war vermutlich notwendig, den Ort mehrfach aufzusuchen. *Einen* Hinweis trug er deshalb bei sich – ich glaube, es war eine in Worte gefaßte Landkarte. Sie wurde ihm nach seinem Tod entwendet. Aus Angst, daß er den Zettel verlieren könnte, fertigte er diese Abschrift an und verschlüsselte sie nicht nur, sondern indem er die alte Geheimschrift der Spartaner benutzte und den Streifen an einem geheimen Ort versteckte, sorgte er auch dafür, daß seine *aide mémoire* für jeden, der zufällig darauf stoßen würde, wertlos schien. In der Tat, wir sind, wie seine listigen Landsleute sagen würden, einem schlauen Fuchs auf der Spur. Ja, hätte ich nicht meinen Sinn für das, was Sie geschmacklose Möbel nennen, mein Wissen über die Tischlerkunst, meinen Thukydides, den ich noch gut im Gedächtnis habe, sowie Kenntnisse, die man sich durch das Studium der Antike verschafft, miteinander in Verbindung gesetzt – nun, wir wären niemals so weit gekommen.«

Dieses Eigenlob verärgerte mich noch mehr, zumal es berechtigt war und man ihm im Grunde nichts dagegen sagen konnte. Als Mr. Mycroft dann auch noch mit seinem Spott zur Unzeit hinzufügte: »Nun brauchen Sie nur noch zu lesen, was ich Ihnen in die Hand gegeben habe«, wurde ich zornig erregt. Ich *mußte* es einfach versuchen, obwohl eine Mischung aus Anspannung und

Wut die denkbar ungeeignetste Verfassung ist, um Ahnungen zu beschwören, die einem den rechten Weg weisen sollen.

»Nun«, sagte ich, »der erste Teil lautet ›Um zwanzig vor drei am Nachmittag‹, oder, wenn Sie wollen, ›Um vierzehn Uhr vierzig.‹« Ich hielt inne.

»Ach ja?« fragte Mr. Mycroft. »Allerdings, soweit sind wir uns einig. Und jetzt der Rest.«

Es war zum Verrücktwerden, er benahm sich wie ein alter Schulmeister, welcher einen Schüler verhöhnt, der nicht die Zeit gehabt hatte, seine Übersetzung vorzubereiten.

Ich las weiter: »Cloc Friar's Heel. AP. 20111318–3.« Das war alles. »Kurze Inschriften sind immer ein Ärgernis«, bemerkte ich.

»Trotzdem konnten sogar die etruskischen und hethitischen Inschriften entziffert werden«, erwiderte er. Er prahlte mit seiner Bildung, um mich noch weiter zu reizen.

»Nun, ich habe über die Geheimschrift Roger Bacons gearbeitet«, erwiderte ich scharf.

»Ich bezweifle, daß sie der Mühe wert ist«, antwortete er herablassend. Ich spürte, daß er mir meine Nutzlosigkeit vor Augen führen wollte. Ich unternahm einen letzten Vorstoß.

»Cloc«, sagte ich. »Nun, offenkundig hat das etwas mit der Zeitangabe zu tun, die ich bereits entschlüsselt habe. Er hat das *k* vom englischen Wort *clock* weggelassen, um Platz zu sparen. ›Friar's Heel‹, ›die Ferse des Mönches‹, hier handelt es sich unmißverständlich um einen Hinweis auf die alten Missionspfade. Wie Sie wissen, waren die Franziskaner entscheidend an der Erschließung dieser südwestlichen Wüstenregion beteiligt.«

Ich blickte auf. Es ging weitaus besser, als erhofft. Mein Spürsinn ließ mich nicht im Stich. Der alte Knabe, der glaubte, es gäbe nichts, was er nicht wüßte, würde zugeben müssen, daß ich auch ohne eine weise Frau, die meinen angeborenen Fähigkeiten auf die Sprünge half, von Nutzen sein konnte. Ich blickte auf, aber die kalte Miene des Alten war alles andere als ermutigend. Wußte er denn nicht, wie sehr eine Gabe wie die meine darauf angewiesen ist, daß das zarte Pflänzchen nicht im Keime erstickt wird! Er war eifersüchtig, das war es! Doch diese Erkenntnis allein half mir nicht weiter.

Ich tastete mich voran: »›AP. 20111318 minus 3‹, das sind selbstverständlich Koordinaten. Ich könnte mir denken – nur als Hinweis für weitere Nachforschungen –, daß ›AP‹ für das lateinische *apud* steht, was soviel heißt wie ›nahe bei‹ oder ›ungefähr‹, ja, im weiteren Sinne sogar ›in‹ oder ›an‹ bedeuten kann. Dann kommen Maßangaben, deren Bedeutung sich errechnen ließe; von Gesamtsumme oder Resultat müßte man noch drei abziehen.«

Ich hielt inne. Ich wußte, daß ich ins Schwimmen geraten war. Aber, zum Teufel, ich hatte einen Ansatz gefunden, und der alte Trottel, der neidische alte Pauker setzte alles daran, daß ich keine Pluspunkte sammeln und nichts vom Ruhm für die erfolgreiche Lösung dieses Falls für mich beanspruchen sollte. Die bittere, aber zutreffende Zeile Popes kam mir in den Sinn: ›Duld' nach des Türken Brauch den Bruder nicht beim Thron.‹ Es war das alte Lied, die verknöcherten Kapazitäten, die den aufstrebenden Nachwuchs niederknüppelten.

Ich bezwang meine Wut und preßte zwischen den Zähnen hervor: »Wenn Sie gütigst Ihre Aufmerksamkeit auf die Vorschläge lenken wollen, die ich unterbreiten konnte, Mr. Mycroft. Ich darf wohl behaupten, daß ich in der Lage war, Ihnen einige Informationen zu liefern, die unserer Suche förderlich sind.«

»In solchen Geheimschriften«, war seine gleichgültige Antwort, »gibt es keine überflüssigen Worte, und falls doch, dann werden keine letzten Buchstaben aus Platzgründen weggelassen. Ich gebe zu, für sich genommen, ist Ihr Ansatz zu ›Friar's Heel‹ recht originell, jedoch nicht im Gesamtzusammenhang. Bei dem Buchstaben-Zahlen-Code tappe ich allerdings, was den Schluß angeht, trotz seiner Wichtigkeit noch völlig im dunkeln – besonders das ›minus 3‹ ist mir unverständlich. Doch berücksichtigt man, was ich bereits über unseren Mann herausgefunden habe – Geheimschriften und ihre Urheber passen zusammen wie Sättel und Pferde –, dann bezweifle ich, daß dieses ›AP‹ das ist, was Sie vermuten. Wüßten wir nicht, woher unser verstorbener Goldsucher stammt, so könnte man tatsächlich ganz und gar den Mut verlieren. Aber unter den gegebenen Umständen habe ich die leise Ahnung, daß es sich lohnen könnte, wenn ich meine Kenntnisse eines Buches auffrische, dessen Lektüre ich aufgegeben hatte, lange bevor ich mit der des Thukydides begann – eines Buches, das früher zur Lieblingslektüre der Rätselschmiede gehörte.«

»Rätselschmiede.« Bei diesem Wort, in dem die Verachtung beinahe unverhohlen zum Ausdruck kam, und der pauschalen

Art, in der er meine wohldurchdachten Anregungen abtat, verlor ich die Geduld.

»Mr. Mycroft«, entgegnete ich, »ich muß erkennen, daß meine Hilfestellung für einen Mann Ihres Zuschnitts nichts als eine Behinderung sein kann.« Ich erwog, Dr. Johnsons schweres Geschütz aufzufahren: ›Sir, ich habe Ihnen einen Beweis geliefert, ich kann Ihnen Ihr Verständnis nicht mitliefern‹, aber mir fehlte dann doch der Mut, es zu wagen. Aller Wahrscheinlichkeit nach hätte ich damit nur eine gehässige Entgegnung provoziert. Also beschränkte ich mich darauf fortzufahren: »Ich habe getan, was ich konnte, und ich bin nach wie vor der Überzeugung, daß ich Ihnen nützliche, entscheidende Hinweise geliefert habe. Ihre Haltung hingegen bleibt unverändert ...« Mir hatte ein Satz vorgeschwebt, der gerecht, ausgeglichen, ironisch und kategorisch sein sollte, doch ich hatte damit ebensowenig Glück wie mit der Entzifferung der Geheimschrift. »Mehr kann ich Ihnen nicht bieten«, stammelte ich weiter. »Ich bin erschöpft, und ich habe den Eindruck, daß Sie mich mit Absicht provozieren. Ich möchte mit dieser abscheulichen Angelegenheit nichts mehr zu tun haben, und ich werde Sie nun verlassen.«

»Ich bitte um Entschuldigung«, entgegnete er. »Ich denke zu oft laut nach. Ich muß einen klaren Kopf bewahren. Sie verwirren mir meine Gedanken.«

Eine schöne Entschuldigung, dem Kollegen ins Gesicht zu sagen, daß er nichts als lästig ist!

»Nun gut«, fuhr ich ihn an. »Zumindest dafür kann ich sorgen, daß Ihr klarer Verstand nicht noch weiter vergiftet wird.« Und mit diesen Worten verließ ich das Haus.

Kapitel 5

Und so nahm ich mein wohlgeordnetes Leben wieder auf und widmete mich meinen überschaubaren, angemessenen und einträglichen Problemen. Mr. Mycroft machte keinen Versuch, unsere Bekanntschaft zu erneuern. Um die Angelegenheit ein für allemal zum Abschluß zu bringen, schickte ich sogar seinen Scheck zurück, obwohl ich das Gefühl hatte, daß ich ihn mir wahrhaft redlich verdient hatte. Ich erhielt keine Antwort. Was ging es mich an, vielleicht hatte er das Land verlassen, weil es ihm nicht gelungen war, einen echten Anhaltspunkt zu finden. Und selbst die Leiche dieses alten Kerls in der Wüste – meine Güte, man las in den Zeitungen schließlich dauernd von irgendwelchen Landstreichern, die ausgedörrt in einer Schlucht gefunden wurden, weil sie vom Weg abgekommen waren und sich verirrt hatten. Es passierte oft, daß die Indianer sie mit ein paar Steinen bedeckten und niemandem etwas davon sagten, weil sie nicht vor Gericht gezerrt werden und Verhöre über sich ergehen lassen wollten. Man hatte mich bei meinen Besuchen im Death Valley und Cactus Park mehr als einmal auf solche Steinhaufen aufmerksam gemacht. Und was diese ganze Zahngeschichte anging – schon bei Fingerabdrücken hatte ich da immer meine Zweifel gehabt. Die Muster sind zu einfach, als daß sie nicht ziemlich häufig vorkommen müssen; und bei Zahnringen – nun, da ist die Unzuverlässigkeit noch größer, darauf kann man wetten. Und die Botschaft im Geheimfach des Tischs? Die war tatsächlich merkwürdig – zumindest merkwürdig war, daß sie mit genau den Worten begann, die ich entschlüsselt hatte. Aber wer weiß, vielleicht gab es ja irgendeine alberne Bruderschaft, die in diesen Wüstenstaaten ihre Ku-Klux-Klan-Spiele trieb, barfüßig und in Mönchskutten gehüllt – all das, was man von den ›Büßern‹ in Neumexiko hörte, Weiße, die diese Dinge von den Indianern und Mexikanern übernahmen und sich ganz großartig dabei vorkamen. Wie dem auch sein mochte, ich war entschlossen, die Geschichte auf sich beruhen zu lassen, und da die Entscheidung allein bei mir lag, war der Fall damit abgeschlossen.

Wieder einmal war also die ganze Angelegenheit ad acta gelegt, als ohne jede Vorwarnung, gänzlich ungehindert, vorbei an meiner Sekretärin schnurstracks in mein Büro niemand anderes gestürmt kam als – Intil! Natürlich war ich inzwischen davon überzeugt, daß Mr. Mycroft einem törichten Irrtum erlegen war. Daher sah ich auch keinen Anlaß, beim Anblick eines Mannes zusammenzuzucken, den man, wie ich dachte, grundlos verdächtigt hatte. Andererseits hatte er sich zweifellos mir und Miss Brown gegenüber merkwürdig verhalten. Ich konnte und wollte in dieser Sache Rückgrat beweisen und eine Erklärung verlangen.

»Nun, mein Herr«, kam ich ihm zuvor und lehnte mich in meinem Sessel zurück, was einem immer eine starke Position verleiht, sofern man einen ansehnlichen Schreibtisch vor sich hat, »für Ihr Verhalten schulden Sie mir noch eine Erklärung, und zwar eine gute. Ich gebe Ihnen eine durch und durch schlüssige Deutung, und Sie stürzen davon ohne ein Wort des Dankes!« Es lag mir auf der Zunge fortzufahren: ›Der Rest des Textes ist weniger leicht zu deuten, aber ich vermute . . .‹, als eine innere Stimme mir plötzlich sagte: ›Halt.‹

Er ließ sich mein Auftreten, das – Ehre, wem Ehre gebührt – reichlich anmaßend war, ohne weiteres gefallen. Offenbar hatte ich den Ton getroffen, den man bei dieser Art von leicht erregbaren Individuen anschlagen muß. Auf jeden Fall würde ich das lange überfällige Honorar kassieren. Auch in diesem Punkt bestätigte sich meine Erwartung.

»Ich bin gekommen, um eine Rechnung zu begleichen, die – fürchte ich – lange offen geblieben ist.«

Es war vielleicht nicht der wirkliche Grund für seine überraschende Rückkehr, aber einer, der mir fürs erste genügte. Und sein Kommen würde mir auch eine hübsche kleine Gelegenheit verschaffen, seine Aufrichtigkeit zu prüfen.

»Wie ich Ihnen erklärt habe«, fuhr ich fort, wobei ich ihm noch immer keinen Platz anbot, »verlange ich nichts für ein unverbindliches Gespräch. Wenn ich keine greifbaren Ergebnisse vorzuweisen habe, erwarte ich nichts. Aber wenn diese offensichtlich vorliegen und ein zweites Gutachten die Diagnose bestätigt hat«, womit ich Miss Browns Mithilfe anerkannte, deren Wert ich, was auch immer Mr. Mycroft denken mochte, niemals geleugnet hatte, »dann ist eine angemessene Vergütung sicherlich angebracht. Das übliche Honorar« – das klingt immer besser als ›mein Preis‹ – »beläuft sich auf fünfzig Dollar.«

Ich hatte einen recht hohen Betrag genannt, um seine Reaktion zu testen. Wieder war ich angenehm überrascht.

»Ein sehr bescheidener Preis«, bemerkte er, »sehr bescheiden. Darf ich für die Bemühungen Ihrer Assistentin noch einmal die gleiche Summe hinzufügen?«

Auch das ließ ich mir gefallen. Ich wollte Gewißheit, daß Mr. Mycroft sich geirrt hatte, und hier wurde auf höchst angenehme und konkrete Weise mein Glaube an die Menschheit – der Glaube, daß sie, wenn schon nicht gut, so doch zumindest nicht gefährlich ist – wider die Stimme des Verleumders bestätigt.

»Einverstanden«, stimmte ich mit einer umsichtigen Einschätzung der ganzen Angelegenheit zu. »Ich denke, das dürfte all unsere ausstehenden Forderungen zur Zufriedenheit begleichen.«

Er legte die Scheine gleich auf den Schreibtisch. Ich gebe zu, das Eis begann zu schmelzen, und im Tauwetter bildet sich leicht ein kleiner Sturzbach. Aber unter solchen Umständen konnte ich ihn nicht einfach hinauskomplimentieren.

»Nun«, fragte ich, »gibt es sonst noch etwas, was ich für Sie tun kann?« Es war im Grunde nur eine Formel, so wie Anwälte früher mit ›Ihr ergebenster Diener‹ zu unterzeichnen pflegten. Ich fand es zwar nach wie vor merkwürdig, daß er überhaupt gekommen war, doch ich hatte nicht im geringsten damit gerechnet, daß er das alte Rätsel noch einmal aufgreifen würde. Ganz gleich, ob er nun zum Ku-Klux-Klan gehörte oder zu den Neuen Büßermönchen oder ob er einfach nur ein einzelner Exzentriker war – auch wenn ich ja zu dem Schluß gekommen war, daß Mr. Mycroft im Unrecht war –, dieser Mann war auf der Jagd nach etwas. Er hätte niemals diese Ausrüstung erworben und sich – auf welche Weise nun auch immer – mit zwei Maultieren versehen, wenn es ihm nur um einen Ausflug gegangen wäre. Diese Gedanken waren mir zwar schon durch den Kopf gegangen, trotzdem war ich doch recht überrascht, als er, nachdem er die noch immer offenstehende Tür zwischen dem Vorzimmer und meinem Allerheiligsten geschlossen hatte, den für Klienten bestimmten Stuhl nahm, ihn rechts neben meinen Schreibtisch stellte, sich setzte und ein Papier vor mir ausbreitete. Ein Blick – und meine Überraschung war der Aufmerksamkeit gewichen. Es konnte kein Zweifel bestehen. Hier lag das vollständige Rätsel vor mir – so, wie ich es in Mr. Mycrofts Händen gesehen hatte. Dieses Exemplar hier war allerdings auf ein einfaches Stück Papier übertragen, das ungefähr die Größe eines Scheckformulars hatte. Es war, da war ich mir sicher, die Kopie eines Originals, eines Originals – ich konnte diesen Verdacht nicht ganz ausschließen, auch wenn es zum Glück weniger beunruhigende Alternativen gab –, das vielleicht ein Mann bei sich getragen hatte, als er ermordet wurde. Und um dessentwillen man ihn ermordet hatte? Diese Frage empfand ich zum damaligen Zeitpunkt allerdings als zu unangenehm. Ich mußte jedenfalls erst einmal Zeit gewinnen und war sicher, daß mir das auch gelingen würde. Der kleine Bursche neben mir – ich vergewisserte mich mit einem verstohlenen Blick – machte ja auch nicht gerade einen gefährlichen Eindruck, jedenfalls nicht in einem bequemen Büro mit einer fähigen Sekretärin in Rufweite.

Auch was er sagte, klang durchaus vernünftig. »Sie waren im ersten Teil des Tests, dem ich Sie unterzogen habe, so bemerkenswert erfolgreich, daß ich nun hoffen kann, daß Sie beim Rest eine ebenso glückliche Hand haben.«

Das war geradeheraus gesagt, zumindest bis zu diesem Punkt. Außerdem war ich davon überzeugt, daß ich bereits einen Ansatz gefunden hatte, der uns auch zur Entschlüsselung des noch verbliebenen Rests dieses kryptischen Satzes führen würde, und daß nur Mr. Mycrofts grobes und herablassendes Benehmen mich von der Fährte abgebracht hatte. Im Grunde war es ja auch nicht mein Problem, ob meine Klienten die Lösungen, die ich ihnen auf ihre Rätsel gab, sinnvoll oder unsinnig fanden und ob sie Nutzen daraus zogen oder nicht.

»Ja, ich glaube, ich kann Ihnen weiterhelfen«, sagte ich und betrachtete die Worte, die mir vertrauter waren, als er ahnen konnte. »Die Zeitangabe haben wir ja schon entschlüsselt, und dieser Teil des Satzes bestimmt zweifellos auch das nächste Wort: ›cloc‹, die ›Uhr‹.« Ich hatte den Eindruck, daß er bei dieser Eröffnung ein wenig unruhig wurde, aber ich würde mich nicht noch einmal von der Spur meiner Intuition abbringen lassen, nicht einmal von einem höchst einträglichen Klienten. »Wir brauchen also nur noch einige wenige Worte zu bestimmen. Die beiden nächsten sind klar und hilfreich. Hier haben wir einen eindeutigen Hinweis auf einen Pfad – einen Missionspfad zweifelsohne. Einer jener Vorstöße des Evangeliums in die entlegeneren Gegenden vermutlich, die die ersten Franziskaner hier unternahmen ...« Ob er wußte, daß ich wußte, daß er in der Wüste gewesen war? »Ich würde deshalb als freie Übersetzung dieser Passage vorschlagen: ›Auf der Spur des Missionspfades.‹« Ich spürte, daß er mich aufmerksam beobachtete. »Der Rest der Botschaft besteht aus einer exakten Maßangabe. Wir haben also erstens eine genaue Zeitangabe, zweitens eine genaue Route und drittens den genau bezeichneten Punkt auf dieser Route.« Er sagte kein Wort. Ich fühlte mich unwohl in meiner Haut, und um die gespannte Atmosphäre ein wenig zu mildern, fügte ich mit studierter Nonchalance hinzu: »Natürlich bin ich kein Prophet. Es ist Sache des Klienten, seine Schlüsse aus der Deutung zu ziehen. Ich habe keine Ahnung, was diese Botschaft besagen will, aber es ist mir eine Freude, daß ich in der Lage war, Ihnen mitzuteilen, wie die Botschaft de facto lautet.«

Ich wandte mich ihm zu. Er betrachtete mich mit einem seltsam nichtssagenden Gesichtsausdruck – irgendwie verblüfft, hatte ich den Eindruck –, und wenn überhaupt etwas Bestimmtes in diesem Ausdruck lag, dann ...? Nun, jedenfalls blickte er nicht so freundlich, wie ich mir das gewünscht hätte. War er nur solange freundlich gewesen, bis er genug in Erfahrung gebracht hatte? Das war mein unbestimmter, nicht eben beruhigender Eindruck. Sein Blick lastete auf mir, bis ich tatsächlich beinahe die Nerven verlor.

»Nun«, sagte ich und erhob mich, um der angespannten Stimmung ein Ende zu bereiten, »damit dürfte die Sache wohl erledigt sein.«

»Nein«, entgegnete er mit einer seltsam bedrohlichen Schärfe. »Es ist falsch, jedes Wort davon – außer dem ersten Stück, und das haben Sie schon vor langer Zeit gelöst. Ich kann keine schlauen Theorien brauchen. Ich brauche Fakten.«

Ich war ein wenig erschrocken, doch vor allen Dingen war ich wütend. Er hatte mich genau da getroffen, wo von Mr. Mycrofts unfreundlichem Benehmen noch eine empfindliche Wunde zurückgeblieben war. Sicherlich ging es ihm nur darum, sich um das Bezahlen zu drücken – nun, sollte er doch. Ich hatte die Nase voll von dieser ganzen Angelegenheit, dieser abscheulichen Mischung des Bedrohlichen mit dem Banalen, dieser albernen Schaumschlägerei um diesen abscheulichen, kleinen Zettel, von dem solch eine Gefahr ausging. »Verlassen Sie dieses Büro«, hörte ich mich sagen. Mir war bewußt, daß dieser Ton überhaupt nicht zu mir paßte, und doch – wie schon zuvor bei diesem seltsamen Zeitgenossen – verfehlte er nicht seine Wirkung. Er war aufgestanden, warf einen Blick auf die Tür, hielt seinen geheiligten Zettel mit dem dummen Zeug darauf in der einen Hand und rieb sich mit der anderen so heftig die Nase, daß diese bald ganz gerötet war.

»Mr. Silchester«, sagte er, »sind Sie bereit, mich zu Miss Brown zu bringen? Ich wollte Sie nicht verärgern ... bin immer ein wenig hitzköpfig. Hab' ja auch viel, was mir durch den Kopf geht ... werde das Gefühl einfach nicht los, daß hinter der ganzen Geschichte was steckt, was die Mühe wert ist. Weiß ehrlich genug darüber, daß ich sagen kann, Ihre Deutung – sehr gute Deutung, wirklich, sehr scharfsinnig –, daß die trotzdem die Sache nicht richtig trifft. Lassen Sie uns doch mal versuchen, ob Miss Brown etwas herausfindet.«

Er wußte also auch nicht mehr als ich, und doch hatten er und ich beide das Gefühl, daß es bei diesem Rätsel wirklich um etwas ging, das zu finden sich lohnte. Solange er sich anständig benahm, warum sollte ich es da nicht noch ein letztes Mal versuchen? Andererseits drängten mich Vorsicht und Bequemlichkeit: Laß die Finger davon!

»Nein, Mr. Intil«, entgegnete ich. »Ich habe meinen Teil getan und dabei mein Bestes gegeben. Sie können mir auch diesmal das Honorar verweigern. Ich erwarte kein Geld von Ihnen. Vielleicht können Sie es sich ja nicht leisten. Wenn dem so ist, möchte ich Ihnen allerdings von einer Konsultation Miss Browns abraten.«

»Sie meinen, ich hätte kein Geld?« fragte er. »Also gut, also gut.« Ich merkte ihm an, daß er sich etwas durch den Kopf gehen ließ. Er warf mir einen Blick zu, der mich erkennen ließ, daß er zu einer Entscheidung gekommen war, zu der er sich – den Eindruck hatte ich jedenfalls – hatte durchringen müssen. Doch nun, wo er die Entscheidung einmal getroffen hatte, schien er sich wohler zu fühlen. Er wirkte lockerer, als ich ihn je zuvor gesehen hatte. »Ich werde Ihnen vertrauen«, sagte er, »wenn Sie und Miss Brown mein Geheimnis für sich behalten. Ich habe das Gefühl, daß mir jemand nachschleicht. Ich muß diese Sache schaffen, bevor mir jemand zuvorkommt. Das hier, das bekomme ich nicht ohne Hilfe heraus. Habe alles bereit, aber die genauen Angaben, die bekomme ich einfach nicht zusammen. Ich verspreche Ihnen beiden ein großes Honorar.« Er zögerte. »Zweihundertfünfzig Dollar pro Nase?« Er sah mich an. Ich verbeugte mich leicht, wobei ich weder Zustimmung noch Ablehnung signalisierte. »Fünfhundert für jeden?« Wenn das ein ernstgemeintes Angebot war, dann mußte er offenbar seinem Ziel sehr nahe gekommen sein. »Vorausgesetzt, daß Sie die Dechiffrierung wirklich in Angriff nehmen. Nun, ich habe Ihnen vertraut. Werden Sie mein Angebot annehmen?«

Ich muß sagen, ich hatte nicht den Eindruck, daß er mir wirklich vertraute. Wie ich das sah, saß er einfach in der Klemme, er wußte, daß er etwas Großes in greifbarer Nähe hatte – jedoch gerade noch außerhalb seiner Reichweite.

Ich machte einen Frontalangriff. »Was sind Sie eigentlich genau, Mr. Intil?« Das mußte ihn aus der Reserve locken, wenn er wirklich vorhatte, seine Deckung aufzugeben. Und es war ein voller Erfolg.

»Was ich bin?« antwortete er regelrecht melodramatisch. »Nun, kurz gesagt, ich bin einer aus der seltsamen Zunft der Prospektoren, der Goldsucher. Goldsucher, werden Sie sagen, das sind doch alte Klamotten von '49? So etwas gibt es doch gar nicht mehr, außer ein paar armen alten Irren, die man draußen in der Mojave und in anderen Wüsten hinter ihren zwei Lasttieren hertrotten sieht. Aber da täuschen Sie sich. Sie meinen die Tage, als jeder für sich allein schürfte, sind vorüber? Ganz und gar nicht. Obwohl es vielleicht am besten wäre, wenn die Leute das denken. In Wirklichkeit stehen wir erst am Anfang. Es gibt kein Neuland mehr zu eröffnen? Unsinn. Es gibt mehr Neuland als je zuvor. Gold? Da sind Sie wieder bei den alten Geschichten. Ich sage Ihnen, die Suche nach Bodenschätzen steckt noch in den Kinderschuhen. Aber wenn das so ist, was treibe ich dann hier mit einem alten Stück Papier? Warum versuche ich immer wieder, es zu entziffern? Warum bin ich nicht draußen mit Hacke und Schaufel? Nun, es gibt zwei triftige Gründe. Vor allem befinden wir uns im Zeitalter des modernen Schürfens. Früher gab es bloß Kupfer und, wenn man Glück hatte, Zinn, und es gab natürlich immer den albernen Lockruf des Goldes. Aber die wirklich wertvollen Metalle oder Mineralien hatten gerade erst ihren Siegeszug begonnen. Die wirklich wertvollen Metalle – haben Sie nichts darüber gelesen? Über den Big Bear, kälter als der Klondike und bei weitem lohnender. Und was gab es da? Etwas, das aussah wie magere Kohle. Und was war es? Pechblende, so durchsetzt mit Radium, daß sie einem buchstäblich die Hosen durchschmorte, wenn man sich auf seinen wertvollen Fund setzte. Man spricht ja immer von heißem Geld – aber das war heißer! Bei den Preisen, die für Radium gezahlt werden, sind die ganzen alten *Edel*metalle im Vergleich dazu nur wertloser Schrott. Und es gibt« – er hielt inne und musterte mich eingehend – »größere und bessere Lagerstätten als den Big Bear.« Er hielt erneut inne. »Ich stehe kurz davor, ein solches Vorkommen aufzuspüren, und Miss Brown – da bin ich mir jetzt ganz sicher – kann die Lösung mit dem, was ich ihr an Informationen gebe, finden. Wollen Sie mich nun zu ihr bringen?«

Das also war die Geschichte, um die es ging. Nun, sie deckte sich ziemlich genau mit dem, was Mr. Mycroft vermutet hatte. Und da er sich geweigert hatte, mir sein volles Vertrauen zu schenken, konnte ich nicht umhin, eine gewisse berechtigte Genugtuung darüber zu empfinden, daß ich selbst herausgefunden hatte, was er mir vorenthalten hatte. Außerdem war es mir ein Bedürfnis, es ihm heimzuzahlen; ich würde nicht nur ›einen schönen Batzen verdienen‹, sondern außerdem noch herausbekommen, was er mir verheimlicht hatte und – was noch besser war – was er selbst nicht wußte. Ich, der geschmähte Sydney Silchester, würde vor ihm am Ziel sein. Das gab den Ausschlag. Die Aussicht, Mr. Mycroft einen ausgesucht freundlichen Brief schreiben zu können – ich ging davon aus, daß er sich die Post nachschicken ließ – und ihm dann ganz beiläufig die ganze Geschichte inklusive entschlüsselter Botschaft und krönendem Abschluß zu erzählen! Ich gebe zu, die Versuchung war zu groß. Intil hatte es, das stand fest, auf irgendein seltenes Erz abgesehen. Es war ebensowenig wahrscheinlich, daß sich die Dinge so entwickeln würden, wie er es sich erträumte, wie es wahrscheinlich schien, daß Mr. Mycrofts dramatische und für einen Detektiv typische Einschätzung der Angelegenheit die richtige war. Intil mochte durchaus verrückt sein, aber wenn dem so war, so war er einer von denen, die so viel Geld haben, daß man sie gewähren läßt. Ich konnte mir gut vorstellen, daß Mr. Mycroft von gewissen Kreisen geschickt worden war, die ein Interesse daran hatten, an eine neue Art Erz heranzukommen. Ich hatte gehört, daß winzige Mengen – zum Beispiel von Wolfram – Stahl veredeln können. Es gab keinen Grund, das ganze Beiwerk, mit dem die beiden ihre jeweilige Geschichte ausgeschmückt hatten, für bare Münze zu nehmen. Es galt nun, dahinter den roten Faden aufzuspüren und dafür Sorge zu tragen, daß zumindest *der* ein ›goldener Faden‹ sein würde.

»In Ordnung«, sagte ich. »Wenn Sie einen Vorschuß von, sagen wir, 50 Prozent leisten, werde ich sehen, ob Miss Brown und ich noch einmal das Orakel befragen können.«

Er zögerte nicht. »Ich werde das Geld morgen für Sie bereithalten, wenn Sie für dann einen Termin vereinbaren können.«

Ich griff zum Telefon. Miss Brown war zu Hause. »Wenn Sie im Vorzimmer warten wollen, werde ich mit meiner Kollegin sprechen. In fünf Minuten haben Sie Ihre Antwort.«

Lammfromm wie ein Schuljunge bedankte er sich und schloß behutsam die Tür, als er hinausging. Ich hatte eindeutig die Oberhand gewonnen. Meine letzten Bedenken schwanden dahin. Mir schien, ich hatte die führende Rolle in einer recht unterhaltsamen Abenteuergeschichte übernommen.

»Miss Brown«, sagte ich, »erinnern Sie sich an einen Mr. Intil, der niemals sein Honorar für die hochinteressante Séance, die Sie für ihn veranstaltet haben, bezahlt hat?«

»Der kleine Kerl, der Reißaus genommen hatte, ist also zurückgekommen?« antwortete sie.

»Ja, er wünscht eine weitere Séance.«

Am anderen Ende der Leitung herrschte Schweigen. Wenn Miss Brown mir nicht half, waren wir erledigt. Und obwohl sie eine durchaus in sich gefestigte Person war, wie es gute, bescheidene ›übersinnliche‹ Leute stets zu sein pflegen, bevor man sie verdirbt, mußte sie natürlich auf das hören, worauf sie keinen Einfluß hatte – auf ihr Unterbewußtes. Ich wußte, daß ich, auf mich allein gestellt, von dem verdammten, mit schottischer Sparsamkeit verfaßten Rätsel kein weiteres Wort würde lösen können.

»Übrigens«, fuhr ich fort, »er hat uns beide bereits fürstlich bezahlt – mit Zins und Zinseszins. Ja, man könnte sagen, er hat uns für die frühere Mißachtung unserer Dienste entschädigt. Und er ist bereit, uns für unsere weitere Hilfe bar auf die Hand zu bezahlen – weitaus besser als ein höfliches Dankeschön.«

»Ich habe nicht an die Bezahlung gedacht«, erwiderte sie, und ich konnte bestätigen, daß sie mit Sicherheit nicht geldgierig war. »Ich habe darüber nachgedacht, ob *ich* in der Lage wäre, ihm zu helfen.«

»Aber natürlich wären Sie dazu in der Lage; Sie haben es ja schon einmal getan«, ermutigte ich sie. Das hatte sie schließlich wirklich, und ich war überzeugt, daß es ihr auch ein zweites Mal gelingen würde, wenn ich ihr den nötigen Rückhalt gab. Wir würden das ganze Durcheinander entwirren und den alten Mycroft mit seinen eigenen Waffen schlagen, womöglich würden wir dabei sogar noch einen besseren Schnitt machen, als der, der uns in Aussicht gestellt worden war.

»Nein, so einfach ist das nicht. Verstehen Sie nicht. Ihr Klient interessiert mich zu sehr . . . meine bewußte Seite, mich – die Miss Brown. Das wirkt sich störend aus. Sobald ich versuche, die Botschaften, die ich während der Trance empfange, zu interpretieren, verwirre ich die Schnüre, mit denen ich in der Tiefe fische, ja, selbst wenn ich nur Interesse oder eine Spur von Neugier für das entwickele, was ich empfangen haben mag.«

Ich konnte nichts anderes tun, als zu antworten: »Versuchen Sie es bitte; ich bin sicher, es wird Ihnen noch einmal gelingen.«

»Also gut«, sagte sie zögernd. Wir verabredeten uns für drei Uhr am kommenden Nachmittag, und ich ging nach nebenan, um es Intil mitzuteilen.

»Eine schwierige Sache«, bemerkte ich. »Natürlich haben sensible Naturen es nicht gern, wenn man sie so behandelt, wie Sie Miss Brown behandelt haben.«

Er nahm meinen Tadel in gebührender Weise auf, doch vor allem war er begierig zu erfahren, ob ich ihm irgendwelche Hoffnungen machen konnte.

»Aber ich glaube, ich habe sie überredet, Ihnen noch einmal eine Chance zu geben.« Er strahlte wie ein Kind, und ich fühlte mich so ganz in der Rolle des Älteren und Weiseren. Ich war ihm also keineswegs unfreundlich gesinnt, als ich hinzufügte: »Natürlich muß ich Sie ausdrücklich darauf hinweisen, daß man für nichts garantieren kann.« Ich war hochzufrieden mit meinem klaren Urteilsvermögen, und es schoß mir durch den Kopf, daß es Mr. Mycroft nicht schaden könnte zu sehen, mit welchem Erfolg ich in diese Rolle geschlüpft war. »Andererseits bin ich ebenso davon überzeugt – und ich spreche aus nicht unbeträchtlicher Erfahrung –, daß es äußerst unwahrscheinlich ist, äußerst unwahrscheinlich, daß Sie irgendwo ein zweites Team finden werden« – ich lächelte über meine Wortwahl –, »das hoffen kann, Ihr Rätsel zu lösen.« Er nickte. »Ich möchte Ihnen daher einschärfen, sich morgen nachmittag um Punkt zwei Uhr fünfundvierzig hier einzufinden und die erforderliche Vergütung bereitzuhalten.«

Er erhob sich eilig. »Ich werde hier sein«, sagte er. »Ich werde hier sein, und diesmal werden Sie keinen Anlaß zur Klage haben.« An der Tür wandte er sich noch einmal um. »Sie brauchen nur ... kümmern Sie sich nur darum, daß Sie diesen Spruch entschlüsseln, und ich verspreche Ihnen, Sie werden nie wieder ein Wort, nicht ein einziges Wort des Tadels über Thomas Intil zu verlieren haben.«

Die letzten Worte sprach er mit einer solchen Überzeugung, mit einer derart – wie soll ich sagen? – übertriebenen Überzeugung, daß ich den Blick auch dann noch nicht von der Tür abwenden konnte, als er schon längst hindurchgegangen war und sie hinter ihm heftig ins Schloß gefallen war. Ich fühlte ... ja, irgendwie war ich mir fast sicher, daß ich ihn beeindruckt hatte und daß er nicht noch einmal versuchen würde, uns an der Nase herumzuführen. Er hatte offenbar erkannt, daß wir für ihn unentbehrlich waren. Und noch ein Gedanke, ein weiteres sicheres Gefühl stieg in mir auf: Mir schien es einfach undenkbar, daß er uns hier in einer großen Stadt gefährlich werden könnte, selbst wenn er es wollte, was ich nicht glaubte – warum sollte er? Mr. Mycrofts Gedanken drehten sich eben nur um Morde und mysteriöse Angelegenheiten. Ich wußte – und die Erfahrungen meiner Arbeit hatten es mir noch bestätigt –, daß so mancher ein bißchen Geheimnistuerei liebt und dabei nicht im Traum an Gewalt, geschweige denn an Mord denkt.

Im Grunde waren seine ganzen Theorien über den alten Sanderson eine einzige Spekulation. Wir wußten nicht einmal mit Sicherheit, daß ihn jemand erschossen hatte; wir konnten zudem nicht mit Gewißheit sagen, daß jenes vertrocknete Ding, das wir da gesehen hatten, wirklich erschossen und daß es wirklich Sanderson gewesen war. Ich ließ mir diese Dinge noch einmal durch den Kopf gehen, und je länger ich darüber nachdachte, desto wahrscheinlicher schien es mir, daß – wäre ein zäher, wüstenerfahrener Goldsucher auf den armen kleinen Intil gestoßen, der sich ihm in seinen steifen neuen Trapperstiefeln an die Ferse geheftet hatte – es dann Intil gewesen wäre, den wir als Pemmikan wiedergefunden hätten, und nicht Sanderson oder sonst irgendein Pionier. »Und der Hinweis, den Mr. Mycroft in Sandersons Haus gefunden hat?« meldete sich meine innere Stimme skeptisch zu dieser letzten Bestandsaufnahme zu Wort. So ein Zufall, das mußte ich eingestehen, war mehr als unwahrscheinlich. Doch auch hier besagte die simplere Hypothese – das A und O aller wissenschaftlichen Deduktion –, daß Sanderson und Intil ja auch schließlich beide auf einen Hinweis auf ein Geheimversteck in der Wüste gestoßen sein konnten – solche Plätze waren schon des öfteren aufgespürt und gefunden worden –, eine Lagerstätte, die ein alter Schürfer zurückgelassen hatte, vielleicht sogar der Schatz eines Spaniers. Das ganze Gerede von den neuen Prospektoren, mit dem Intil mich überschüttet hatte, sollte, da war ich mir nun sicher, nur dazu dienen, seine eigentliche Entdeckung vor mir zu verbergen. Er war auf unsere Hilfe angewiesen, und deshalb mußte er uns mit dieser Phantasterei von der neuen Mineralogie Sand in die Augen streuen. Das war die Lösung: Sanderson, Intil und vielleicht der luftgetrocknete Tote – wer konnte das schon wissen? – verfolgten alle dieselbe Spur, und sie alle – oder zumindest zwei von ihnen – hatten über die Sache natürlich Stillschweigen bewahrt. Keiner von ihnen, so folgerte ich, hatte sein Ziel erreicht, und es war gut möglich, daß keiner von ihnen eine genaue Vorstellung davon hatte, worum es sich dabei handelte und wo das Versteck lag. Sanderson war im Augenblick aus dem Rennen. Mr. Mycroft hatte zugeben müssen, daß ihm der Hinweis, den er sich von dort verschafft hatte, nicht weiterhalf. Und wie ausgesprochen komisch wäre es doch, wenn Sanderson, während er im dunkeln tappte, zurückkehren würde; was für eine schöne Lehre in Sachen Moral für unseren verhinderten Friedensrichter Mr. Mycroft: ›Nur zu, nutzen Sie nur das Wissen eines anderen, um Hand an das Eigentum eines dritten zu legen. Geben Sie zu, daß Sie einen Einbruch begangen und dem Besitzer seine Eigentumsurkunde gestohlen haben – oder doch zumindest etwas, was dem so nahe kommt, daß es moralisch gesehen keinen Unterschied macht.‹

Das waren die Gedanken, die mir durch den Kopf gingen, und ich bin gern bereit zuzugeben, daß sie mir meine letzten Zweifel nahmen. Auf alle Fälle war ich auf dem besten Wege, ein stattliches Honorar zu kassieren; außerdem hatte ich irgendwie das ziemlich sichere Gefühl, daß mir mit Miss Browns Hilfe auch diesmal eine spektakuläre Deutung gelingen würde. Ich nehme an, es war ein Gefühl, das demjenigen nicht unähnlich ist, das Joseph beseelt haben mußte, als der Pharao sich seinen Traum von den

Kühen deuten ließ, oder Daniel, als man ihn zu der Schrift an der Wand befragte.

Ich wandte mich wieder meiner Sekretärin zu. »Ein netter kleiner Bursche«, sprach ich sie an. Meine Sekretärin ist eins jener kompetenten Mädchen, die ihre kompromißlose, zielstrebige Tüchtigkeit unter einem Mantel aus Eleganz verbergen. Ihre Antwort bestand darin, daß sie sich mit dem Stenographierbleistift an ihre jedem Lächeln gewachsenen Zähne tippte. Das war ihr Morsezeichen für ›Da bin ich anderer Meinung!‹

»Als er zuletzt hier war, war er nur aufgeregt«, fuhr ich fort, denn ich verspürte den Wunsch, mir meine neugebildete Meinung bestätigen zu lassen.

»Tja, bei solchen Kerlen ist es besser, wenn sie aufgeregt sind.«

»Was wollen Sie damit sagen?«

»Ich habe ihn beobachtet, während Sie telefonierten und als Sie zurückkamen. Er kann sich blitzschnell verstellen. Er glaubte nur nicht, daß er es für mich nötig hätte, sich zu verstellen – er beurteilte mich nach meinem Äußeren.«

Dieser Satz erfüllte nicht gerade die Ansprüche, die ich an gute Syntax stelle. Die Art, wie Miss Delamere – ich habe den wenig glaubwürdigen Namen meiner Sekretärin bereits an anderer Stelle erwähnt – die Präpositionen benutzte, war allzu eigenwillig; sie war ebenso sorglos im Umgang mit Worten, wie sie um ihr äußeres Erscheinungsbild besorgt war. Doch in beiden Fällen – was sowohl das Ohr anging als auch das Auge – wußte sie genau, welchen Eindruck sie erzielen wollte.

»Und Ihr Urteil?«

»Seine Liebe zu Ihnen ist nicht größer geworden seit seinem letzten Besuch.«

Ich hatte das Gefühl, daß mir dieses Gespräch, wenn ich es fortsetzte, meinen ganzen neugefundenen Schwung nehmen konnte.

»Das ist interessant.« Ich beende die Konversation stets, indem ich Miss Delameres letzte Bemerkung interessant finde. In der Regel genügt das als Zeichen, daß ich die Angelegenheit ruhen lassen möchte und daß ich ihre Meinung zu schätzen weiß.

»Hier haben wir die Anfragen, die Sie heute noch bearbeiten müßten«, entgegnete sie, denn sie kannte diesen Wink, und entnahm ihrem Körbchen ›Ausstehende Antworten‹ ein halbes Dutzend Briefe. »Ich habe schon freundliche Absagen vorbereitet auf die Einladung des A.B.C. – des Anagramm-Bacon-Clubs –, auf zwei Anfragen nach Horoskopen für Neugeborene, auf ein Angebot, eine Partnerschaft mit einem Arzt einzugehen, der mit der Wünschelrute arbeitet, und auf eine Anfrage, ob Sie vor den Fünf Führenden Fundamentalisten sprechen wollen.«

Wir machten uns dann an die Arbeit, die uns einen guten Nachmittag lang beschäftigte, und als wir sie abgeschlossen hatten, hatte Mr. Intil den ihm angemessenen Platz gefunden – ein Klient unter vielen, allesamt ein wenig wunderlich, recht interessant und einigermaßen einträglich.

Kapitel 6

Die Arbeit des nächsten Vormittags trug noch weiter dazu bei, die Dinge ins rechte Licht zu rücken. Und folglich spürte ich, als es halb drei wurde, beim Gedanken an die bevorstehende Verabredung nicht mehr Beklommenheit als vor jedem beliebigen Routinebesuch eines ganz gewöhnlichen Klienten. Zudem wirkte Intil, als er eintrat, in keiner Weise ungewöhnlich. Selbst der forschende Blick, den Miss Delamere ihm hinter seinem Rücken zuwarf, als sie mich mit ihm allein ließ, amüsierte mich nur, und ich überlegte mir, daß Frauen gegen jeden Mann Groll hegen, der so geistesabwesend ist, ihnen nicht genügend Aufmerksamkeit zu schenken.

»Würden Sie bitte«, sagte ich, »sofern Sie es nicht bereits getan haben, Ihren Hinweis, Ihr Rätsel oder was auch immer es ist, in einen undurchsichtigen Umschlag stecken?«

Er hatte es noch nicht getan, und ich reichte ihm einen Umschlag von meinem Schreibtisch. Ich bemerkte, daß seine Hand zitterte, als er den dünnen Papierstreifen hineinsteckte. Anschließend führte er das Kuvert an die Lippen, um es zuzukleben, hielt dann jedoch inne, blickte mich über den Rand hinweg an und ließ es in seine Tasche gleiten, wobei er offenbar vergaß, daß er es nicht zugeklebt hatte. Es spielte keine Rolle, solange er es dort beließ. Miss Browns Alltagsbewußtsein würde keinen Hinweis aufnehmen, der ihre tieferen Bewußtseinsschichten verwirren könnte.

»Ich habe das Geld dabei«, sagte er ungefragt.

»Sehr schön; die Zahlung an Miss Brown können Sie am Ende der Sitzung leisten, und ich werde ihr dann auch gleich ihren Anteil an unserem gemeinsamen Honorar für die letzte Sitzung aushändigen.«

»Kann es jetzt losgehen?« fragte er.

»Wir haben viel Zeit«, antwortete ich, fest entschlossen, die Zügel in der Hand zu behalten. »Ich brauche noch ein paar Dinge. Sie sollten einen kräftigen Notizblock und einen Bleistift dabei haben, damit Sie sich gegebenenfalls Notizen machen können, und ich werde ebenfalls einen mitnehmen.« Ich reichte ihm die genannten Gegenstände. »Wenn die Verbindung gut ist, ist die Geschwindigkeit in einigen Phasen beträchtlich, und viele wertvolle Informationen können verlorengehen. Es ist oft schwierig, sich an besonders wichtige Punkte zu erinnern, wenn sie zusammen mit einer Fülle von Material übermittelt werden, dessen Bedeutung für den Augenblick nicht ersichtlich ist.«

Ich spürte, daß ich genau den beabsichtigten Ton traf und daß mein Gegenüber zumindest nicht unbeeindruckt war. Im Vorzimmer verweilte ich, um Miss Delamere einige kurze Anweisungen zu erteilen und sie an Dinge zu erinnern, die sie mit ziemlicher Sicherheit nicht vergessen hätte. Sie machte sich trotzdem kleine Bleistiftnotizen, und ich beendete meinen Auftritt mit dem Hinweis, daß sie nicht auf mich zu warten brauche, falls ich um fünf Uhr noch nicht zurück sei. Es war ein durch und durch gelungener Abgang. Warum ich nicht ohne all das hinausgehen konnte? Auf diese Frage, die ganz nach Intils Art wäre, kann ich nur erwidern, daß ich vermutlich tief in meinem Inneren aus irgendeinem geheimen Grund die Bestätigung dafür suchte, daß ich die Ereignisse bis ins kleinste unter Kontrolle hatte und auch die Gangart bestimmen konnte. Ich könnte die Geschichte zu jedem Zeitpunkt, zu dem es mir wünschenswert erschien, abbrechen.

Es war siebzehn Minuten vor drei, als ich auf Miss Browns Schwelle stand; die Zeit, die wir gebraucht hatten, um dorthin zu gelangen, entsprach genau meinen Berechnungen. Ich sah auf meine Armbanduhr, und beim Anblick der Zeiger mußte ich an den seltsamen Anfang der verschlüsselten Botschaft denken: ›Wenn der Flieger . . . recket den Flügel zur Linken.‹ Nun, dachte ich, ein Flügelschlag weiter, und wir wissen vielleicht mehr darüber, worauf sich diese Zeitangabe beziehen soll; womöglich haben wir bis dahin die Botschaft ganz entschlüsselt.

Ich blickte auf; Miss Brown stand in der Tür. Der Salon war bereits vorgeheizt. Er vermittelte mit seinem großen Feuer und den geschlossenen Jalousien und Gardinen beinahe das Gefühl, daß man sich in einem tropischen Gewächshaus befand. Beim Schein des Feuers und bei dem Licht, das durch die verhüllten

Fenster drang, konnten wir uns zu den beiden Stühlen vortasten, die Miss Brown uns anwies. Dann nahm sie wortlos ihren Platz in einem Sessel nahe beim Feuer ein, breitete wie schon beim vorigen Mal ein Taschentuch über ihrem Gesicht aus, und man sah ihre Gestalt ganz entspannt in die Kissen zurücksinken. Während der folgenden Minuten wurde ihr Atem immer tiefer und ruhiger; dann kamen die seltsamen kleinen Zuckungen und ein leises Wimmern, das an einen schlafenden Hund erinnerte. Sie atmete nun wieder normal. Die betont fröhliche Stimme des kindischen kleinen ›Geists‹ frohlockte: »Guten Morgen.« Der Nachmittag war natürlich schon recht weit fortgeschritten, aber wenn man etwas in Erfahrung bringen will, muß man liebenswürdig sein.

»Guten Morgen«, erwiderte ich mit dem Tonfall eines gutmütigen Onkels. »Guten Morgen.« Ich blickte zu Intil hinüber, der vor sich hinkritzelte, wobei er den Block schräg ans Feuer hielt, um in dessen Schein besser sehen zu können.

»Sagen Sie ›Guten Morgen‹«, flüsterte ich. Er blickte auf.

»Ach, das braucht er nicht, wenn er nicht will«, sagte das Wunderkind aus dem Geisterreich. »Aber Sie, Sie sind nett und freundlich, Mr. Sydney. Sie mag ich.«

Ich hatte nicht das geringste Interesse an derartigen Schmeicheleien und kannte diese Experimente gut genug, um zu wissen, daß wir nie zu brauchbaren Ergebnissen kommen würden, wenn die alberne kleine ›Führerin‹ erst einmal mit mir auf die Abwege solcher kindlichen Zuneigung geriet.

»Ich habe einen sehr interessanten Mann mitgebracht«, begann ich.

»Ach, den mag ich nicht. Sie mag ich. Das ist doch der unhöfliche Fremde. Wir sind Freunde, wir beide, nicht wahr?«

»Aber sicher«, beteuerte ich. »Aber sicher.«

Ich fragte mich, was zum Teufel das für ein Fragment eines Geistes sein konnte, der eine wenn auch wirre Fülle von Informationen liefern konnte, die nur er kannte, und der doch nicht wußte, daß ich meine Zweifel hegte, ob es sich bei ihm überhaupt um eine Person handelte, und daß ich diese, wenn es sie denn nun gab, samt ihrer Sentimentalität zutiefst verabscheute. Glücklicherweise erkannte Intil an diesem Punkt, was er zu tun hatte – er mußte diesen seltsamen Funken anfachen, bis sein Schein ihm die Richtung wies, in die er zu blicken wünschte. Und er spielte seine Rolle überraschend gut.

»Das tut mir aber leid. Bitte verzeih mir, kleines Fräulein«, beteuerte er mit einer Stimme, die der des ›Geists‹ an Schmalzigkeit nicht nachstand. »Ich war so mit meinen Vorbereitungen beschäftigt, um deine Zeit nicht über Gebühr in Anspruch zu nehmen, wenn du zu uns kommst und uns vielleicht behilflich sein kannst, daß ich gar nicht bemerkt habe, daß du schon da bist.«

»Das war sehr dumm von Ihnen, Mr. Intell. Dafür gibt es ein Wort, das klingt genauso wie Ihr Name, aber ich bin zu klein, um all die klugen Wörter zu kennen, aber mit ›Intell‹ fängt es an, ja, das ist es, sie sagen mir gerade, es heißt tatsächlich ›Intell‹, ›Intelligenz‹ – ganz genau, Sie sollten mehr Intelligenz zeigen. Das ist ungehobelt, nichts zu entgegnen, wenn jemand einen guten Morgen wünscht.«

Was für ein entsetzliches Geschwätz – und nun, wo es einmal begonnen hatte, würde es so weitergehen, ein Echo würde das andere ergeben! Doch Intils Geschicklichkeit überraschte mich von neuem. »Da hast du recht, kleines Fräulein; du hast vollkommen recht, und ich wünsche dir einen wunderschönen guten Morgen. Außerdem bitte ich dich um Verzeihung und danke dir von ganzem Herzen, daß du gekommen bist.«

»So ist es besser«, befand der kleine Schulmeister.

»Ich danke dir«, setzte Intil sofort mit einer Überschwenglichkeit hinzu, bei der es einem Geist offenbar warm ums Herz wird. »Als wir zuletzt hier waren, hast du uns so eine wundervolle Botschaft überbracht.«

»Was für eine Botschaft?« fragte die Stimme zerstreut.

»Da ging es um das seltsame Vögelchen in seinem hübschen runden Käfig.«

»Ach ja, ja, ja, der runde Käfig mit den Knötchen und das Vögelchen, das in der Mitte sitzen konnte, wo doch gar keine Stange da war!«

»Ganz genau, junge Dame, ganz genau. Na, du wußtest ja genau Bescheid über den Käfig und das Vögelchen.«

»Tatsächlich?« Die Stimme zögerte.

»Aber ja, du wußtest alles. Du bist so klug, und du hast uns alles so gut erklärt. Und natürlich weißt du, daß das erst der Anfang ist, der Anfang eines wunderbaren Märchens – eines wirklichen Märchens. Nun siehst du den Vogel wieder, nicht wahr?«

»Ja«, entgegnete sie zögernd. »Oh ja. Er streckt noch immer seinen Flügel.«

»Stimmt genau! Und dann ist da auf der anderen Seite seines Käfigs, außen davor sozusagen, noch etwas, nicht wahr?«

»Ja, aber das kann ich überhaupt nicht erkennen. Es ist ganz verschwommen.«

»Könnte es ein alter Landstreicher in einem braunen Gewand sein?«

»Was sagen Sie da, Mr. Infant? Nein, das ist ganz falsch. Ein alter Mann im langen Mantel! Nein, so etwas ist es überhaupt nicht. Nein, das ist nichts, was man bei einem alten Landstreicher finden würde. Das findet man eher bei Königen – so eine Art Krone.«

»Eine Krone, junge Dame? Das ist wunderbar.«

»Na, so wunderbar auch wieder nicht«, entgegnete sie mit kindlicher Koketterie. »Kronen sollten doch etwas Glänzendes sein. Das hier, das glänzt nicht; aber es ist ein Kreis, und rundherum stehen Zacken. Wie soll man das nennen, wenn's keine Krone ist, Mr. Sydney?«

Dieser plötzliche Aufruf traf mich beinahe ebenso unvorbereitet wie zuvor Intil das ›Guten Morgen‹. »Ich glaube, da hast du recht«, stammelte ich. »Es klingt wirklich nach einer Krone, nicht wahr?«

»Klingen tut es überhaupt nicht«, fuhr unser kleiner Liebling mich an. »Darum, wie's aussieht, geht es. Ich habe Ihnen beschrieben, was ich sehe. Mr. Sydney gibt sich überhaupt keine Mühe, Mr. Intil. Was meinen Sie, was es sein kann?«

Dieser Gefühlswandel kam mir gar nicht so ungelegen, und ich lehnte mich entspannt zurück; sollte Intil doch seine Puste darauf verschwenden, dieses naseweise Fünkchen ›Vision‹ zum Glimmen zu bringen.

»Na, jedenfalls ist es ein Kreis«, tastete er sich heran.

»Das stimmt«, stimmte sie voll albernem Stolz auf ihr Urteilsvermögen und die Fähigkeit, die Dinge von allen Seiten zu betrachten, zu.

»Das stimmt, es ist ein Kreis, tatsächlich, da haben Sie recht, Mr. Intell. Sie sind schneller von Begriff als der arme Mr. Sydney. Er ist langsam, und er paßt nicht auf – vielleicht wird er langsam alt.«

Zum Glück strebte Intil ebensowenig wie ich danach, aus dem Munde der Unmündigen weitere Aufschlüsse über mein Alter und meine ›statistische Lebenserwartung‹ zu erlangen.

»Aber«, führte er geschickt die abgelenkte Aufmerksamkeit zurück auf sein ursprüngliches Interesse, die erste Vision, »aber der Zirkel hat Zacken.«

»Aber ja, das habe ich doch gesagt. Deshalb sieht er ja aus wie eine Krone. Aber eine häßliche graue Krone! Dabei sind sie doch immer aus Gold.«

»Was siehst du um die Krone herum?« Das war ein wirklich kluger Schachzug Intils.

Denn unser schwachsinniges Schätzchen antwortete, ohne zu zögern: »Da ist ja noch ein Zacken! Sie stehen alle im Kreis – wie die Kerzen auf einem Geburtstagskuchen. Und der eine, der steht ganz allein da.«

»Verstehe. Er steht dabei und schaut zu?« lockte Intil sie.

»Er steht im Wege. Oh, jetzt sehe ich es: In seiner Richtung ist alles glatt und hell, und er steht mittendrin im Wege. Das heißt, der helle Streifen kommt jetzt gerade an ihn heran. Das leuchtet Ihnen doch ein, nicht wahr, Mr. Intil?«

»Aber ja, aber ja«, log er ermutigend. Ich war sicher, er verstand genausowenig wie ich. »Der Zacken, der außerhalb steht, der kommt also gerade erst zwischen den Zirkel und die helle Fläche?«

»Genau das, Mr. Intil, ganz genau, und jetzt steht er mitten auf dem Weg ... Oh, da blitzt etwas auf ... Oh!« Das Medium begann nun regelrecht zu heulen, so, als habe ihr jemand auf den Zeh getreten. Wir fuhren alle zusammen. Dann winselte sie.

»Wenn sie sich elend oder ängstlich fühlt, müssen wir abbrechen. Das kommt häufig als ›Ausblende‹ vor«, flüsterte ich Intil zu.

»Ich versuche es mit dem nächsten Punkt«, entgegnete er hastig. »Junge Dame, das war brav. Du hast die Lösung, ganz ohne Zweifel, und du wirst auch den Rest finden. Siehst du sonst noch etwas?«

Sie winselte nicht mehr. »Das war ja entsetzlich«, sagte das Fräulein mit gezierter Stimme.

»Allerdings«, pflichtete Intil ihr bei. »Aber was ich jetzt für dich habe, das wird dir Spaß machen. Wenn ich dir jetzt ganz langsam vorspreche: ›AP.20111318‹, fällt dir da nicht etwas ein?«

»Nein«, schrie sie. »Sie dürfen das nicht alles durcheinanderbringen. Ich muß Ihnen alles, was ich sehe, der Reihe nach erzählen. Als erstes nur der Anfang, denken Sie daran, und der ist schon so groß, oh, wie weit der hinaufreicht.« Miss Browns Hand erhob sich mit einer unsicheren Bewegung, die an ein Kleinkind erinnerte, das einen Luftballon fangen will. »Und alles, jedes klitzekleine Ding, steht davor. Das ist schon alles. Mehr sehe ich nicht.«

»Sonst kannst du uns nichts sagen?« fragte er beinahe heftig.

»Nein«, kam die Stimme ebenso heftig zurück, »und Sie sind ein unfreundlicher Mann, daß Sie in einem solchen Tonfall mit mir reden.«

Er beeilte sich, auf die Überempfindlichkeit der Übersinnlichen zu reagieren: »Aber das war doch nur die Freude, die Aufregung. Weil das alles so großartig ist, was du da sagst. Ach, das muß wunderbar sein, wenn man so vieles sehen kann und uns armen blinden Menschen so viel helfen kann.«

Dieser gewiefte Gefühlseinsatz verfehlte nicht seine Wirkung: »Ich helfe gern den vielen armen Menschen, die nicht selber sehen können. Aber Sie dürfen nicht so impertinent sein, Mr. Impul«, gackerte die Stimme voller Freude über ihre Geschicklichkeit bei der Alliteration.

»Es soll nicht wieder vorkommen. Du bist so gut zu uns gewesen, so gut, und du hast uns so sehr geholfen. Genau, wir lassen dieses letzte Bild einfach, wo es ist, und denken nur darüber nach. Ich wünschte nur, ich könnte es sehen, so wie du. Es muß etwas Wunderschönes sein!«

»Oh, das werden Sie eines Tages, wenn Sie schön brav sind.«

Intil verspürte wohl ebensowenig wie ich, womöglich sogar noch weniger, die Neigung, sich mit ihr über die Englein im Himmel zu unterhalten.

»Du bist so freundlich zu uns gewesen.« Er schnurrte nun regelrecht. »Wir wollen ja nicht, daß du dich zu sehr anstrengst. Aber du sagst, es gibt da noch etwas, was du sehen kannst – nur noch dieses eine Bild? Willst du mir nicht noch ein wenig mehr von diesen kleinen Zahlen erzählen?«

Ich war mir sicher, was der kindliche Geist nach diesen Hinweisen vor sich sehen mußte, war ein Automobil und dessen Nummernschild. Doch gut eine Minute lang kam gar keine Reaktion. Dann sah ich, daß das Medium sich in seinem Sessel aufgerichtet hatte. Das Gesicht schien mit geschlossenen Augen – denn das Taschentuch hatte sie schon vor langem abgeworfen – auf etwas in weiter Ferne zu starren. »Das Meer«, sagte sie.

»Das Meer?« fragte Intil.

»Nicht unterbrechen«, knurrte sie ihn an, wie ein Hund jemanden anknurrt, der ihn von der Beobachtung einer weit entfernten Katze abhalten will. »Das Meer – oh, und es öffnet sich, als ob ein Walfisch auftaucht. Aber es ist kein Wal. Oh, es ist etwas Entsetzliches! Es hat Flecken, und die Tatzen haben einen dicken Pelz.«

Ich befürchtete, sie würde sich mit diesem Märchenungeheuer von neuem in eine ihrer inneren Ängste hineinsteigern. Doch ebenso plötzlich – und ganz von allein – beruhigte sie sich wieder und fuhr mit jener übermäßigen Gelassenheit, die mir vielleicht mehr als alles andere an ihr auf die Nerven ging, fort: »Aber auf das schreckliche Tier kommt es eigentlich gar nicht an. Wichtig ist nur die Zahl, die es hat.«

Der Geist war nun von den Bildern seines hektischen Deliriums zu den Zahlen zurückgekehrt, auf die wir ihn angesetzt hatten. Es wurde, hatte ich den Eindruck, Zeit, daß ich die Initiative ergriff und die Sitzung beendete. Zwar mußte ich zugeben, daß Intil Wunder vollbracht hatte, gänzlich unerwartete Wunder, das Gespräch in Gang zu halten und die unberechenbaren Launen jenes zügellosen Verstandes zu steuern, doch war trotzdem nichts Vernünftiges dabei herausgekommen. Nun, so etwas konnte bei dieser Art von Experiment vorkommen. Man mußte seinen Bogen auf gut Glück spannen. Die meisten Pfeile gingen ins Leere, doch immer wieder einmal traf einer ein wirkliches Ziel, ein Ziel, das mit keinem anderen Mittel zu erreichen gewesen wäre.

»Danke«, sagte ich. »Danke; die Zahl kennen wir bereits.«

Ich hatte erwartet, daß die Séance damit beendet wäre. Doch statt der üblichen schwachsinnigen Schlummerlieder – so pflegen die Sitzungen in der Regel zu enden, egal ob sie erfolgreich waren oder nicht – brauste unser kleiner Liebling plötzlich auf: »Da irren Sie sich, Mr. Sydney. Sie halten sich ja für so klug und können uns alles erzählen, was wir sehen, und dabei sind Sie blind wie ein Maulwurf! Und damit hat es sich. Das ist nicht die Zahl – die Zahl lautet . . .«

Intil war inzwischen so weit, daß er sich alles weismachen ließ. Ich hatte dergleichen natürlich schon oft erlebt: der ernsthafte, hochnäsige, abgebrühte Skeptiker, der einer guten Séance mit ein paar unbestreitbaren telepathischen ›Treffern‹ beiwohnt und dessen ganze überhebliche Fassade dann zusammenstürzt – und heraus kommt ein jämmerlicher Jünger, der jedes Wort für bare

Münze nimmt. Intil saß auf der Vorderkante des Stuhls und hing förmlich an ihren Lippen.

»Ach, ich kann sie nicht deutlich erkennen; Sie haben es mir schwergemacht.«

Im Schein des Feuers sah ich, wie Intil mir einen äußerst giftigen Blick zuwarf. Ich war höchst amüsiert. »Das sind alles kleine Kringel, einer wie der andere.«

»Ja«, ermunterte er sie, »ja.« Aber es war nun wirklich an der Zeit, daß wir Miss Brown zurückkehren ließen oder wieder zusammenkommen ließen oder was immer geschieht, wenn ein Trancezustand weicht und das gewöhnliche Bewußtsein sich wieder einstellt.

»Ich danke dir«, sagte ich mit sanftem Nachdruck. »Das ist alles, was wir brauchen, und sei noch einmal bedankt. Auf Wiedersehen.«

»Aber das ist es nicht«, kam es schlagartig zurück. »Was sind Sie doch für ein Dummkopf! Es begann gerade, deutlich vor meinen Augen zu erscheinen. Das geschieht Ihnen recht, Sie superschlauer Mr. Sydney, das geschieht Ihnen recht!« Und mit diesen Worten streckte mir das Medium die Zunge aus, Ausdruck der Verachtung eines Schulmädchens, dem die Worte fehlen. Ich gluckste vor mich hin, während Miss Browns Körper in den Sessel zurücksank und die verschiedenen Stadien – Schlaf, Schlummer, unruhiger Schlaf, Halbschlaf, Erwachen – nun in umgekehrter Reihenfolge durchlief.

Währenddessen wandte ich mich Intil zu. Ich hatte eigentlich eine vorsichtige, halbe Entschuldigung beabsichtigt, gerade genug, um anzudeuten, daß die Sitzung das gewesen war, wofür ich sie hielt – ein leeres, wirres Gefasel. Er war damit beschäftigt, einige eilige Notizen zu machen, blickte aber auf, als ich mich ihm zuwandte. Das Feuer brannte noch hell genug, so daß ich seinen Gesichtsausdruck deutlich sehen konnte. Aber auf seinem Gesicht zeigte sich eine solche Mischung von Gefühlen, daß ich mich außerstande sah, sie zu deuten. Zweifellos war er interessiert, außerordentlich interessiert, man möchte fast sagen: ergriffen. Doch auch wenn er ergriffen war, hieß das noch nicht, daß er dahinschmolz. Im Gegenteil, er machte einen ausgesprochen entschlossenen Eindruck – zufrieden und zugleich verbissen, ja geradezu feindselig. Natürlich hatte ich ihn verärgert, indem ich mich dazwischendrängte, nachdem er die ganze Entwicklung vorangetrieben hatte. Aber schließlich mußte er auf einem Gebiet, auf dem er nach eigener Auskunft bis zu diesem Tag – von einem einzigen früheren Fall abgesehen – ein unbedarfter Laie gewesen war, dem Fachmann vertrauen.

»Dem Fachmann liefert diese Sitzung eine Reihe interessanter Anhaltspunkte«, begann ich. Er wartete. Miss Brown schlief weiter und ließ sich Zeit mit der Rückkehr in die handfeste Welt der Erwachsenen. »Ich werde mit Hilfe der Aufzeichnungen, die ich mir gemacht habe, gern weiter daran arbeiten.« Ich pochte auf meinen Schreibblock, auf dem ich mir genügend Notizen gemacht hatte. »Und sobald ich die Hinweise geordnet habe, mache ich Sie mit den Ergebnissen vertraut. Ich kann gut verstehen, daß es Ihnen reichlich wirr vorkam. Aber das ist oft der Fall, und deshalb ist es so wichtig, einen Experten miteinzubeziehen.« Ich war sicher, daß ich dem Geschwätz, das wir uns angehört hatten, eine Reihe von Hinweisen würde entnehmen können. Die abwegigen Phantasien dieser Traumbilder würden mich vielleicht sogar beflügeln und auf eine wirkliche Fährte bringen.

Seine einzige Erwiderung bestand in einer Frage: »Sie sind also sicher, daß die Sitzung ein Mißerfolg war? Sie haben von dem Ganzen nichts wirklich verstanden?«

»Nun, nichts, was nicht einen beträchtlichen Aufwand an Dechiffrierung erfordern würde«, sagte ich mit dem sicheren Gefühl, daß ich damit auf festem Boden stand.

Seine nächste Bemerkung verwirrte mich schon eher – ich möchte fast sagen, sie brachte mich aus der Fassung: »Sind Sie wirklich intelligent?« Er hatte mehr zu sich selbst gesprochen – es war ein unvollständiger Satz, dessen zweite Hälfte natürlich gelautet hätte: ›oder ein Dummkopf!‹ Nun, er war ein wenig übergeschnappt, und offenbar war es ihm gleichgültig, was man von seinen Manieren hielt; ich aber war entschlossen, wie enttäuscht ich auch von ihm sein mochte, daß er nach außen hin für *compos mentis* gelten sollte, bis er die Honorare beglichen hatte. Und da er sich zusammennahm, überging ich die Angelegenheit, so, als sei die unverschämte Bemerkung niemals gefallen.

»Ja«, fuhr er fort, als habe er nichts zwischendurch gesagt, »ja, für den Anfänger wäre das wohl eine Hilfe. Sie ist so verwirrend, diese Methode, diese plötzlichen Enthüllungen. Machen Sie sich nicht zu viel Mühe mit dem Bericht; ich habe ja meine eigenen Aufzeichnungen. Und wenn ich an irgendeinem Punkt nicht weiterkomme, suche ich Sie auf und lasse ihn mir erläutern.« Er bemühte sich offenbar, freundlich zu sein, und da Miss Brown in diesem Moment ihr volles Alltagsbewußtsein wiedererlangte, nickte ich ebenfalls freundlich und wandte mich anschließend ihr zu, um ihr zu sagen, wie gut die Sitzung verlaufen war, denn, wie Journalisten zu sagen pflegen, an Stoff hatte es wirklich nicht gemangelt, und der Klient war offenbar gar nicht so unzufrieden.

Intil erhob sich. »Und nun möchte ich gern das Finanzielle regeln«, sagte er, zog die Geldscheine aus der Brieftasche und zählte sie auf den Tisch; die Vorhänge hatte ich inzwischen zurückgezogen. Offenbar wollte er sich rasch verabschieden, und ich hielt es für angebracht, das Gespräch mit einer traditionellen Höflichkeitsformel zu beenden.

»Ich danke Ihnen«, sagte ich. »Und ich darf Sie zu Ihrem Geschick als Séance-Teilnehmer beglückwünschen. Viele Teilnehmer werden diese besondere, notwendige Einstellung wohl nie lernen, nie lernen, ein stimulierendes Interesse zu zeigen. Miss Brown, Ihr Geist fand in Mr. Intil weit bessere Gesellschaft als in seinem ehemaligen Freund Mr. Sydney.«

Lächelnd wandte sich Miss Brown an Intil und sagte: »Es ist so wichtig dabei, daß der Teilnehmer die Aufmerksamkeit des ›Geists‹ wachhält und ihn bei guter Stimmung hält, ohne daß er dabei etwas verrät.«

So etwas wie Triumph blitzte in den Zügen des kleinen Mannes auf. Offensichtlich war er für Expertenlob empfänglich. Ja, er wirkte in einem geradezu übertriebenen Maße erfreut – eine Art von verhaltenem Frohlocken, für das allein die Kenntnis, wie man mit einem Medium in Trance umzugehen hat, kaum ein hinreichender Grund sein konnte. Doch in diesem Punkt war er offenbar anderer Meinung.

»Sie sehen, Mr. Silchester, ein Prospektor ist vielseitiger, als Sie vielleicht gedacht haben. Er kann schneller als die meisten anderen auf eine neue Spur stoßen, sich eine neue Methode des Fährtenlesens aneignen und sich an die Beute anschleichen.«

Das war also des Pudels Kern: In seinen kleinlauten Minuten hatte er die zugegebenermaßen schulmeisterliche Art, in der ich mit ihm umgesprungen war, verabscheut, und nun konnte er sich damit brüsten, daß er es nur ernsthaft zu versuchen brauchte und dann mit einem Schlag ein besserer Séance-Teilnehmer war als ich. Anschleichen, dachte ich, ein reichlich melodramatisches

Wort dafür, daß man sich liebenswürdig gab und Interesse zeigte, während ein infantiler Teil der Persönlichkeit der Gastgeberin ›frei assoziierend‹ Rätsel stellte und Andeutungen machte. Doch ihm selbst schien dieser Ausdruck außerordentlich zu gefallen.

»Anschleichen, das ist das A und O dabei«, ließ er uns wissen. »Nahe herankommen, während die Beute ahnungslos spielt. Und dann brauchen Sie bloß noch die Hand auszustrecken, die Fliegen zu verscheuchen und sich zu bedienen.« Sein lockeres Mundwerk, von dem ich ja bereits eine überreichliche Kostprobe erhalten hatte, ging offenbar wieder mit ihm durch. Doch zu meiner Erleichterung bemerkte er es selbst. Plötzlich hielt er den Mund, gab uns nicht einmal die Hand, sondern deutete lediglich eine Verbeugung an, machte dann auf dem Absatz kehrt und verließ das Haus.

»Nicht ganz so überstürzt wie beim letzten Mal«, bemerkte Miss Brown, als er die Straße hinunter davonschritt. »Aber er hat etwas Abruptes an sich, soviel ist mal sicher; ich wünschte nur, ich könnte mein eigenes Unterbewußtsein befragen und von ihm – oder ihr – erfahren, warum ich bei ihm ein so ungutes Gefühl habe!«

»Und ich«, rief ich aus, »habe die Gelegenheit versäumt, ihn nach seiner Adresse zu fragen. Ich werde ihm das überarbeitete Protokoll nicht zuschicken können!«

»Aber damit können Sie leben, oder?« erkundigte sie sich lächelnd. »Ich glaube, Sie und Mr. Intil sind als Klient und fachlicher Berater nicht füreinander bestimmt. Dafür brauche ich nicht meine seherischen Fähigkeiten zu bemühen, um zu wissen, daß Sie und er *non simpático* sind.«

Während sie sprach, holte sie das Teegeschirr heraus, und schon bald lag so viel ›Sympathie‹ in der Luft, daß sich alle undefinierbaren Wolken, die Intil etwa zurückgelassen haben mochte, in Wohlgefallen auflösten. Was er definitiv zurückgelassen hatte, nämlich das ansehnliche Honorar, verblieb sicher und unbestreitbar in unseren Taschen. Ich erinnere mich, daß ich beim Abschied sagte: »Ich habe bei dieser Angelegenheit ein gutes Gefühl. Wenn er niemals wieder auftaucht, können wir die Sache mit einem beträchtlichen Gewinn abschließen. Sollte er jedoch zurückkommen, so erfahren wir vielleicht mehr und verdienen mehr.« Auf dem Heimweg ging es mir auf, daß ich bezüglich meiner eigentlichen Absicht erfolglos geblieben war. Weder hatte ich herausgefunden, ob wirklich etwas hinter dem Rätsel steckte, noch war es mir gelungen, Mr. Mycroft mit seinen eigenen Waffen zu schlagen. Doch dann tröstete ich mich mit dem Gedanken, daß ich aller Wahrscheinlichkeit nach keinen der beiden seltsamen Vögel je wiedersehen würde. Es war reiner Zufall, daß sie mir jemals über den Weg gelaufen waren.

Doch vierzehn Tage später sollte ich erneut von der Angelegenheit hören. Das Telefon klingelte. »Sind Sie für Miss Brown zu sprechen?« erkundigte sich Miss Delamere in geschäftsmäßigem Ton aus dem Vorzimmer. Natürlich war ich zu sprechen, und das wußte Miss Delamere auch, aber es gehörte einfach zu jener Doppelrolle – wie die Schauspieler das nennen – dazu, die sie spielte. Wenn es darum ging, mit einem Wildfremden einen Termin zu vereinbaren, dann nahm sie in der Regel die ganze Sache in die Hand. Sie berichtete mir, was der Klient für ein Mensch war, was er wünschte und voraussichtlich zu zahlen bereit war und welcher Zeitpunkt sich ihrer Meinung nach für die Unterredung am besten eignete. Sie gab mir sogar Hinweise, was ich besser vorher noch einmal nachlesen sollte. Bei alledem pflegte sie auf den Brief und ihre Notizen zu blicken und darin zu blättern – sie machte sich immer Notizen, die sie zu Rate zog; ein- oder zweimal gelang es mir, solche Notizzettel zerknüllt im Papierkorb zu finden, und alles, was darauf zu sehen war, waren durchaus gelungene Karikaturen der Besucher und bisweilen auch von mir selbst. Doch wenn es zu einem Schwätzchen mit Miss Brown kam, ließ sie die Maske der hartgesottenen Sekretärin und Ratgeberin fallen. Die Grenze zwischen dem Geschäftlichen und dem weit größeren, unerforschten Territorium des Privatlebens war überschritten. Der Schatten einer möglichen Romanze verwischte alle klaren Konturen. Miss Delamere verlor all ihre Entschlußfreudigkeit und war nun die Diskretion in Person. Ich kannte dieses kleine Spiel gut genug, doch es ärgerte mich noch immer.

»Natürlich bin ich das«, erwiderte ich – was nicht hieß, daß dieses ›natürlich‹ eine Wiederholung dieses Rituals beim nächsten Mal verhindert hätte. »Stellen Sie durch.« Es war eine Erleichterung, die vernünftige Stimme der sogenannten ›Hypersensiblen‹ nach derjenigen meiner höchst geschätzten, ausgesprochen hartgesottenen, aber allzu filmversessenen Sekretärin zu hören.

»Ich hielt es für meine Pflicht, Sie anzurufen«, sagte sie. »Es handelt sich um eine kleine Frage der beruflichen Etikette. Intil hat mich eben um eine weitere Sitzung gebeten, allerdings – nun, er möchte direkt zu mir kommen.«

»Dagegen habe ich nichts einzuwenden«, antwortete ich völlig wahrheitsgemäß. »Ich muß zugeben, er geht mir auf die Nerven. Wir passen einfach nicht zusammen. Und ich will zwar die Erleuchtungen Ihrer Muse nicht in Zweifel ziehen, aber mit dem, was beim letzten Mal übermittelt wurde, konnte ich nichts anfangen. Bitte empfangen Sie ihn, ich gönne Ihnen das Vergnügen.«

»Einverstanden«, sagte sie. »Ich glaube tatsächlich, daß er nicht zu der Art von Menschen gehört, denen verstandesmäßige Dekodierer wie Sie, das heißt diejenigen, die auf dieser Seite der Schwelle stehen, helfen können. Wenn mich das Gefühl meines diesseitigen Ichs nicht trügt, ist das keine verschlüsselte Botschaft im herkömmlichen Sinne, mit der er es da zu tun hat.«

Ich überlegte, ob ich ihr alles sagen sollte, was ich wußte, kam aber zu dem Schluß, daß es nur ihre unterschwelligen Einsichten gefährden würde. »Da haben Sie vermutlich recht«, begnügte ich mich zu sagen. »Wenn es da irgend etwas zu entdecken gibt, können Sie es finden, und wenn nicht – nun, wie ich schon sagte, ich überlasse Ihnen gern diesen Klienten. Inzwischen scheint er ja zahlungswillig zu sein, und ich plaudere keine Beichtgeheimnisse aus, wenn ich Ihnen noch einmal sage, daß Ihr ›Geist‹ und er sich seltsamerweise sehr zu mögen schienen.«

Sie lachte. »Nicht, daß Sie noch eifersüchtig werden! Ich weiß, daß Sie im Grunde nichts von meinem armen kleinen Hausgeist halten. Ich nehme an, sie mag eher Leute, die nicht ganz so erwachsen sind wie Sie.«

»Sei's drum«, sagte ich. »Ich wünsche Ihnen jedenfalls Petri Heil.«

Ich wollte gerade den Hörer auflegen, als Miss Brown sich noch einmal zu Wort meldete: »Ach übrigens, es tat Ihnen doch leid, daß Sie seine Adresse nicht hatten. Ich habe sie jetzt – sie steht auf dem Briefkopf. Er hat nämlich nicht angerufen, sondern geschrieben.«

Sie nannte den Namen eines kleinen Hotels irgendwo in der Stadt. Ich notierte die Adresse nicht, weil ich nicht die Absicht verspürte, Intil wiederzusehen; er war ein lästiger, belangloser Kerl, und merken kann ich mir diese vierstelligen Zahlen ohnehin nie, genausowenig wie die anschließenden Straßennamen, die selbst nur aus einer Nummer und der Angabe einer Himmelsrichtung bestehen. Es ist genauso hoffnungslos wie der Versuch, sich an die Längen- und Breitengrade auf einer Seekarte zu erinnern. Also vergaß ich den Hinweis ebenso schnell wieder, wie ich ihn bekommen hatte.

Doch Miss Brown rief noch ein weiteres Mal an; wieder ging es um Intil. Ich war beschäftigt. Ich hatte keine große Lust, von ihm zu hören. Es war eine Woche nach Miss Browns letztem Anruf. Miss Delamere sorgte für die übliche ›Anstandsverzögerung‹, und als wir schließlich miteinander verbunden worden waren, sagte ich ein wenig ungeduldig, wie ich fürchte: »Bitte.« Es war ein sehr kurzes ›Bitte‹.

»Entschuldigen Sie die Störung«, begann sie. »Ich wollte nur sagen, daß Intil mir noch einen zweiten Brief geschickt hat, in dem er mitteilt, daß er plötzlich abreisen mußte und daß er bedauert, unsere Verabredung verschieben zu müssen.«

»Das tut mir leid«, erwiderte ich, denn ich bedauerte nun, daß ich zu Anfang einen so scharfen Ton angeschlagen hatte.

»Mir nicht«, antwortete sie. »Ich finde ihn zwar interessant, aber seit zwei Tagen fühle ich mich, als hätte ich eine Grippe in den Knochen, und sobald das Fieber steigt, gehen meine seherischen Fähigkeiten verloren.«

Sie klang nicht allzu krank, und mit den Worten »Dann hat die Absage ja auch ihr Gutes, ich hoffe, Sie sind bald wieder auf den Beinen« und dem kleinen Scherz, daß man als Schnüffler eben leicht einen Schnupfen bekommen könne, hängte ich ein.

Kapitel 7

Die nächsten Ereignisse – nun, sie lieferten Miss Delamere eine Rolle ganz nach ihrem Geschmack. Es mag eine Woche später gewesen sein, vielleicht war es nicht einmal eine Woche; wir hatten die Post durchgesehen und unsere Antworten abgesprochen. Ich hatte mich zurückgelehnt und war eben im Begriff, die erste davon zu diktieren. Die Zigarette von den erhobenen Fingern der linken Hand im korrekten Winkel gehalten, den Bleistift lässig in der rechten, die Beine übereinandergeschlagen, so daß sie auf dem Knie den Stenoblock balancieren konnte, hatte Miss Delamere genau jene Haltung eingenommen, die sie nach langem Studium schließlich zur Perfektion gebracht hatte und mit Disziplin praktizierte. Es war eine Haltung, die ebenso bis ins kleinste Detail stilisiert war wie die ›Liebkose das Kind und segne den Gläubigen‹-Haltung einer byzantinischen Madonna oder der Fächerwirbel und Hüftschwung einer balinesischen Tänzerin. Es war, wie ich wußte, das Nonplusultra an Schliff, Überlegenheit und kühler Eleganz. Deshalb hätte mir wohl auch bewußt sein müssen, daß genau dies der Zeitpunkt war, den Miss Delamere – so, als überbrücke sie nur einen untätigen Augenblick, bevor wir mit der Arbeit begännen – wählen würde, um mir eine Überraschung zu bereiten. Dennoch war meine Reaktion weit über ihre Erwartung hinaus zufriedenstellend, als sie mit gewollter lässiger Beiläufigkeit erwähnte: »Ach, übrigens, die arme kleine Miss Brown ist tot.«

Ich hatte mich in meinem Schreibtischstuhl zurückgelehnt und die Hände im Nacken verschränkt – wenn man sich ein wenig streckt, diktiert es sich viel leichter. Ich stürzte förmlich nach vorn. Es versteht sich, daß Miss Delameres gesenkte und geschwungene Wimpern in ihrer halb gelangweilten, beinahe schläfrigen Pose verharrten. Hätte ich ›Brown, laß mich gebettet sein bei deiner kalten Leich'‹ diktiert, hätte sie die Zeile mit präzisem

Bleistiftstrich aufs Papier geworfen und sich bestenfalls erkundigt, ob ich ›Leich'‹ gerne mit oder ohne Apostroph geschrieben hätte. So begnügte sie sich damit, ein klein wenig Zigarettenasche in das gelackte Schälchen zu schnippen, das stets speziell zu dem Zweck in der Ecke meines Schreibtischs stand, ihr diese gelegentliche Geste zu ermöglichen.

»Tot«, erwiderte ich mit jenem albernen Echo des Gedankens, das so oft den Augenblick des Schreckens überbrückt. Es war mehr als unwahrscheinlich, daß Miss Delamere jemals einen Effekt durch einen fingierten Höhepunkt verderben würde. Nein, Miss Brown war tot, da konnte es keinen Zweifel geben – die Quelle, aus der ich es hatte, war absolut zuverlässig. »Wieso?« fragte ich, was etwa genauso dumm war wie mein ›tot‹ von zuvor.

»Tja, letzte Woche ging es ihr nicht besonders. Grippe liegt ja überall in der Luft. Schwaches Herz, nehme ich an.«

Nun, es würde mir auch nicht weiterhelfen, wenn ich wie ein Fisch auf dem Trockenen nach Luft schnappte. Ich unterdrückte den Wunsch, etwas zu sagen wie: »Aber noch letzte Woche ... Allerdings sagte sie, sie fühle sich ein wenig angeschlagen ... Das letzte, was ich zu ihr sagte, war ein Scherz darüber, daß man Erkältungen zu ernst nimmt ...«

Es war mir klar, daß meine Bestürzung ein gefundenes Fressen für Miss Delamere war. Ich spielte jetzt den sentimentalen Briten – den liebenswert impulsiven Gentleman aus dem gefühlvollen neunzehnten Jahrhundert, eine Rolle, die Aubrey Smith in der gesamten Filmwelt populär gemacht hatte. Sie wartete bloß darauf, daß ich mich räusperte, mir die Nase putzte und mich mit einem entschlossenen Zurechtrücken meiner alten Schulkrawatte wieder zusammenriß, während sie sich mit der stilvoll abgebrühten Art der New Yorkerin vielleicht dazu herabließ, mit einem weiteren Wink zum Aschenbecher zu bemerken, daß es schon eine böse Sache für das alte Mädel sei. Nun, ich würde ihr den mir zugedachten Auftritt in ihrem kleinen ›Theater zweier Welten‹ nicht liefern.

»Mit Bezug auf Ihre Anfrage gestatte ich mir, Ihnen einen Termin um fünfzehn Uhr fünfzehn am Montag dem dreißigsten einzuräumen. Es ist unerläßlich, daß Sie geeignete Muster der fraglichen Geheimschrift mitbringen – Punkt. Die Beispiele – Komma –, die Sie mir zur Verfügung gestellt haben – Komma –, lassen erkennen – Komma –, daß es sich bei dem verwendeten System mit einiger Sicherheit um eines derjenigen handelt – Komma –, bei deren Entzifferung man auf die Wiederholung einer Buchstabenfolge oder auf umgestellte Worte achten muß – Punkt. In solchen Fällen ...«

Ich rasselte das mit einer derartigen Geschwindigkeit herunter, daß sich Miss Delamere zu meinem Entzücken gezwungen sah, ihre Zigarette abzulegen. Ich konnte nicht darauf hoffen, daß sie irgendwann mit den Worten ›Pardon, das habe ich nicht ganz mitbekommen‹ um Gnade flehen würde, aber die Tatsache, daß sie ihre lässige, zwanglose Zigarette aufgeben mußte, diese ›Für das hier brauche ich höchstens die Hälfte meiner Aufmerksamkeit, und ich muß mich ja irgendwie beschäftigen‹-Zigarette – *das* hieß, die Gegnerin zum Zurückweichen zu zwingen, wenn nicht gar dazu, ihre Position ganz aufzugeben. Ja, ich hatte wirklich den Eindruck, daß ich alles, was ich an Boden verloren hatte, wieder zurückgewann.

Doch ein Sieg will bestätigt sein, und so arbeitete ich die ganze Mittagspause durch, bis alle Briefe unter Dach und Fach waren. Miss Delamere wirkte nicht einen Augenblick lang auch nur angespannt. Wenn ich mir vorgenommen hatte, hart zu sein und auf diese Weise die mir von ihr zugedachte Rolle des allzu sentimentalen Engländers abzulehnen, für den das Geschäftliche erst an zweiter Stelle kommt, weil eine Bekannte für immer aus dem Geschäft ausscheiden mußte, nun, dann hatte ich meinem wortlosen Widerspruch Ausdruck verliehen. Aber ich mußte Nägel mit Köpfen machen. Ich durfte es nicht bei einer vorübergehenden Stärkung meiner Position bewenden lassen, es ging mir vielmehr um einen Dauerzustand. Dieses Ziel war, glaube ich, gegen vier Uhr erreicht. Wir waren beide müde, und unsere gegenseitige zurückhaltende Bewunderung war wiederhergestellt – vielleicht sogar gewachsen.

»Ich denke«, sagte ich, »ein Teil kann bis morgen warten.«

»Das ist schnell gemacht«, erwiderte sie.

»Nein, schreiben Sie die vier wichtigen Briefe, in denen wir Termine vereinbaren, und die beiden umfangreichen mit den Lösungen und Verweisen.«

»Wünschen Sie, daß ich Blumen an Miss Browns Adresse schicken lasse?«

Nun war ich mir sicher, daß sie eine durch und durch tüchtige Mitarbeiterin war. Das kühle, gelackte Glamourgirl hatte seinen

Auftritt gehabt, und jetzt trat eine, wenn schon nicht warmherzig-menschliche, so doch immerhin mit natürlicheren Empfindungen ausgestattete Sekretärin an dessen Stelle.

»Meines Wissens hatte sie keinerlei Verwandte. Ich wüßte also nicht, wozu es gut sein sollte.«

Damit hatte ich, das wußte ich, einen weiteren Pluspunkt gesammelt. Wir alten Postromantiker hatten, als wir diesen ganzen Trauerschnickschnack wie glänzendschwarze Kleidung und Flor über Bord warfen, die Beerdigung zu einer Sache der Hygiene gemacht; die stahlharte Jugend mit ihrem Geschäftssinn hingegen sah auch in der Trauerfeier in erster Linie ein gesellschaftliches Ereignis. Auch hier bot sich die Gelegenheit zu Eleganz und dezentem Witz – eine weitere Chance, um zu zeigen, daß man – selbst im Angesicht des Todes – auch in jener absolut schweigenden Gegenwart fähig ist, angeregt zu plaudern.

»Aber ich denke, Sie sollten sich erkundigen, ob wir« – ich verwendete den Plural – »irgendwie dabei behilflich sein können, ihre Angelegenheiten zu regeln. Es ist möglicherweise einiges unerledigt geblieben.«

»Ich werde mich darum kümmern«, antwortete sie mit solchem Nachdruck, daß ich sicher sein konnte, daß sie gründliche Erkundigungen einziehen würde und daß meine Sekretärin und Beobachterin froh war, wenn sie sich auf diese Weise nützlich machen konnte.

So konnte ich auch, sobald diese eingeholt worden waren, an Informationen herankommen, ohne mich dem Verdacht der Sentimentalität auszusetzen. Es war einfach nur der Bericht über eine geschäftliche Angelegenheit von geringer Bedeutung. »Ja, Miss Brown hatte Dr. Innes rufen lassen, der der Meinung war, sie leide an einer ziemlich massiven Grippe. Die lag schon seit längerer Zeit in der Luft, aber hier handelte es sich – zumindest soweit er wußte – offenbar um den Anfang der zweiten Grippewelle, die immer beträchtlich schwerer ist und leicht zu Komplikationen führt. Am zweiten Tag stellten sich diese erwartungsgemäß ein: hohes Fieber, erhebliche Beschwerden, Entzündung. Vierundzwanzig Stunden später war der Zustand der Patientin kritisch. Sie war offenbar schlecht ernährt und hatte mit einiger Sicherheit ein schwaches Herz. Sie war einer von den unglücklichen Fällen, bei denen Sulfonamide nicht zu helfen scheinen; hin und wieder – und das mag bei ihr durch der Fall gewesen sein – sind sie sogar geradezu schädlich. Sie hatte einen wirklich schlimmen Tag. Dann, als sie den Kampf aufgegeben hatte, schlief sie sanft ein.«

Tja, mehr gab es dazu wohl nicht zu sagen. Ich hatte sie auf eine oberflächliche, berufliche Art gern gehabt; hätte die Arbeit uns nicht zusammengebracht, hätte ich sie sicher niemals kennengelernt. Es war das Plötzliche an diesem Ende, das mir zu schaffen machte – so, als ob man sich an einen soliden kleinen Stuhl lehnt und dieser dann plötzlich zusammenbricht. Doch meine Arbeit ging weiter, und ich habe mir sagen lassen, selbst bei wirklich schweren Verlusten sei Arbeit – zumindest solange man damit beschäftigt sei – das beste Mittel, um zu vergessen. Es gab viel zu tun, und in keinem der Fälle, mit denen ich beschäftigt war, hätte sich die Notwendigkeit ergeben, sie zu konsultieren. Natürlich vergaß ich Miss Brown nicht. Es ist ohnehin dumm, das von irgend jemandem zu sagen, den man einmal gekannt hat – so etwas dauert Jahre. Ich gewöhnte mich einfach an den Gedanken, daß sie tot war.

Ein Monat muß wohl vergangen sein, als sich gänzlich unerwartet eine kleine Gelegenheit ergab, etwas zu ihrem Gedenken zu tun. Ich hätte mit Sicherheit abgelehnt, wäre mir nicht das, worum man mich bat, als ein bescheidener Tribut an unsere Bekanntschaft und ganz allgemein ihr sympathisches Wesen erschienen. Eines Morgens, als ich die Post durchging, fand ich einen dicken, ungeöffneten Umschlag vor, den Miss Delamere mir auf den Schreibtisch gelegt hatte und der wie ein Ei im Nest säuberlich geöffneter Briefe lag. Miss Delamere hatte ihn verschlossen gelassen, denn in zwei Ecken war mit dicken Druckbuchstaben vermerkt: ›PERSÖNLICH‹, was soviel bedeutete wie ›Finger weg!‹. Ich legte ihn beiseite, bis ich zusammen mit Miss Delamere die geöffneten Briefe beurteilt und meine Entscheidungen gefällt hatte. Dann, nachdem sie sich zurückgezogen hatte, um die Antworten zu tippen, wandte ich mich meinem privaten Briefpartner zu. Ich nahm einen kleinen stählernen Brieföffner – ich hasse es, einen Umschlag mit dem Finger aufzureißen –; das ist der sicherste Weg, sich einen abgebrochenen Nagel zu holen –, fuhr unter die fest verklebte Lasche und öffnete den Umschlag an der Oberseite. Der Brieföffner schnippte das heraus, was den Umschlag so hatte anschwellen lassen. Es fiel auf meinen Schreibtisch. Neben dem Brief hatte ein weiterer gefalteter Umschlag darin gesteckt. Bevor ich mich weiter darum kümmerte, warf ich den äußeren

Umschlag in den Papierkorb. Dann nahm ich den Brief und betrachtete ihn.

Ich las: ›Lieber Mr. Silchester! Ich muß Sie um Ihre Unterstützung bitten. Ich bin ratlos. Nachdem Sie mir bereits bei zwei früheren Gelegenheiten geholfen haben‹ – er gab also zu, daß ich ihm von Nutzen gewesen war, *und* er hatte inzwischen eingesehen, daß ich auch beim zweiten Mal hilfreich gewesen war –, ›bin ich überzeugt, daß Sie auch noch ein drittes Problem für mich lösen werden.‹ Nun ja, an Miss Brown konnte er sich nicht wenden, die Ärmste! Aber was war das! Hier wurde sie ja selbst zum Gegenstand des Rätsels. ›Was ist aus Miss Brown geworden? Wie kann ich sie finden? Ich hatte gehofft, mit ihrer Hilfe die letzten Detailfragen zu den Hinweisen, die Sie beide mir ja bereits geliefert haben, zu klären.‹ Es war eine nicht allzu geschickte Art zu sagen, daß er mich in der Absicht übergangen hatte, ›Gebühren‹ zu sparen. ›Ich bat um einen Termin und bekam ihn auch. Unglücklicherweise zwang mich eine unvorhergesehene geschäftliche Verpflichtung, diesen abzusagen. Ich schrieb am nächsten Tag, entschuldigte mich und bat um einen neuen Termin. Als Beweis für meine Vertrauenswürdigkeit legte ich das Honorar bei. Ich bekam eine Antwort, in der mir ein Datum in der darauffolgenden Woche genannt wurde. Ich muß zugeben, das spannte meine Geduld auf die Folter. So gefragt kann Miss Browns Talent doch nicht sein!‹ Das ärgerte mich: Wer war er schon, um das beurteilen zu können! ›Als ich dann zu ihrem Haus kam, fand ich es verschlossen, und sie war fort.‹ Das stimmte allerdings, obwohl er offensichtlich nicht die geringste Ahnung hatte, wie weit fort sie war. Dann schlug meine Stimmung, die wie der Mast einer Jacht zwischen Ungeduld und Verärgerung hin- und hergeschwungen war, plötzlich vollends zur Entrüstung um, angesichts des Satzes, mit dem dieser zum Schluß hin immer mißmutiger werdende Brief endete: ›Ich bin ein armer Mann. Ich weiß, ich habe sie einmal auf ihr Honorar warten lassen‹ – kein Wort darüber, wie er mit mir umgesprungen war –, ›aber am Ende habe ich sie bezahlt, und auch Sie‹ – nun, wo es ans Eigenlob ging, erinnerte er sich meiner wieder –, ›und zwar fürstlich, darf ich wohl sagen. Deshalb‹ – und nun kam die unglaubliche Frechheit – ›war es nicht recht von ihr, mich so zu prellen. Ich nehme an, Sie wissen, warum sie sich aus dem Staub gemacht hat und wo sie ist, und ich möchte Sie, als denjenigen, der mich mit ihr bekannt gemacht hat, bitten, mir ihre neue Adresse zu geben. Da die Angelegenheit eilig ist, lege ich einen frankierten Rückumschlag bei.‹

Wäre Miss Brown ein schlechter Mensch gewesen, so dachte ich, wie gerne würde ich ihm ihre derzeitige Adresse mitteilen und ihm raten, sich dorthin zu scheren! Aber so wie die Dinge standen, war sie, wo immer sie sein mochte, sicher vor diesem lästigen kleinen, egozentrischen Schwachkopf. Ich zögerte und war nahe daran, seinen impertinenten Brief zu zerreißen. Doch dann schien es mir besser, die Gelegenheit zu nützen, ihm einmal gründlich die Meinung zu sagen. Ich schnappte mir einen Stift und kritzelte grob auf ein Stück Schmierpapier: ›Mr. Silchester entbietet Mr. Intil seine Hochachtung und gestattet sich, ihm mitzuteilen, daß Miss Brown unter der Erde liegt!‹

So, dachte ich, er wird mir natürlich nicht glauben, wird Erkundigungen einziehen müssen und schließlich feststellen, daß es die Wahrheit ist – so wahr wie alles, was bei Johannes und seinesgleichen geschrieben steht. Ich las den Satz noch einmal: Es war eine Formulierung, die es in sich hatte. Ja, er sollte seinen Brief bekommen. Vielleicht würde er ihm einen kleinen Schrecken einjagen. Und ich würde seinen eigenen ›Bitte schnell antworten, Rückporto liegt bei‹-Umschlag verwenden. Er würde seine eigene Handschrift erkennen und glauben, ich hätte angebissen – in der Sorge, ihn zufriedenzustellen, und erpicht auf ein weiteres Honorar. Der Inhalt des Umschlags würde ihm dann einen hübschen Schlag ins Gesicht versetzen – so wie ein Springteufel. Ich faltete den Zettel sorgfältig zusammen. Dann streckte ich die Hand aus und ergriff den noch gefalteten Umschlag, den er beigelegt hatte. Ja, er war korrekt frankiert und beschriftet – diesmal hatte er ein Postfach angegeben, keine Adresse. Ich steckte meinen Brief so hinein, daß Intil bis zum letzten Augenblick nicht sehen konnte, was ich geschrieben hatte, und glauben mußte, er hätte sein Ziel erreicht.

Ich war gerade dabei, den Umschlag zum Mund zu führen, um die Lasche zu befeuchten, als ich innehielt, denn ich hörte, wie Miss Delamere mit erhobener Stimme ein Rückzugsgefecht austrug: »Nein, Mr. Silchester ist beschäftigt – nicht zu sprechen. Bitte warten Sie hier.« Es *war* ein Rückzugsgefecht, denn ihre Stimme näherte sich zusehends meiner Tür. Sie wich vor jemandem zurück, der es offenbar nicht einmal für nötig erachtete, ihr zu antworten. Die Tür flog auf. Ich sah sie zur Seite ausweichen.

Es war ihr nicht gelungen, die ›Schrankenwärterin‹ zu spielen und das Tor zu hüten. Auf der Schwelle stand eine zweite Gestalt – Mr. Mycroft.

Ein solches Eindringen, das brauche ich wohl nicht eigens zu erwähnen, überraschte mich aufs höchste. Ich saß mit offenem Munde da, den Umschlag noch immer erhoben, als wollte ich ihn mit einem Küßchen versehen oder etwas ähnlich Idiotisches tun. War schon dieser erste Schock beträchtlich, so war er doch nichts gegen das, was folgte. Statt eines ›Guten Morgen‹ oder ›Der Grund dafür, daß ich so eindringe‹ schnarrte er lediglich ein »Gerade noch rechtzeitig«, stürmte auf meinen Schreibtisch zu, hinter dem ich saß, fuchtelte mit dem Finger in meine Richtung und brüllte beinahe: »Legen Sie das weg!« Meine Wut entbrannte, wie aus einer Rauchwolke Flammen schlagen mögen. Die unerhörte Unverschämtheit dieses alten Eindringlings, plötzlich von Gott weiß woher hier hereinzustürmen! Ich nehme an, was ich als nächstes tat, war eine Art unwillkürlicher Trotzgebärde. Unter dem fadenscheinigen Vorwand, in dem fortzufahren, womit ich beschäftigt gewesen war – also dem Anfeuchten des Umschlags –, streckte ich die Zunge aus, so weit ich konnte, bis sie beinahe die gummierte Lasche erreichte. Er quittierte das mit einer Unverschämtheit, die alles Vorangegangene noch in den Schatten stellte. Mr. Mycroft stürzte sich im wahrsten Sinne des Wortes auf mich, sein langer, magerer Arm schoß hervor und bekam mich am Handgelenk zu fassen, während er mir mit der anderen Hand den Umschlag aus den Fingern riß. Ich war sprachlos vor Überraschung. Dann hörte ich ihn sagen: »Waschen Sie sich auf der Stelle gründlich die Hände.«

Diese Worte und die Art, wie er zugefaßt und mir etwas weggerissen hatte, erinnerten mich derart lebhaft an mein Kindermädchen, das mir Süßigkeiten entrissen und mich zum Händewaschen geschickt hatte, daß ich lauthals loslachte.

»Da beginnt es also von neuem, das alberne Spiel. Der alte Schulmeister fällt vom Himmel, und dem bösen Jungen wird schleunigst der Hosenboden strammgezogen. Aber Scherz beiseite, Mr. Mycroft, welchem Umstand verdanke ich die Ehre Ihres Besuchs? Wo um alles in der Welt kommen Sie her, und was zum Teufel fällt Ihnen ein, hier so hereinzustürmen und mir buchstäblich mein Briefpapier aus dem Mund zu reißen?«

Mein Ton zeigte, wie erregt ich war. Aber seine Antwort ließ erkennen, daß ich mir meine Ironie hätte sparen können.

»Das ist nicht Ihr Briefpapier«, war seine merkwürdige Antwort. Daraufhin zog er ein kleines Kästchen aus der Tasche und ließ den Umschlag behutsam hineinfallen.

Alles, was mir dazu einfiel, war: »Wie freundlich von Ihnen, daß Sie meine Briefe in Ihren persönlichen Briefkasten werfen.« Um ihn zu ärgern, fügte ich hinzu: »Da gibt es nichts zu lachen.«

»Sie mißverstehen mich ganz und gar, wenn Sie meinen, ich sei dieser Meinung.«

»Warum zum Teufel haben Sie dann –«

»Teuflisch ist es allerdings.«

»Mr. Mycroft«, schrie ich der Verzweiflung nahe, »wo kommen Sie her? Was führen Sie im Schilde? Sind Sie verrückt, oder bin ich es?«

Seine Antwort hatte zweifellos Methode: »Ich bin schon eine ganze Weile in der Nähe. Ich bin wieder mit meinem alten Spiel beschäftigt. Es gibt tatsächlich einen Wahnsinnigen – weder Sie noch ich sind es, sondern derjenige, dessentwegen ich hier bin –, der Mann, der Ihnen den Tod bereitet hätte, wäre ich nur einen Augenblick später hier eingetroffen, hätte ich mich auch nur eine Sekunde lang mit Begrüßungsformalitäten aufgehalten.«

Kein Zweifel, er war bei Verstand. Mit noch größerem Nachdruck setzte er hinzu: »Nun, wenn Sie Ihre Hände nicht waschen wollen – ich werde es jedenfalls tun«, und so taten wir es. Und als ich sah, mit welcher Gründlichkeit er vorging, folgte ich seinem Beispiel, denn ich fürchte mich sehr vor Infektionen. Wenn ein Mann, von dem man weiß, daß er mutig und besonnen ist, aus seiner Tasche ein Fläschchen jenes schrecklichen Desinfektionsmittels Kreosot hervorholt und sich die Hände damit wäscht und abbürstet – nun, und wenn man selbst den Gegenstand in Händen gehalten hat, dessentwegen er solche Vorsicht für angebracht hält, dann hat man wohl allen Grund, es ihm gleichzutun. Irgendwie löste diese kleine Reinigungszeremonie auch die lächerliche Spannung zwischen uns, und ich muß eingestehen, daß ich begierig dem lauschte, was er mir zu berichten hatte.

»Sie sind mit knapper Not einem höchst raffinierten Mordanschlag entgangen.«

Es war eine unangenehm professionelle Art, in der er da von der Möglichkeit meines Ablebens sprach. Aber mit welchen Worten man seinen eigenen Tod bezeichnet, spielt ja auch im Grunde keine große Rolle – es ist ein so dominierendes Substantiv, daß das Adjektiv daneben kaum ins Gewicht fällt. Ich war überzeugt, daß es sich hier um eine Geschichte handelte, der ich zuhören mußte. So sehr mir der Alte auch auf die Nerven gehen mochte, wenn auch nur eine Spur von Wahrheit in dem steckte, was er da sagte, dann war es ratsam, daß ich ihn um jede Hilfe bat, die er zu geben vermochte. Wir kehrten in mein Allerheiligstes zurück; Miss Delamere, die erkannte, daß die Festung gefallen war, unternahm keinen Versuch zu einer Hilfsexpedition.

Sobald wir uns gesetzt hatten, begann der alte Herr mit der Bemerkung: »Ich werde Sie nicht mit Theorien behelligen. Ich weiß, das würde nur Ihr Mißtrauen wecken. Ich werde Ihnen deshalb Beweise liefern, Fakten. Damit ich sie Ihnen vorlegen kann, muß ich Sie für ein oder zwei Stunden verlassen. Ich hätte Sie gern gebeten, mich zu begleiten, so daß Sie die einzelnen Schritte verfolgen können. Doch wie ich Sie kenne, möchten Sie nicht nur lieber Ihre Zeit in aller Ruhe bei der täglichen Arbeit – die durch mein Eindringen mit Sicherheit durcheinandergeraten ist – im Büro verbringen, sondern es ist vielleicht, ja, es ist wahrscheinlich sogar auch sicherer, wenn Sie hier bleiben, bis ich zurück bin. Ich verspreche Ihnen, ich lasse Sie nicht länger warten als unbedingt notwendig.« Er erhob sich. »Ich darf den Hinterausgang benutzen, nicht wahr? Ich sehe zwar keine Gefahr, die wir nicht« – er hielt inne – »im Griff haben. Doch Sie haben recht, ich mag manches vielleicht übersehen, gerade weil ich mich mit solcher Sorgfalt um anderes kümmere.« Er sprach ruhig und besonnen, machte eine höfliche, altmodische Verbeugung und war verschwunden.

Miss Delamere rauschte herein und setzte sich, ganz die Gehilfin, in Positur. Sie beobachtete mich, um – das wußte ich – eine weitere Spielart meiner englischen Verhaltensmuster zu studieren. Mein erschöpfter Verstand kreiste nicht um die eingegangenen Briefe, sondern um den Gedanken, welchen Fehler sie beging, sich eine Karriere beim Film zu erträumen – sie sollte Romanschriftstellerin werden. ›Waschlappen bevorzugt‹, malte ich mir den effektvollen Titel ihres Erstlings aus, vielleicht auch ›Damen bevorzugen Dummköpfe‹ oder ›Mädchen mögen Muttersöhnchen‹. Aber ich durfte mich nicht solchen Träumereien hingeben. Ich nahm die Post des Tages zur Hand, an der ich ja bereits mit ihr gearbeitet hatte, und versuchte, aus diesen Briefen einen Schutzwall gegen den einen aufzubauen, den sie nicht gesehen hatte. Irgendwie gelang es mir, einige weitere Korrekturen und Antworten zu diktieren, auch wenn mir nicht verborgen blieb, daß mich die Hand mit der Zigarette diesmal nicht ein einziges Mal in Verlegenheit brachte. Nein, sie behauptete sich, beanspruchte für sich mehr als nur die Hälfte von Miss Delameres Aufmerksamkeit. Sie streifte Asche ab, drückte aus, wählte eine neue Zigarette, zündete sie an und führte sie mit solcher Regelmäßigkeit zu den Lippen, daß Miss Delameres Kopf sich in einem gemächlichen Rhythmus wiegte. Fast jede diktierte Zeile, die die rechte Hand festhielt, fand ihren Ausgleich in einem langen Zug von der Zigarette, die die linke anbot. Dieser gleichmäßige Rhythmus hypnotisierte mich, so wie man – zu Unrecht, glaube ich – sagt, daß Vögel von Kobras hypnotisiert werden, die mit ihrem Kopf vor ihnen hin- und herpendeln. Ich mußte diesen Bann brechen.

»Sie können erst einmal schreiben, was wir schon haben«, sagte ich.

»Und was ist, wenn Ihr Besucher zurückkommt?« fragte sie mit einem Blick über die Schulter, als sie hinausging.

»Na, dann führen Sie ihn herein.«

Sie nickte, weniger als Ausdruck der Zustimmung als vielmehr zur Bestätigung ihrer eigenen Vermutungen. Die Runde ging an sie, und ich konnte das ebensogut zugeben und mich auszählen lassen. Es spielte ohnehin keine große Rolle. Ich verspürte wirklich kein besonderes Interesse mehr, das Gesicht zu wahren. Mein Unbehagen war so stark, daß es mir gleichgültig schien, welchen Eindruck ich hinterließ und ob es mir gelang, das Bild ins Wanken zu bringen, das Miss Delamere sich von mir als Gegenbild und Hintergrund ihrer beharrlichen, lebenslangen Selbstdarstellung gemacht hatte.

Ich wartete, bis es nicht mehr nur an meiner Ungeduld liegen konnte, daß mir die Zeit lang wurde. Dann gestattete ich mir einen Blick auf meine Armbanduhr. Ich mag keine Wanduhren im Büro; eine Uhr erweckt bei Klienten oft den Eindruck, daß die Unterredung nicht die gebührende Länge hat. Ich hatte mich nicht getäuscht; es war schon spät. Mr. Mycroft hatte seine selbst ausgesprochene Beurlaubung bereits deutlich überzogen. Ich wartete weiter und versuchte, mich mit einem Code zu beschäftigen, an dem ich schon seit geraumer Zeit immer wieder einmal arbeitete. Zumindest diente es mir als Alibi, als Miss Delamere ins Zimmer schwebte und mir die letzten Briefe, die ich ihr gegeben hatte, fertig getippt mit der Bemerkung präsentierte, sie ginge etwas essen, wenn ich nicht mit der Arbeit weitermachen wolle. Ich war einverstanden und bemerkte überflüssigerweise noch, daß mir einige neue Ideen für den Code gekommen seien und daß ich es für besser hielte, mich mit ihnen zu beschäftigen, solange sie mir noch frisch im Gedächtnis seien. Als sie gegangen war, legte ich den Code beiseite und gab alle Verstellung auf. Ich fuhr ein wenig zusammen – teils aus Hoffnung, teils aus Furcht –, als ich nach geraumer Zeit endlich Schritte im Flur vor dem Büro hörte. Aber es war nur meine allzu tüchtige Sekretärin, die von ihrem allzu mageren Mittagessen zurückkehrte und allzu sehr daran interessiert war, daß wir mit der Arbeit fortfuhren. Ja, ich war völlig durcheinander. Ich konnte und wollte meine Gefühle nicht in klare Gedanken fassen, aber ich wurde das Gefühl nicht los, daß irgendein Verhängnis über mir schwebte.

Endlich erklangen draußen erneut Schritte; ich hörte, wie die Tür zum Vorzimmer geöffnet wurde. Dann sprachen zwei Stimmen gleichzeitig, sie redeten durcheinander, und wieder erschienen Miss Delamere und Mr. Mycroft gemeinsam auf meiner Schwelle; wieder war sein Verhalten so beunruhigend wie zuvor – während es in den Augen meiner Sekretärin natürlich herzerfrischend bizarr wirkte. Wieder stieß er herab wie ein Raubvogel, aber diesmal nicht, um mir einen Brief aus der Hand zu reißen – ich hatte ohnehin keinen in der Hand; ich saß einfach nur da und wartete. Doch was er nun tat, war ebenso abwegig, und diesmal kam zu meiner Besorgnis noch ein seltsam unbestimmtes Gefühl des Unbehagens hinzu, denn ich bemerkte, daß Miss Delamere zwar nicht direkt zuschaute und uns damit offen zum Showprogramm erklärte, sich aber doch die Freiheit genommen hatte, die Tür offenzulassen.

Mr. Mycroft sagte kein einziges Wort. Er tauchte kurzerhand unter meinen Schreibtisch und holte den Papierkorb aus seinem Behältnis.

›Zuerst reißt er mir Sachen aus den Händen, nun zieht er sie unter meinen Füßen hervor‹, dachte ich mit jenem anämischen Humor, der offenbar alles war, was einem blieb, wenn man in eine solche Suche hineingeriet.

Wie ein Meeresgott, der mit einer riesigen Muschel spielt, tauchte Mr. Mycroft über dem Rand des Papierkorbes wieder auf und fragte: »Niemand hat ihn berührt, seit ich gegangen bin?«

»Nicht einmal eine alte Briefmarke ist hinzugekommen«, versicherte ich ihm.

»Ich habe mich verspätet, weil Intil ein Fehler unterlaufen ist«, fuhr er in der für ihn typischen – meine Erwiderung ignorierenden – Art fort.

»Soll ich Sie nun fragen, was das alles bedeutet?« Wenn er mich lediglich brüskieren wollte, dann sollte er es eben tun; vielleicht würde er danach das, was er da tat – was immer es sein mochte –, schweigend verrichten.

»Ich hatte versprochen, ich würde Ihnen Beweise dafür bringen, daß mein Benehmen, auch wenn es seltsam wirkte, vernünftige Gründe hatte und daß Sie sich, auch wenn Sie sich in Sicherheit wähnten, in größter Gefahr befanden.« Ich wartete, während er den Inhalt des Korbs untersuchte, den er ans Fenster getragen hatte. Er wirkte dabei wie eine gigantische Dohle, die das Nest eines kleinen Vogels mustert, bevor sie entscheidet, welches der Eier sie stibitzt. »Da haben wir ihn«, murmelte er vor sich hin. Er stellte den Korb auf einen Teetisch, zog eine große Pinzette aus der Tasche und fischte einen geöffneten Umschlag heraus. Ich hatte mich erhoben und sah, daß es sich um den vormals dicken Umschlag mit dem Vermerk ›PERSÖNLICH‹ handelte. »Würden Sie«, sagte er, »Ihre Sekretärin bitten, sie solle so freundlich sein und die kleine Kiste hereinbringen, die ich im Vorzimmer gelassen habe?«

Er hatte den Satz noch nicht zu Ende gesprochen, als Miss Delamere schon hereinkam; sie trug ein Kästchen aus poliertem Holz, auf das ein in Papier gewickeltes Päckchen gebunden war. Er blickte ihr nach, bis sie sich zurückgezogen und die Tür geschlossen hatte. Dann legte er die Pinzette und den Umschlag, den er noch immer damit festhielt, auf den Kaminrost – in den kalten Monaten habe ich gern ein offenes Feuer brennen. Er öffnete das Päckchen, holte ein Paar Chirurgenhandschuhe aus Gummi hervor und zog sie an. Außerdem enthielt das Päckchen eine Operationsschere mit langem Griff. Schließlich öffnete er die braune Holzkiste, entnahm ihr ein Mikroskop, wählte einen Objektträger, schob ihn ein und bat mich hindurchzuschauen.

»Nichts Bemerkenswertes, soweit ich sehen kann«, sagte ich.

»Das habe ich mir gedacht.«

Längst hatte ich die Hoffnung aufgegeben, ihn durch Fragen zu Erklärungen bewegen zu können. Man mußte dem alten Knaben Zeit lassen, sein Wissen nach eigenem Gutdünken durchsickern zu lassen, langsam, Tropfen um Tropfen. Ich hatte den Eindruck, daß eine echte Gefahr bestand; deshalb hielt ich mich in sicherer Entfernung und übernahm nur dann eine Statistenrolle, wenn man mich dazu aufforderte. Als nächstes wandte er sich zum Kamin, wobei er die Operationsschere nun in der linken Hand hielt, hob die Pinzette auf – die immer noch den Umschlag hielt – und machte einen Schnitt an dessen Oberseite, bis er schließlich ein kleines rundes Stück aus der Mitte der hinteren Klappe herausgeschnitten hatte. Die Pinzette gab nun den Umschlag frei, ließ ihn auf den Rost zurückfallen und ergriff dieses Bruchstück, das etwa die Größe eines Konfettischnipsels hatte. Mycroft legte es zwischen zwei dünne Glasplättchen und befestigte das Ganze auf dem Objekttisch des Mikroskops. Dann herrschte eine Zeitlang Ruhe; man hörte nur, wie seine langen Finger seitlich an den Schrauben der Feineinstellung drehten. Schließlich seufzte er, erhob sich und sagte, indem er auf die Linse zeigte: »Wenn ich Sie noch einmal bemühen dürfte?« Gehorsam trat ich näher heran. »Sie sollten nun einige kleine Objekte sehen können, beinahe in der Mitte des Sehfeldes«, sagte er. Und so war es. »Dies«, eröffnete er mir, »sind vielleicht die raffiniertesten Giftsendungen, die je ein Mörder zubereitet hat.«

Unwillkürlich nahm ich die Hände vom Tisch, verschränkte sie auf dem Rücken und begann durch die Nase zu atmen. Ich wußte, daß solche Vorsichtsmaßnahmen in Wirklichkeit wenig Sinn hatten, aber so reagiert man eben auf derart beunruhigende Bemerkungen. Kein Wunder, daß ich ärgerlich war, als ich Mr. Mycroft sagen hörte: »Sie müßten schon etwas gründlichere Maßnahmen treffen, wenn unser Gegner tatsächlich losgelassen wäre.«

»Losgelassen?« fragte ich.

»Allerdings; aber natürlich gehen wir bei einem solchen Monstrum keine Risiken ein, und ich glaube, wir können sagen, daß er im Augenblick unter Kontrolle ist. Und nun, wenn Sie sich bitte setzen wollen, darf ich zur Erklärung schreiten?«

Solche Fragen sind natürlich rein rhetorischer Art. Mit einer Handbewegung komplimentierte ich ihn zu einem Sessel und ließ mich recht schwer in den meinen fallen.

Der Anfang war vielversprechend. »Inzwischen, glaube ich, brauche ich wohl nicht mehr viel Zeit dafür aufzuwenden, Sie davon zu überzeugen, daß Sie mit knapper Not einem geradezu genialen Mordanschlag entkommen sind.« Nun, ich nehme an, für jemanden, der sein Leben mit dem Dekodieren verbringt, sollte das ein gewisser Trost sein, daß der Stoß, der ihn um die Ecke bringen sollte, mit seltener Anmut gegeben wurde, mit einer außerordentlichen Kunstfertigkeit. Ich lächelte matt. »Solange ich keinen Beweis hatte, wollte ich nicht Ihre Zeit in Anspruch nehmen, und Sie haben ja gesehen, daß es selbst heute morgen noch, als ich glaubte, ich hätte alles entwirrt, zu einer letzten Verwicklung kam. Doch genau das war es, was mich, wie Sie noch sehen werden, aufatmen ließ. Das war der Punkt, an dem ich erkannte, daß es keine Eile mehr hatte, ja, kurz darauf wurde mir klar, daß wir nicht nur Zeit hatten, sondern daß Zeit in dieser Angelegenheit überhaupt keine Rolle mehr spielte. Wollen Sie mir also gestatten, dort zu beginnen, wo wir im Augenblick stehen, und von dort aus zurückzugehen?«

Ich läutete, und Miss Delamere rauschte herein. Ich konnte bloß hoffen, daß sie Mr. Mycroft für alles andere hielt als für das, was er in Wirklichkeit war: mein Retter. Ich wußte, der Verlust an Achtung würde nie wiedergutzumachen sein, wenn sie auch nur vermutete, daß ich, der ich vom Entziffern und Detektivspielen lebte, ein solcher Dummkopf gewesen war, daß ich beinahe in meinem eigenen Büro von einem meiner Klienten ermordet worden wäre.

»Miss Delamere«, sagte ich, »Sie brauchen nicht zu warten. Ich habe vielleicht noch eine Weile zu tun.« Sie nickte, und ein oder zwei Minuten später hörte ich, wie die Vorzimmertür ins Schloß fiel.

Kapitel 8

Heute morgen haben Sie einen Brief mit dem Vermerk ›PERSÖNLICH‹ bekommen?«

»Stimmt«, bestätigte ich. »Hier liegt er.« Ich wies auf den Brief, der sich in einem Ablagekorb links auf meinem Schreibtisch befand.

»Man kann ihn gefahrlos in die Hand nehmen«, sagte er, »und da ich mir den Tenor seines Inhalts ausmalen kann, wird es Ihnen wohl auch nichts ausmachen, wenn Sie ihn mir vorlesen oder ihn mich lesen lassen?«

Ich reichte ihm den Korb, und er nahm den Brief ohne weitere Vorsichtsmaßnahmen. Er las ihn zweimal, und dann lächelte er. Man darf wohl sagen, daß seine Reaktion ein wenig inhuman war – ich konnte nur vermuten, daß sich bei ihm eine sehr spezielle Art von Humor entwickelt hatte.

»Es ist gut gemacht«, bemerkte er. »Ihnen ist zweifellos aufgefallen, wie geschickt er den Anschein der Unbeholfenheit erweckt? Er muß Sie ja dazu bringen, auf den Brief zu antworten. Die Wahrscheinlichkeit ist groß, daß Sie es nicht tun werden. Er muß Sie reizen, so daß Sie womöglich wider besseres Wissen eine Antwort aufs Papier werfen, eine scharfe Erwiderung – nur ein paar Zeilen, die Sie dann in den Umschlag stecken, den er Ihnen bereits gereicht hat –, um dem rüpelhaften Kerl eine ordentliche Abfuhr zu erteilen. Sie haben sich genau so verhalten, wie er es geplant hatte. Und nun will ich Ihnen erklären, warum ich hier dermaßen hineingestürmt bin. Intil hat Sie, als er sich an Miss Brown wandte, ›umgangen‹. Genau, ich gestehe es, wie ich es tat. Sie und ich, wir waren im Zorn auseinandergegangen. Ich fürchte, ich bin ein rotes Tuch für Sie, ganz gleich, was ich tue. Sie hatten, was Miss Brown und ihre Begabung anging, meine Neugier geweckt. Außerdem war ich ja noch immer mit der Arbeit an jenem Fall beschäftigt, zu dessen Lösung Sie zu Anfang einiges beigetragen haben, vor allem mit der Enträtselung der Geheimbotschaft. Miss Brown, eine bezaubernde Frau, veranstaltete freundlicherweise eine Sitzung für mich – es ist schon seltsam, Mr. Silchester, wie wir uns in unser Spezialistentum verrennen. Alter Detektiv, der ich bin, hatte ich trotzdem – glauben Sie mir – nie zuvor an einer Séance mit einem wirklich guten Medium teilgenommen, genauer gesagt – ich hatte überhaupt noch an nichts dergleichen teilgenommen. Es war, was mich anging, ein im höchsten Maße erfolgreicher Versuch.« Er seufzte. »Ein schwerer Verlust.«

Ich fühlte, daß ich etwas sagen mußte, vermutlich, weil ich zeigen wollte, daß zumindest auf diesem Gebiet er der Lehrling war und ich der Meister. »Hat der sogenannte ›Geist‹ Sie nicht auch fast zur Verzweiflung getrieben?«

»Ganz und gar nicht«, antwortete er selbstgefällig. »Ich habe niemals von meinen Informanten Intelligenz oder Scharfsinn gefordert, sondern nur die Fähigkeit, ausführlich wiederzugeben, was sie sehen. Und in diesem Falle wurde diesem meinem einzigen Anspruch voll Genüge getan. Doch davon später mehr. Zum Glück habe ich genug erfahren können. Was jedoch ihren tragischen Tod nicht weniger bedauerlich macht.«

»Tja. Sie ist sehr plötzlich gestorben – an einer schweren Grippe.«

»Aber nein«, widersprach er mir. »Sie ist einem teuflischen Giftmord zum Opfer gefallen.

Zuerst will ich Ihnen erläutern, wie ich dahintergekommen bin. Als wir nach meiner Sitzung unseren Tee einnahmen und in unserem Gespräch mühsam den Gegenstand vermieden, dessentwegen ich sie aufgesucht hatte – und zu dem ich zehn Minuten zuvor von ihrem *alter ego,* ihrem zweiten Bewußtsein, reichlich Aufschlüsse erhalten hatte –, erwähnte sie beiläufig Ihren Namen. Natürlich hatte ich sie, als ich um eine Verabredung bat, wissen lassen, daß ich Sie kannte, und nun begann sie zu erzählen, Sie seien zuletzt zusammen mit einem Klienten bei ihr gewesen, den Sie bei ihr eingeführt hätten.

›Es heißt ja immer‹, sagte sie mit einem Kichern, ›wir Medien seien so labil, Mr. Mycroft. Aber ich habe den Verdacht, daß wir mit unserer Labilität im Vergleich zu vielen unserer Klienten noch eine recht vernünftige Gesellschaft abgeben. Neben dem kleinen Burschen, dem Mr. Silchester und ich behilflich sein wollten, kam ich mir phlegmatisch wie ein Polizist vor. Sein erster Besuch war auf eine absurde Weise amüsant. Ich fürchte, er hat Mr. Silchester verärgert, aber ich fand ihn interessant. Ich verrate dabei keine Berufsgeheimnisse, denn, wie Sie wissen, wenn ich erst einmal jene Fernverbindung, was immer sie sein mag, hergestellt habe, dann weiß ich nichts von dem, was anschließend geschieht. Solange ›es‹ zu Wort kommt, bin ich nicht da. Der zweite Besuch begeisterte mich, denn unser Freund verhielt sich ganz wie erwartet, wenn auch vielleicht etwas weniger grob. Und gerade‹, fuhr sie fort, ›hat er nachgefragt, ob ich bereit bin, das Orakel ein drittes Mal für ihn zu befragen. Es ist eine schriftliche Anfrage.‹ Sie goß mir eine zweite Tasse Tee ein und blickte lächelnd auf. ›Ich finde, das ist höflich und wunderbar altmodisch. Meinen Sie nicht auch, das ist etwas, was für ihn spricht? Daß er, auch wenn er an Ort und Stelle so ungeduldig ist, doch Geduld aufbringt, wenn es darum geht, das Treffen herbeizuführen?‹

›Ist ihm denn wirklich Höflichkeit zuzutrauen?‹ fragte ich. Denn Sie wissen ja, Mr. Silchester, ich hege – ich habe es von jeher hegen müssen, denn ohne das ist kein Detektiv wirklich zu etwas nütze – ein Interesse an der menschlichen Natur *per se*. Wir müssen uns mit der verwirrenden Erkenntnis abfinden – und deshalb wird unser Metier stets eine Kunst bleiben und niemals zur Wissenschaft werden können –, daß die menschliche Natur oft sehr wechselhaft ist. Und auch wenn unsere Arbeit uns mit einem weitaus breiteren Spektrum von Verhaltensmustern vertraut macht als jenem Bereich des Alltäglichen, mit dem sich die konventionelle Charakteranalyse in Roman und Film beschäftigt, dürfen wir doch niemals die Tatsache vergessen, daß es sich um ein Spektrum handelt. Da gibt es keine Sprünge, keine Lücken. Gemütszustände gehen ineinander über. Ein wütender Mann kann Größe ebenso wie Gemeinheit zeigen – er kann zur einen oder zur anderen Seite des Spektrums tendieren. Doch er wird nur selten einfühlsam und verständnisvoll oder diplomatisch und subtil sein. Wenn ich Intil richtig einschätze – und ich habe meine Meinung nicht geändert –, so werden seine Tugenden, falls er jemals welche besaß – und warum sollte das nicht der Fall sein? –, wohl kaum im Bereich der feinfühligen Rücksichtnahme zu suchen sein.«

Wäre mir nicht bewußt gewesen, daß ich in großer Gefahr schwebte und – was noch viel schlimmer war – bisher nur unzureichend erfahren hatte, worin diese Gefahr bestand, hätte ich nicht gewußt, daß diese Gefahr nahe war, und doch noch immer keine klare Vorstellung gehabt, von wo genau sie drohte, so hätte ich wohl schon längst nicht mehr zugehört. Aber seine nüchterne Art trieb mich fast zur Verzweiflung. Und meine Unruhe beschleunigte seine Ausführungen nicht im geringsten. Er wartete offenbar darauf, daß ich zu seinen allgemeinen Betrachtungen Stellung nahm.

»Vermutlich, ja, vermutlich«, sagte ich und machte keinen Hehl aus meiner Ungeduld.

»Ich wollte wissen, ob Sie mir da zustimmen«, fuhr er fort, »denn auf dieser Erkenntnis, zu der ich gekommen war, beruhten meine folgenden Unternehmungen und die Maßnahmen« – er hielt inne und warf mir einen Blick zu, der mir nicht allzu gut gefiel –, »die ich zu Ihrer Sicherheit ergriff. Deshalb müssen Sie verstehen, wie und warum ich zu dem Schluß kam, daß *Sie* sich in äußerster Gefahr befanden.«

Er war schon ein gerissener Gauner, wenn es darum ging, jemanden raffiniert zu manipulieren. Wollte er, daß ich mich regte, dann war seine Zunge wie eine Spritze, die mir eine kräftige Dosis Schmeichelei verabreichte, so daß ich nicht widerstehen konnte. Wollte er, daß ich stillstand, in Habachtstellung ging, dann versetzte mir dieselbe scharfe Zunge einen Stich mit dem Dolch der Angst.

»Darf ich nun also meine Ausführungen fortsetzen?« Wieder benutzte er eine seiner typischen Schlußwendungen, es war eine rhetorische Frage, nichts weiter als ein arroganter, herablassender Schnörkel. Denn er wartete meine Antwort nicht einmal ab – ja, er drehte sich sogar um und blickte aus dem Fenster, während er fortfuhr.

»›Warum sollte er nicht zur Höflichkeit fähig sein?‹ fragte Miss Brown zurück. ›Es ist doch zweifellos schon ein kleines Zeichen von Höflichkeit, daß er einen frankierten Rückumschlag beigelegt hat?‹ ›Könnte das nicht auch ein Zeichen der Ungeduld sein?‹ erwiderte ich. ›Nein; er stellte mir frei, einen Termin für unsere Verabredung zu wählen.‹ Wie dem auch sei – es schien mir jedenfalls ein belangloses Thema zu sein, und nachdem die Konversation noch ein oder zwei weitere solche Themen gestreift hatte, verabschiedete ich mich. Ich hatte mich mit jenen Informationen zu beschäftigen, die die Trance-Persönlichkeit mir übermittelt hatte, und ich meine mich auch zu erinnern, daß Miss Brown abgespannt wirkte. Ich weiß wenig über diese paranormalen Bewußtseinszustände und glaubte, sie sei erschöpft von der langen Trance, die sie hinter sich hatte ...«

Froh über meinen Erfahrungsvorsprung, wenn auch nur in diesem einen kleinen Punkt, warf ich ein: »Nein, im Gegenteil, wie den meisten guten Medien macht Miss Brown diese Arbeit kaum etwas aus.«

»Zu diesem Schluß kam auch ich«, ergriff er wieder das Wort, »als wir uns verabschiedeten.« Natürlich mußte er recht behalten! »Wir schüttelten uns die Hand, und ich war mir sicher, daß ihr ein leichter Fieberanfall bevorstand. Ich spürte es. Hätte ich doch nur«, fuhr er mit einem wirklich menschlichen Bedauern fort, das mich, wie ich zugeben muß, rührte, »hätte ich doch riskiert, daß sie mich für zimperlich hielt, und ihr geraten, einen Arzt zu konsultieren – aber selbst da wäre es vielleicht schon ...« Er stockte. »Nun, ich nehme an«, sagte er und wandte sich wieder mir zu, »Sie verstehen nun die Methode?«

»Nein; nicht ganz; ich meine, ich sehe natürlich, daß möglicherweise ...« Ich hielt inne.

»Nun gut, dann lassen Sie uns noch einen Schritt zurückgehen.«

Ich stöhnte innerlich auf. Wieso konnte ich auch nicht scharfsinniger sein und dadurch diesen endlosen Vorträgen entgehen, die beim leisesten Zögern meinerseits zurückschnellten wie eine schlecht geöffnete Schiebetür, zurück zum Anfang, so daß der ganze Fall *de novo* aufgerollt werden mußte! Meine Befürchtungen waren nur zu berechtigt.

»Erinnern Sie sich noch, daß Sie sich bei unserem Ausflug in die Wüste einmal ein wenig erschrocken haben – so erschrocken, daß Sie einen Augenblick lang die Geduld verloren.« Er lächelte. Oh, dachte ich, wäre doch auch jetzt meine Ungeduld nur von so kurzer Dauer! »Es war, als unser Führer ein Erdhörnchen tötete, das sich unserem Rastplatz genähert hatte?«

»Ja«, antwortete ich dumpf.

»Sie wissen allerdings nicht, was ich später im Gespräch mit jenem Händler erfuhr, nämlich, daß er in derselben Gegend in Gegenwart eines anderen ›Greenhorns‹ ein weiteres Exemplar dieser armen kleinen Nager erschossen hatte, und die Reaktion dieses Greenhorns erschien dem Händler noch amüsanter als die Ihre. ›Der eine‹, erzählte er mir sein Klatschgeschichtchen an einem Ort, an dem, wie Sie sich vorstellen können, sonst Klatsch ebenso rar ist wie Klatschmohn, ›das eine Greenhorn fängt fast an zu heulen wegen der armen kleinen Ungeziefer. Der andere fragt mich auch, warum ich sie abschieße, wenn sie sich blicken lassen. Hab' ihm dasselbe erzählt wie dem anderen. Und was macht der? Er schreibt es sich auf! Am nächsten Tag war ich wieder in der Gegend unterwegs und stieß auf seine Spuren. Er lief überall in der Gegend rum. Das war in der Zeit vor und nach Ihrem Besuch. Aber was ich zum Schreien fand, war, daß der ängstliche kleine Kerl – er war genauso ängstlich wie Ihr feiner Onkel, nur anders – jedes Erdhörnchen abgeschossen hatte – man glaubt es nicht, aber ich kann's beschwören –, jedes Erdhörnchen, das ihm vor die Flinte gekommen war. Überall lagen die Kadaver. Ich fand es so komisch, daß ich jedesmal anhalten mußte, wenn ich einen dieser blutigen Fellfetzen sah. Kein Zweifel, daß der das gewesen war – niemand sonst würde in der offenen Wüste 'ne Kugel auf so was verschwenden. Er muß angehalten und sie abgeknallt haben, sobald einer auch nur die Nase rausstreckte. Guter Schütze, das muß ich sagen. Aber meine Güte, was für ein Angsthase! Wahrscheinlich solche Angst, sich anzustecken, daß er fast übergeschnappt ist deswegen. Na, ich habe schon von Leuten gehört, die sich aus demselben Grund den ganzen Tag über die Finger waschen.‹

Hier unterbrach ich ihn. ›Haben Sie sich seine Spuren angesehen, an den Stellen, an denen er schoß?‹ ›Nun, jetzt, wo Sie mich danach fragen, fällt's mir wieder ein – natürlich habe ich das. Das stimmt, er ist nicht einfach nur stehengeblieben. Das weiß ich noch genau. Er ist jedes Mal zu seinem Opfer hingegangen und hat es inspiziert. Vielleicht war's ja auch die reine Menschenliebe – hatte gar keine Angst, sich anzustecken, sondern wollte die Wüste sauberhalten, damit die Indianer da in Frieden leben können!‹ Dann wandte sich das Augenmerk unseres Führers anderen Dingen zu. ›Aber wohinter, zum Teufel, war er denn nun eigentlich her, Sir? Was sucht er wirklich hier? Ich bin jetzt seit zwanzig Jahren hier draußen. Die alten Goldsucher, die scharren natürlich hier und da 'n bißchen. Aber der ist doch sicher hinter was Größerem her, oder? Nicht wahr, das ist keiner von der alten Sorte mit Hacke und Schaufel?‹

Ich erzählte Mr. K. nichts von meinen – unseren? – Vermutungen. Ich wollte nicht sein Interesse wecken. Ich wollte seine Aufmerksamkeit auf das ursprüngliche Thema zurücklenken – das, was er für Intils hypochondrische Angst hielt, sich anzustecken. ›Die Spuren gingen bis hin zu den Opfern?‹ fragte ich nach. ›Allerdings‹, fügte er mit dem professionellen Interesse an jeder Einzelheit einer Spur hinzu. ›Er hat sogar, ob Sie's glauben oder nicht, mit einem Stock oder so was die Kadaver umgedreht. Meinen Sie, er war so verrückt, daß er nachsehen wollte, ob sie auch tot waren?‹ An dieser Stelle, Mr. Silchester, gestattete ich mir eine kleine Bemerkung. ›Vielleicht‹, warf ich ein, ›wollte er sich vergewissern, daß sie tatsächlich infiziert waren?‹ Doch die Launen überempfindlicher Greenhorns hatten für meinen Gesprächspartner offenbar inzwischen ihre Anziehungskraft verloren.

Nun, zu jener Zeit hatte ich den Eindruck, daß es sich entweder um eine fixe Idee handelte oder um ein geplantes Vorgehen, über das ich eigentlich Bescheid wissen sollte, einen Wahnsinn, hinter dem Methode steckte und der leicht auf irgendwelchen krummen Wegen auch auf uns Einfluß nehmen könnte. Doch unglücklicherweise liefen meine Gedanken in eine andere Richtung; ich war mit der Enträtselung jenes Zahlencodes beschäftigt und versuchte mir auszurechnen, welchen Weg Intil wohl zum gemeinsamen Ziel genommen hatte. Deshalb war ich schließlich erneut in die Wüste gekommen. Es war ein Ziel, das keiner von uns beiden wirklich kannte, von dem wir aber beide vermuteten, daß es etwas so Gewaltiges sei, daß alles andere daneben unbedeutend erschien. Sie erkennen, daß ich in zweierlei Hinsicht unaufmerksam war. Ich war ohnehin im Glauben, es bestünde keine Gefahr. Nirgends auf dieser Fährte sah ich ein Warnsignal. Und selbst, wenn es eine Gefahr geben sollte, so glaubte ich, sei Intil selbst so in seine Suche vertieft, daß ihm gar keine Zeit für üble Machenschaften bliebe. Ich hatte seine Fähigkeiten unterschätzt.

Doch plötzlich ging mir ein Licht auf – und es waren sehr unangenehme Gedanken, die mir da kamen. Das war, als ich bei Miss Brown anrief, um mich zu erkundigen, wie es ihr ging. Ich nehme an, unbewußt machte ich mir Sorgen. Als Vorwand diente mir der Wunsch, ihr mitzuteilen, wie erfolgreich ihre Séance gewesen war und daß dank ihrer Hilfe das Rätsel gänzlich gelöst sei. Und als ich erst einmal das Rätsel aus dem Kopf und dafür das Ziel deutlich vor Augen hatte, ging ich natürlich sofort zurück zum Ausgangspunkt, um jenen Nebensträngen nachzuspüren, die noch nicht vollständig erforscht waren.«

»Ich bitte Sie inständig, Mr. Mycroft, kommen Sie doch zur Sache!« Ich schrie jetzt fast. »Diese endlosen Abschweifungen! Erzählen Sie mir doch um Himmels willen, was mich nach Ihren Erkenntnissen in solche Gefahr gebracht hat!«

»Wie Sie wollen«, fuhr er mich seinerseits an. »Punkt eins: Miss Brown: tot. Punkt zwei: Meinung des Arztes: schwere Grippe. Punkt drei: In Wirklichkeit: Milzbrand.«

»Jetzt verstehe ich überhaupt nichts mehr«, gestand ich notgedrungen ein.

»Dann gestatten Sie mir doch bitte, daß ich Ihnen, so wie ich es vorhatte, die Sachlage im einzelnen darlege.«

Und wieder wurde ich schwach.

»Führen Sie sich folgendes vor Augen«, sagte er. »Miss Brown stirbt plötzlich an einer Infektionskrankheit. Sie erkrankt unmittelbar, nachdem sie einen Freiumschlag, den man ihr geschickt hat, zurücksendet. Der Absender dieses Briefes ist ein sehr raffinierter Mann, der vor kurzem erfahren hat, daß Erdhörnchen in letzter Zeit häufig von Milzbrand befallen werden, ein Mann, der auf diese Information hin zur Tat geschritten ist und eine Reihe solcher Erdhörnchen getötet und untersucht hat. All das sind Tatsachen.

Was wissen wir nun über Milzbrand selbst? Erstens« – mit methodischer Schnelligkeit hakte er die einzelnen Punkte ab – »ist es eine Sporeninfektion, das heißt, die Erreger sind – wie solche Pilzkeime immer – außerordentlich widerstandsfähig. Wie Sie wissen, lassen die Landwirtschaftsbehörden den Kadaver verbrennen, wenn auf einem Bauernhof ein Tier daran eingeht. Es ist schon vorgekommen, daß sich, stirbt ein infiziertes Schaf und man begräbt es lediglich, Schafe, die das Gras fressen, das darüber wächst, mit der Krankheit angesteckt haben. ›Dachshaar‹, das in Japan zu Rasierpinseln verarbeitet wurde, hat noch Jahre später deren Benutzer in Europa mit Milzbrand infiziert. Sporen sind die widerstandsfähigste Form von Leben: Sie überstehen unversehrt ein Bad in flüssigem Helium – die Kälte des Weltraums. Es ist denkbar, daß das Leben in dieser widerstandsfähigen Form auf unseren Planeten gekommen ist. Zum zweiten, und damit kehren wir zu den tödlichen Schafen zurück: Wir wissen zwar, wie sich diese höchst gefährlichen Erkrankungen beim Vieh bekämpfen lassen, doch wir sind machtlos, wenn eine solche Krankheit unter den kleinen, wildlebenden Nagern ausbricht. Zum dritten:

Sie werden sagen, was macht das schon, Milzbrand ist schließlich eine gut bekannte Krankheit mit eindeutigen Symptomen.«

Ich hatte nichts dergleichen gesagt, denn ich wußte es nicht. Das konnte ihn allerdings nicht davon abhalten zu antworten: »Auch wenn es ein naheliegender Irrtum wäre, hätten Sie doch unrecht – ein entschuldbarer Fehler, aber doch zweifellos ein Fehler, und die Natur kennt schließlich, so traurig das auch ist, keine harmlosen, verzeihlichen Fehler, sondern lediglich Fakten. In vielen Fällen von Milzbrandinfektion stirbt der Patient, besonders, wenn die betreffende Person und die Gesellschaft, in der sie lebt, nie zuvor einer solchen Infektion ausgesetzt gewesen sind, binnen kurzem. Die Giftstoffe, gegen die keine Abwehrkräfte vorhanden sind, haben freie Bahn. Bei dem Erkennungszeichen, dem Symptom, das der Krankheit ihren griechischen Namen ›Anthrax‹ verleiht, handelt es sich wie bei den meisten Symptomen um eine Reaktion des Körpers, eine Abwehrmaßnahme, mit der sich der Organismus, wenn auch vergeblich, gegen den Angreifer zur Wehr setzt. Ein Beleg dafür ist der Umstand, daß der Anthrax, die ›Kohle‹, also das schwarze Knötchen unter der Haut, am häufigsten in der Leistengegend auftritt – anders ausgedrückt, in jenen Drüsen, die den eigentlichen Organismus vor Infektionen schützen, die man sich an den Gliedmaßen zugezogen hat. Ein Arzt, der eine sorgfältige Untersuchung durchführen und von Anfang an den Verdacht auf eine solche Infektion hegen würde, käme in dieser Untersuchung ohne Zweifel zu dem Ergebnis, daß mit den Drüsen der Leistengegend etwas nicht in Ordnung ist. Doch wie immer kann vieles übersehen werden, wenn man nichts Entsprechendes erwartet. Ich bin überzeugt, daß die Zahl der Menschen, die ermordet werden, stets weit höher liegt, als offiziell verlautbart.«

Diese Vorstellung fand ich so bedrückend, daß ich nicht wagte, ihn erneut zu drängen, auf meine eigene mißliche Lage zu sprechen zu kommen. »Damit hätten Sie mir also alles erläutert, was ich über Milzbrand wissen muß. Aber ich verstehe noch immer nicht, auf welche Weise Miss Brown ermordet wurde.«

»Auf wunderbar einfache Weise.« Da war es wieder, dieses makabre, kühl distanzierte Interesse! »Diese Sporen sind unzerstörbar. In der Wüste sammelt Intil Fellpartikel der Tiere, die er erschießt. Wenn das Tier stark infiziert ist, genügt ein winziges Stück. Das erklärt auch, warum es so schien, als sei er ein guter

Schütze. In Wirklichkeit sind seine naturkundlichen Kenntnisse weitaus besser als seine Schießkunst. Er hob sich seine Kugeln für jene Erdhörnchen auf, die nur noch schlecht laufen konnten. Und das tat er nicht, weil sie einfacher zu erlegen waren, sondern weil sie so offensichtlich krank waren, das heißt, womöglich im Begriff waren, an dem zu sterben, wonach er auf der Suche war – nämlich an Milzbranderregern. Dann sammelt er seine Beute ein, zweifellos ebenso vorsichtig, wie ich mit Ihrer Post umgegangen bin, und nimmt seine Proben mit nach Hause. Bei einer oder mehreren davon handelt es sich tatsächlich um Anthrax. Mehr braucht er nicht. Das ist mehr als genug.

Und sein nächster Schritt? Er stellt eine Gummilösung her, einen Klebstoff. Da hinein praktiziert er einige dieser Sporen, indem er einfach ein Stückchen Fell in die Flüssigkeit taucht. Als nächstes streicht er diesen präparierten Leim auf denjenigen, der sich auf der Lasche eines frankierten Briefumschlages befindet. Dann braucht er ihn nur noch trocknen zu lassen. Damit werden die Sporen eingeschlossen – bis jemand den Klebstoff anleckt. Tut er dies mit der Zunge – und das ist ja üblich –, dann hat er sich selbst vergiftet. Intil schreibt einfach seinen Namen und seine Adresse auf zwei solcher Umschläge und schickt den ersten davon an Miss Brown. Das Ergebnis ist Ihnen bekannt. Er wartet ab, beobachtet, vernimmt stillvergnügt die Todesnachricht und gibt dann seinen zweiten Mörderbrief zur Post.

Den Erfolg dieses zweiten Anschlags habe ich mit meinem stürmischen Überfall gerade noch vereitelt. Ich war gerade erst zu meiner Schlußfolgerung gekommen, daß Miss Brown ermordet worden war, und konnte mir ausrechnen, daß der Mörder ein zweites Mal zuschlagen würde. Und diesmal sollten Sie das Opfer sein – wundert es Sie da, daß ich alle Regeln der Höflichkeit und die Gepflogenheiten Ihres Büros außer acht ließ?« Er blickte auf und lächelte, und diesmal beantwortete ich seine rhetorische Frage.

»Nein«, sagte ich. »Nein. Sie hatten vollkommen recht, vollkommen recht, es war sogar sehr freundlich von Ihnen. In der Tat, ich bedaure es, daß ich . . .«

So unsensibel er war, wenn er mich kränkte, so wenig trug er mir die Verletzungen seiner Gefühle nach. »Nun gut«, sagte er. »Das ist erledigt. Ich kam zur rechten Zeit; und nun darf ich Sie bitten, in aller Muße zu betrachten, wie wunderbar einfach der

Plan ist, nach dem die Bestie vorgeht. Er mordet, indem er Sie in seine Falle gehen läßt und dafür sorgt, daß Sie den Kopf in die Schlinge stecken, aber es ist eine Schlinge, die sich langsam zuzieht, und Ihnen bleibt, nachdem Sie sich schon unrettbar stranguliert haben, noch genügend Zeit, das Werkzeug selbst zurückzureichen, mit dem er den Mord an Ihnen verübte! Selbst das Risiko, daß man auf den Brief aufmerksam wird und ihn untersucht – und die Wahrscheinlichkeit war äußerst gering –, hatte er vermieden und seine Vorsichtsmaßnahmen getroffen. Das einzige, was man finden würde, wäre ein nicht unfreundlicher Brief – in Miss Browns Fall war er sogar ausgesprochen freundlich –, der sich zum Teil auf eine dritte Person bezieht. Das ist die Kunst des Alibis in höchster Vollendung, das ist der perfekte Bumerang – ja, es ist der Bumerang, von dem jeder Schuljunge träumt, einer, der trifft und das Opfer tötet, auf das man gezielt hat, und dann dem Werfenden in die Hand zurückfliegt.«

Er hielt inne. »Auf seine Weise ist es ein vollkommener Fall. Alles ist vorhanden. Eine einfache, aber wunderbar fundierte Idee, die mit Sorgfalt ausgeführt wurde, dann der Mensch selbst, der zu einem meisterlichen Wurf ausholt. Alles so, wie man es erwarten könnte. Aber es kommt noch etwas hinzu, etwas, was meine Bewunderung in noch viel größerem Maße erregt.«

War der alte Knabe etwa im Begriff . . . konnte er denn wirklich im Begriff sein, mir Abbitte zu leisten und zu sagen, daß die Art und Weise, wie ich mich der Belastung gewachsen gezeigt hatte, das wirklich Bewundernswerte war, die Art und Weise, wie ich mit Miss Browns Tod und meinem eigenen schrecklichen Risiko fertiggeworden war?

»Mr. Silchester, Sie wissen, wie sehr mich die Motive der Menschen interessieren. Ohne dieses Interesse hätte ich niemals erfolgreich sein können, ja, wie ich schon sagte, kein Detektiv könnte es sein. Unser Metier wäre zu deprimierend für einen Menschen, der nicht abgehärtet ist; ein abgehärteter Mann jedoch wird zu ungelenk und stumpf, um ein guter Detektiv zu sein, es sei denn, es gäbe da ein tieferes Interesse, ein Interesse daran, einen gewaltigen Plan zu enthüllen, einen ungeheuren Kontrapunkt, in dem eine grundlegende Harmonie beständig diese Oberflächendissonanzen auflöst.«

Das war allerdings ein sehr umständliches Kompliment – wenn es sich denn je zu einem solchen entwickeln sollte.

»Es erfüllt mich mit Dankbarkeit, daß dieser Fall beide Züge in sich vereinigt und die wirklich bemerkenswerte Gerissenheit noch übertroffen wird, überrumpelt wird, sollte ich sagen, durch etwas noch Großartigeres, ja, Wunderbares.«

Er verfiel also in nichts weiter als eine exquisite Meditation über seine eigene Geschicklichkeit und darüber, wie die Schlauheit eines Mörders ihm die Gelegenheit geboten hatte, seine überragenden Fähigkeiten unter Beweis zu stellen! Ich wußte, ich sollte nichts als Dankbarkeit für meine Errettung und für meinen Erlöser empfinden, und ich hatte mich nicht gerade wie ein Geretteter, der vor Dankbarkeit überfließt, benommen. Aber dennoch empfand ich einiges Unbehagen bei seiner eitlen Bewunderung des Meistermörders und seiner selbst. Es klang gerade so, als hätten sie ein Duett gespielt, und für mich blieb nichts als die Rolle des armseligen Instruments, auf dem sie ihre großartige Kunstfertigkeit demonstriert hatten. Man konnte es wohl kaum als moralisch bezeichnen, dachte ich mir, ein Verbrechen in solchen Dimensionen zu sehen, und das gab mir den Mut, ihn erneut zu unterbrechen, denn mich hatte er offensichtlich wieder einmal gänzlich aus dem Blickfeld verloren. Und letztendlich war meine Sicherheit ja ein Teil der Sicherheit des Staates, der Gesellschaft.

Da Mr. Mycroft schwieg, versunken – wie ich annahm – in abstrakter Bewunderung einer weiteren exquisiten Spielart des Tötens, nahm ich meinen vielgeprüften Mut zusammen und fragte: »Sollten wir wegen Intil nicht etwas unternehmen?«

»Nun«, bemerkte er kühl, »Sie sind jetzt außer Gefahr.« Er erhob sich, holte den Objektträger aus dem Mikroskop und legte das runde Papierstückchen mittels einer Pinzette in das metallene Kästchen, in dem er seine Untersuchungsobjekte aufbewahrte. Dann ging er zum Kamin, ergriff die Pinzette, die noch immer den tödlichen Umschlag mit der Aufschrift ›PERSÖNLICH‹ festhielt, und legte diesen mit ihrer Hilfe zu dem herausgetrennten Stück Papier in das Kästchen, das er dann zuschnappen ließ.

»Ja aber«, stammelte ich, »er könnte seinen höllischen Trick doch bei anderen Leuten versuchen, bei Ihnen zum Beispiel.«

»Nun, selbst wenn er so töricht wäre«, entgegnete er trocken, »wird wohl keiner von uns beiden jemals wieder so geistesabwesend sein und noch einmal einen frankierten Rückumschlag von Mr. Intil anlecken. Er hat seine Antwort bekommen – und ich glaube, ein für allemal.«

»Aber wird er nicht versuchen, mich auf andere Art zu töten?«

»Ja, ohne Zweifel, ohne Zweifel, gesetzt den Fall, er bekäme dazu die Gelegenheit.« Er sagte das so geistesabwesend wie jemand, der bemerkt, daß in der kommenden Nacht aller Wahrscheinlichkeit nach mit reichlich Tau zu rechnen sei.

»Aber es könnte doch sein«, beharrte ich. »Es liegt doch nahe, daß er nach wie vor die Absicht hat, mich zu töten – auch wenn ich nicht weiß, warum. Vermutlich, weil er in Erfahrung gebracht hat, daß ich mich darauf eingelassen habe, zusammen mit Ihnen seine Spur aufzunehmen. Ach, warum ...«

»Gemach«, sagte er ruhig, wenn auch nicht gerade gemächlich. »Ihre Panik, von der ich Ihnen bereits gesagt habe, daß sie grundlos ist, hindert Sie – wie es Furcht stets tut – daran, die Lage wirklich zu erkennen, in der Sie sich befinden.«

»Sie glauben also«, stammelte ich, denn Angst und Zorn hatten in mir eine Art Emulsion aus Öl und Essig entstehen lassen, kleine kugelförmige Tröpfchen aus blasser Angst, umgeben von klaren Tropfen der Entrüstung, denn die quälende Ungewißheit lastete schon viel zu lange auf mir, »Sie glauben also, es sei nicht klar, daß mir von einem Mann, der mich umbringen will, Gefahr droht?«

»Zunächst einmal sollten Sie gerecht sein, wenn ich Sie schon nicht zur Großzügigkeit bewegen kann«, war seine salbungsvolle Antwort. »Ich glaube, ich werde ... ich weiß, ich werde in der Lage sein, Ihnen zu beweisen, daß Intil Sie nicht deswegen umbringen wollte, weil Sie mich auf jener Suche begleitet haben, sondern aus einem anderen Grund. Ich habe Anlaß zu der Annahme, daß er unsere Spuren niemals gesehen hat. Er hat guten Grund, jenen speziellen Pfad zu meiden, wo sein Disput mit Sanderson ein Beweisstück zurückließ, das jemanden vielleicht auf seine Fährte bringen könnte. Nur noch ein weiteres Mal benutzte er diesen Pfad. Dann mied er ihn. Auf jeden Fall erfuhr er bald, daß sein wirkliches Ziel an einem ganz anderen Ort lag. Ich habe weit mehr Grund zu der Annahme, daß er Ihnen schmeichelte – die Angst bewirkt ja oft, daß man einen Gegner überschätzt –, daß er Ihnen ein Wissen zutraute, weshalb – eine seltsame Art des Kompliments, das gebe ich zu – er bereit war, Sie zu ermorden, falls Sie scharfsinnig genug waren, etwas zu ahnen.«

Ich war im Begriff, ihn zu unterbrechen, doch er erhob die Hand, und sein nächster Satz ließ mich aufhorchen und mich mit allen vorherigen Unverschämtheiten abfinden.

»Sind Sie in Gefahr, droht Ihnen zum jetzigen Zeitpunkt irgendeine Gefahr? In vier Tagen werde ich es wissen, aber ich bin durchaus bereit, dem Urteil der Zeit vorzugreifen – ich sage: nein.« Er sprach mit einer herzerfrischenden Gewißheit, die mich so weit beruhigte, daß mit nachlassender Angst die Entrüstung wieder die Oberhand gewann.

»Jetzt wüßte ich aber doch noch gerne« – mein Ton war ruhig und durch und durch sarkastisch –, »nun wäre ich Ihnen wirklich sehr verbunden, wenn Sie mir darlegen könnten, inwiefern ich noch immer die Lage, in der wir uns befinden, nicht erfasse.«

»Es geht darum, daß Ihr übermäßiges Interesse am Vordergründigen, an der geplanten Tat, Sie gegenüber dem größeren Zusammenhang blind gemacht hat, in dem dieser Anschlag steht, blind gegenüber dem, was sich tatsächlich ereignet hat. Ihnen ist das entgangen, was mich begeistert – das Eingreifen eines –, nun, das, was ich dasjenige genannt habe, was das Leben eines Detektivs lebenswert macht.«

»Ach hören Sie auf mit Ihren geheimnisvollen Andeutungen und Ihrer Überheblichkeit!« rief ich aus, denn mit meiner Selbstbeherrschung war es nicht mehr weit her.

»Das werde ich tun«, entgegnete er. »Doch wenn Sie Ihre Antwort kurz und bündig haben wollen, dann müssen wir uns vier Tage lang gedulden.« Er erhob sich rasch. »Dann werde ich zurückkehren«, sagte er, »und bis dahin wird Ihre Erregung, so hoffe ich, abgeklungen sein – und dann wird mein Beweis perfekt sein.«

Die Tür schloß sich hinter ihm, fast noch bevor der Satz beendet war. Ich blieb zurück und versuchte, mich soweit wie möglich zu beruhigen.

Kapitel 9

Vier Tage«, sagte ich bei mir, als ich am nächsten Morgen in mein Büro ging. Ich muß gestehen, daß es mir ganz und gar nicht gelungen war, die Worte ›Kürzlich verstorben‹ aus meinen Gedanken zu verbannen. Tatsächlich hatte ich sehr schlecht geschlafen. Wenn ich nur eine gehörige Wut auf Mr. Mycroft und wirkliches Mitleid mit Miss Brown hätte haben können! Aber ich muß gestehen, ich empfand nicht nur Selbstmitleid, ich war zudem auch noch wütend über mich selbst. Warum hatte ich den alten Besserwisser nicht gewähren lassen können, warum hatte ich ihn nicht sein Verslein aufsagen lassen, wie es ihm beliebte, und hätte damit die Sache vom Tisch gehabt? Auch wenn er sich weiter mit Eigenlob überschüttet und dem Schicksal ein Loblied gesungen hätte, auch wenn er die Aufmerksamkeit auf seine eigenen Fähigkeiten gelenkt hätte und auf die Tatsache, daß der natürliche Lauf der Dinge ihn darin unterstützte, wäre die ganze Geschichte doch, zumindest nach außen hin, binnen vier Stunden abgeschlossen gewesen. Und jetzt mußte ich vier Tage warten, vier Tage, in denen ich einem weiteren Vortrag geradezu entgegenfieberte! Durch meinen angeborenen Jähzorn hatte ich die Strafe lediglich aufgeschoben und verlängert, die ich, hätte ich beim ersten Mal durchgehalten, längst hinter mir haben könnte.

Als ich das Gebäude betrat, versuchte ich mich aus diesen grüblerischen Gedanken zu reißen, denn ich wollte Miss Delameres Blick, den sie zwischen ihren gesenkten Lidern wie einen Pfeil abfeuern konnte, nicht unvorbereitet begegnen. Ich hatte allerdings das Gefühl, daß mein ›Guten Morgen‹, als ich das Büro betrat, trotz alledem nicht allzu überzeugend ausfiel. Es konnte ihr kaum entgangen sein, daß ich mitgenommen war – wie man es von einem armen zartbesaiteten Briten ja auch kaum anders erwarten konnte. Vielleicht würde sie sogar eine ihrer hyperunterkühlten, verständnisvollen Bemerkungen machen, aus dem

Mundwinkel heraus, begleitet von der Signalsprache ihrer auf und abwippenden Zigarette samt schwarzer Zigarettenspitze. Der Rest ihres Gesichts würde dabei so ausdruckslos bleiben wie eine Wachsmaske – was es ja auch war. Nun, es war wohl das Beste, wenn ich sie hereinrief, es hinter mich und die Arbeit des Tages in Gang brachte. Ich betätigte den Summer, und dann fiel mir ein, daß ich die Briefe, die sie geöffnet auf meinem Schreibblock aufgestapelt hatte, noch nicht einmal eines Blickes gewürdigt hatte. Ihre Silhouette erschien jedoch schon hinter der Milchglasscheibe der Tür, also griff ich mir hastig den Packen Briefe, in der Hoffnung, so den Anschein zu erwecken, als hätte ich sie bereits durchgesehen. Ja, ich wußte es schon, sie würde mich herablassend freundlich behandeln. Sie würde mir gegenüber keinen Zweifel aufkommen lassen, daß sie wußte, daß ich ein – wie sagt man doch gleich: ein ›Stockfisch‹, glaube ich – war; wie dem auch sei, ein gräßlicher Ausdruck.

Zigarette und Zigarettenspitze begannen zu wippen, und durch eine kleine Öffnung zwischen den beiden perfekt geschwungenen karminroten Linien, die anzeigten, wo sie sich wünschte, daß alle Welt ihre Lippen vermuten sollte, drang ihre gleichmütige, heisere Stimme: »Der oberste ist neu. Schlage vor, Sie bestellen ihn für drei Uhr – da haben Sie noch eine Stunde frei –, Telefonnummer ist angegeben.«

»Ja«, sagte ich, »ja«, und überflog die Seite, die ich zu lesen vorgab, ohne daß ein einziges Wort davon in mein Bewußtsein drang. »Der Termin ist noch frei?« fragte ich, um Zeit zu gewinnen.

»Wüßte nicht, was Sie da sonst vorhaben könnten.«

Natürlich, der Termin um drei Uhr wurde praktisch immer für Besucher freigehalten, und, wie Miss Delamere sagte, für heute war noch keiner angekündigt. Das hätte ich eigentlich wissen müssen. Aber erst einmal mußte ich herausfinden, was der Klient wollte, wer er oder sie überhaupt war. Ein Mann – ja, Miss Delamere hatte zweifellos recht, er hieß John. John was? John – was für eine unmögliche Handschrift Leute haben, die immer die Schreibmaschine benutzen und niemals gelernt haben, einen Stift zu halten!

»Haben Sie die Unterschrift entziffert?« fragte ich. Es war ein geschickterer Auftakt, denn es sah so aus, als hätte ich den Brief gelesen und sei einfach über den unleserlichen Namen am Ende gestolpert. »Der erste Buchstabe ist ein K«, soufflierte ich.

»Sieht aus wie Katton – könnte auch Karton sein«, signalisierte die Zigarette. »Soll ich ihn anrufen und ihm sagen, daß er vorbeikommen kann – vorausgesetzt, Sie wollen ihn überhaupt sehen?«

»Ja, tun Sie das«, sagte ich, und sie entfernte sich mit einem kurzberockten, langbeinigen Hüftschwung, der, vermute ich, als Inbegriff eleganter Lässigkeit gilt, es war eine Art angedeuteter Schlenker.

Ich hörte sie bereits telefonieren, bevor ich mich wirklich an die Lektüre des Briefes begab. Nichts war getippt – das Ganze war in Handschrift, soweit man das von einer Hand sagen kann, die wohl kaum über Finger, sondern allenfalls über eine Faust verfügte. Das, was Miss Delamere herausgelesen hatte, war einigermaßen zu entziffern. Er bat für den heutigen Tag um ein Gespräch und gab für den Fall, daß das möglich war, eine Telefonnummer an, unter der man ihn erreichen konnte. Darüber hinaus entnahm ich den Windungen und Ausrutschern, die die gequälte Feder vollführt hatte, daß er Hilfe bei einem Rätsel wünschte. Nun, bei einem Großteil meiner Arbeit bewegte ich mich zugegebenermaßen nicht in den erlesenen Zirkeln der Hochgebildeten. Ich würde ihn einfach herbestellen und sehen, was ich tun konnte. In einem kleinen Unternehmen ist der Kunde vor allen Dingen eine Geldquelle, und alle anderen Erwägungen müssen dahinter zurückstehen. Miss Delamere kehrte zurück. Ja, sie hatte mit ihm gesprochen. Der Klient würde um drei Uhr dasein.

Es herrschte wieder die Routine des Alltags. Dafür war ich meinem künftigen Besucher mit dem unleserlichen Namen regelrecht dankbar. Wir machten uns sofort an eine Reihe einfacher Rätsel. Miss Delamere ging ganz in ihrer wichtigsten Rolle auf, der Rolle der tüchtigen Sekretärin, und sogar ich begann, fast meine gesamte Aufmerksamkeit der Gegenwart zu widmen. Meine Gedanken kreisten nicht mehr unablässig um die Frage, was in den nächsten vier Tagen geschehen würde und was nicht. Ich konnte warten; sicher würde ich feststellen, daß das meiste einfach im Sande verlaufen und zu nichts führen würde. Sogar mein melodramatischer Mr. Mycroft hatte gewettet, daß ich keine Unannehmlichkeiten mehr haben würde. So beschwichtigte ich die tieferen Schichten meines Bewußtseins, während ich mich nach außen hin mit den ungefährlichen kleinen Rätseln abgab, die manche Leute sich ausdenken, weil der größte Teil ihres Lebens für sie eine so langweilige, eintönige Tretmühle ist. Und es funktionierte. Ich spürte, wie ich ruhig und zufrieden wurde und wie die Zeit verstrich. Miss Delamere machte ihre Mittagspause; dann machte ich meinerseits Mittagspause; nein, ich ging nicht einmal zum Drugstore, denn sobald ich mit der Arbeit aufhörte, kamen die unangenehmen Gedanken wieder. Während ich meine belegten Brote kaute und meine Milch trank, las ich in einem glänzenden Werk über doppelte Codierung – es handelt sich dabei um den herkömmlichen Buchcode, aber dadurch erweitert und schwerer zu knacken, daß die tatsächliche Bedeutung nicht davon abhängt, daß man das fragliche Schlüsselwort findet, sondern daß man weiß, wie man mittels einer arithmetischen Reihe berechnen kann, wo das eigentliche Wort ›ausgetauscht‹ wird.

Es war fast drei Uhr, als ich an meinen Arbeitsplatz zurückkehrte. Ich sah, daß jemand wartete – die Vorzimmertür war nur angelehnt –, und so schlüpfte ich um die Ecke zum zweiten Eingang unseres kleinen Etablissements, der direkt in mein eigenes Büro führte. Miss Delamere hörte mich, und ich hatte mich kaum gesetzt, als sie schon vor mir stand; mit einer Hand hielt sie die Tür hinter ihrem Rücken zu – auch diese Halbdrehung war eine ihrer ›fotogenen‹ Posen – und sagte: »Der Drei-Uhr-Klient ist schon seit Viertel vor da. Dürfte nicht allzu schwierig sein – einfältiger Bursche – aber auch nur ein kleines Honorar –, wollen Sie ihn jetzt sehen? Ist ja so gut wie drei.«

»Meinetwegen«, stimmte ich zu und breitete ein paar Papiere auf meinem Schreibtisch aus. Es macht sich immer besser, wenn man beim Eintreten eines Ratsuchenden über einer Sache brütet – man denke nur an Archimedes und den römischen Soldaten. Ich hörte also, wie sich die Tür hinter meinem neuen Klienten schloß, und Miss Delamere war bereits gegangen, als ich aufsah. Und das war gut so – denn zu meiner Überraschung erblickte ich ein Gesicht, das ich zwar kannte, von dem ich aber mit Sicherheit nicht erwartet hatte, es hier oder überhaupt jemals wieder zu sehen. Ich reagierte nicht allzu geistesgegenwärtig.

»Oh, ja natürlich«, sagte ich laut zu mir selbst. »Ich hätte darauf kommen müssen – natürlich hieß es ›Kerson‹!«

»Ja«, sagte mein Besucher und nahm unaufgefordert Platz. »Sie sind der, der draußen am Indianerreservat mit dabei war. Der alte

Knabe hat gesagt, Sie sind so was wie 'n Detektiv – entziffern Geheimschriften und so . . .«

Ich war kurz davor, mich geschmeichelt zu fühlen, daß Mr. Mycroft *mich* als den Detektiv bezeichnet hatte, als mir klar wurde, daß er das natürlich getan hatte, um die Aufmerksamkeit von sich auf mich zu lenken. Meine Miene muß dann wohl ausdruckslos geblieben sein, und ich kann nur hoffen, daß er glaubte, es sei mein undurchdringliches Pokerface.

Jedenfalls sprach er nach kurzem Zögern weiter. »Ich lebe ja ziemlich allein da draußen, und deshalb knoble ich gerne die Rätsel und solche Sachen aus, die die Leute sich ausdenken und in die Zeitungen setzen, die Preisausschreiben und den ganzen Kram. Bin da inzwischen ganz schön gewieft drin; 'ne komische Sache, wie einen das packen kann! Inzwischen kriege ich die meisten von diesen Rätseln an einem Abend geknackt. Aber wenn man dann an eins kommt, das sich nicht knacken läßt . . .« – er schwieg einen Moment –, »da beißt man sich ganz schön die Zähne aus. So was kriege ich dann nicht mehr aus meinem Hirnkasten raus. Gibt ja nicht viele dabei, die einem so zusetzen, aber wenn's dann mal passiert – tja, dann bringt man's einfach nicht fertig, das verdammte Ding liegen zu lassen. Manchmal hat man's dann nach 'ner Woche geschafft – oder noch länger. Aber wenn nicht, dann muß man einfach irgendwie dahinterkommen. Und Sie sind Experte dafür. Der alte Knabe sagt, Sie haben 'n sechsten Sinn für solche Sachen.« Ich verbeugte mich; ich nehme an, er wollte mir auch zu verstehen geben, daß ich zu nichts anderem nütze war. »Vor vierzehn Tagen habe ich mich in 'n kleines Rätsel verrannt, das ich in 'nem alten Rätselbüchlein gefunden habe – das hat mich ganz verrückt gemacht. Alle anderen hatte ich längst rausbekommen – und da dachte ich, wo ich sowieso in die Stadt wollte, ich komm' mal vorbei.«

»Was ist das für ein Buch, auf das Sie sich da beziehen, Mr. Kerson?« erkundigte ich mich. »Ein Experte kann, wenn er die Quelle kennt, die Lösung oft direkt in seinen Aufzeichnungen finden.«

»Komisch«, antwortete er, »an den Namen von dem Buch kann ich mich überhaupt nicht mehr erinnern – *Alte Rätsel* oder so was. Und ich hab' es zu Hause im Laden gelassen. Aber«, fuhr er mit einem Anflug plötzlicher Heiterkeit fort, »ich hab' das eine, das mir's angetan hatte, ganz abgeschrieben. Hab' sogar noch die ganze Zeit im Zug dran gearbeitet. Dachte mir« – an dieser Stelle lächelte er gezwungen –, »wenn ich's rausfinde, bevor ich bei ihm im Büro ankomme, brauch' ich nichts bezahlen. Dann hätt' ich mir den Zahn selber gezogen gehabt.«

Immerhin hatte er also vor zu zahlen. Das ist mir stets ein Ansporn. Ich bin ehrlich der Überzeugung, daß man besser rät oder ahnt oder was immer es sein mag, wenn das Unterbewußtsein weiß, daß es sich um wirkliche Arbeit handelt. Das mobilisiert die Kräfte. Ich weiß, es gibt sensible, ätherische Naturen, die meinen, jeder Gedanke an materiellen Gewinn müsse den klaren Spiegel ihrer visionären Kraft mit dem üblen Hauch der Habgier überziehen – zumindest behaupten sie dergleichen. Aber ich zähle zweifellos nicht zu jenen Sehern der höheren Sphären.

Um den angebotenen Kontrakt zu besiegeln, entgegnete ich: »Zehn Dollar für die Beratung und zwanzig, wenn das Ergebnis sich auf Anhieb bestätigen läßt.«

»'ne ganze Menge«, meinte er mürrisch. Und da platzte mir dann doch der Kragen.

»Wie Sie wünschen«, entgegnete ich heftig, »dann gehen Sie mit Ihrem Rätsel zu einem anderen Experten, oder zermartern Sie sich weiterhin selbst den Kopf. Mir ist das egal.« Das wirkte.

»Nicht so voreilig. Ich hab' nicht gesagt, daß ich nicht zahlen will.«

»Also gut«, erwiderte ich kurz und nützte den Vorteil, der sich mir bot. »Auch diese Zeit hat ihren Preis. Geben Sie mir die Anzahlung und den Zettel mit Ihrem Rätsel. Ich arbeite schnell.«

Und siehe da, er legte mir einen Zehndollarschein und einen langen Papierstreifen auf den Tisch. Mein Verstand hatte also hinreichend Grund, schnell zu arbeiten – doch er tat es nicht. Ich blickte zu ihm auf. Er sah mich an. Doch soweit ich das beurteilen konnte, lag nichts Argwöhnisches in seinem Blick – kein Argwohn zum Beispiel, warum ich wohl, als der Streifen sich zu wellen begann, ein Lineal darauflegte, um ihn flach zu halten. Und das war genau die richtige Reaktion. Ich hätte die Finger davon lassen sollen – hätte sagen sollen: ›Aber das ist doch kein Rätsel, oder? Vielleicht ist es eine Botschaft, die teils in unsichtbarer Tinte geschrieben ist. Diese Flecken und Striche sind vielleicht Teile der Schrift, die sichtbar geworden sind. Man müßte es chemisch behandeln – aber das ist nicht mein Gebiet. Wenden Sie sich an einen Chemiker. Ich kann Ihnen da jemanden empfehlen . . .‹ und so weiter. Natürlich konnte dieser Streifen unmöglich aus einem Rätselbuch stammen. Ich zögerte – dann entschloß ich mich zu einem Kompromiß.

»Hören Sie«, sagte ich, »das ist kein Rätsel.«

»Aber natürlich ist es eins«, erwiderte er. »Auf der Seite gegenüber steht noch so eins, das sieht genauso aus. Es heißt ›Alt-Irisches Rätsel‹.

Das war wirklich raffiniert; sollte es am Ende gar stimmen? Ich überlegte kurz, warf einen zweiten Blick auf das Papier und war restlos davon überzeugt, daß das nicht sein konnte. Aber der Mann war offenbar klüger, als ich vermutet hatte. Ein Teil seiner Geschichte entsprach vermutlich der Wahrheit. Wo sonst als in einem Rätselbuch hätte ein Händler aus der Wüste auf eine Ogham-Inschrift stoßen sollen? Denn genau das wollte er mir weismachen – daß es sich um eine jener rätselhaften irischen Inschriften aus dem finsteren Mittelalter handeln würde, die dadurch entstanden, daß Kerben in die Kanten von aufrecht stehenden Steinen geritzt wurden. Es sind die einzigen Inschriften, die überhaupt etwas mit der ›Schrift‹, die die Ränder des Papierstreifens auf meinem Schreibtisch zierte, zu tun haben konnten. Aber eine andere Kopie dieser Schrift hatte vor meinen Augen eine Gestalt angenommen, die Worte lesbar werden ließ, Worte, die ich nicht zu deuten vermochte, ebensowenig wie Mr. Mycroft, Worte, die für einen jeden, der sie zu Gesicht bekam – dessen war ich mir mittlerweile sicher –, Leben oder Tod, töten oder getötet werden bedeuteten.

»Und es ist doch ein Code«, beharrte er.

Die Vorsicht schrie mir ins Ohr: ›Bleib dabei: Sag nein!‹

»So sehen Sie doch«, sagte ich und strich das Papier glatt. »Das sind ganz willkürliche Striche. Diese Zeichen sind vollkommen beliebig – kleine zufällige Flecken, bestenfalls ein Anzeichen dafür, daß jemand eine Schreibfeder gereinigt und versuchsweise ein oder zwei Striche gemacht hat, um zu prüfen, ob sie wieder in Ordnung ist.«

»Sie haben vergessen, was ich Ihnen gesagt habe«, erwiderte er. »Ich habe das aus dem Buch abgeschrieben.«

Ich konnte der Versuchung nicht widerstehen, mit meinem Wissen zu glänzen, denn es erschien mir gänzlich ungefährlich, und zudem hielt ich es für die einfachste Methode, den Mann zum Schweigen zu bringen und ihn dazu zu veranlassen, sich wieder um seine eigenen Angelegenheiten zu kümmern. Ich hatte das sichere Gefühl, daß es besser für mich wäre, darüber nichts zu wissen. Ich glaubte, ich könnte ihn gefahrlos davon überzeugen, daß ich mein Geschäft verstand und mir mein Honorar verdient hatte und daß das Ding, das er mir zeigte, nicht in meinen Zuständigkeitsbereich fiel.

»Das einzige, woran dies hier entfernt erinnert« – ich würde kein Wort über Mr. Mycrofts Wissen um die Gepflogenheiten der alten Griechen verlieren –, »ist die irische Ogham-Schrift, aber ich versichere Ihnen, dies ist kein Ogham. Sobald man einmal das Geheimnis dieser irischen Schrift kennt, ist sie im Grunde nicht schwer zu lesen – zumal die Sprache in der Regel Latein ist, nicht etwa Gälisch.«

Ich beobachtete ihn; das hatte ihn in Verlegenheit gebracht. Er hatte wohl nicht vermutet, daß ich Näheres darüber wußte. Das einzige, was ihn im Augenblick quälte, war die Erkenntnis, daß meine Gelehrsamkeit im Betriff war, die kleine Notlüge aufzudecken, daß sein Zettel die Abschrift einer Ogham-Inschrift sei. Es konnte auch kein Zweifel bestehen, daß er eine solche Inschrift tatsächlich in irgendeinem Rätselbuch gesehen hatte – man findet sie oft in dieser Art von Büchern – und der Meinung war, auch Sandersons Code sei eine solche Kopie. Und das hätte ja auch durchaus sein können, denn ich wußte ja, daß Sanderson eine Art Gelehrter war, und soviel mir bekannt war, hatte man Ogham-Inschriften auch in Schottland gefunden. Seine Vaterlandsliebe mochte ihn also durchaus auf die Idee gebracht haben, sein Geheimnis in dieser Form festzuhalten. Aber ich wußte, daß es nicht so war.

Kerson stand einen Augenblick lang unentschlossen da. Ich hätte mich erheben, den Zehndollarschein einstecken, ihm seinen Papierstreifen zurückgeben, den Summer betätigen und ihn höflich hinauskomplimentieren sollen. Er kam mir jedoch zuvor. Er warf sich regelrecht auf den Schein und den Zettel und hatte sie beide wieder in der Tasche, bevor ich ihn daran hindern konnte.

»Also, hören Sie«, sagte ich – eine schwache Eröffnung, das muß ich zugeben –, »hören Sie, so geht es aber nicht.«

»Leben Sie wohl«, war die Antwort, und er hatte den Türgriff bereits in der Hand.

Plötzlich war mir, als dürfe ich mir das einfach nicht gefallen lassen. Natürlich stand es in seiner Macht, das Büro zu verlassen, uns zu prellen, wenn ihm danach zumute war; doch wenn ich wollte, war meine Macht immer noch größer als seine. Ich konnte ihn noch immer mit einem einzigen Wort zurückrufen und dazu bringen, daß er mich angemessen entschädigte. Und was hinderte mich daran, das zu tun? Nichts als ein unbestimmtes Unbehagen. Schließlich war es für mich persönlich doch mit keinem Risiko verbunden? Nicht einmal Mr. Mycroft hatte dergleichen angedeutet. Im Gegenteil, auf ihre Weise hatten die beiden Männer ja wohl Sympathie füreinander gehegt, ja, sie hatten sich sogar in ihrer milden Verachtung mir gegenüber verschworen. Mr. Mycroft, mochte er auch noch so viele Fehler haben, würde mich niemals in Gefahr bringen. Bei all dem ermüdenden Eigenlob für seine Tat, hatte er mich zweifellos aus einer ziemlichen Gefahr errettet – zumindest glaubte er das, und in drei Tagen würde er wieder hier sein, um mir den Beweis zu liefern. Nein, nur um Ruhm zu erwerben, würde er mich keiner Gefahr aussetzen.

Ich reagierte rasch. »Dies ist, ich wiederhole es, nicht die irische Ogham-Inschrift, wie Sie behaupten. Und ich werde es Ihnen beweisen, indem ich Ihnen sage, worum es sich in Wirklichkeit handelt.«

Er hielt inne. »Dann beweisen Sie's«, sagte er.

»Zum einen«, antwortete ich, denn erwartungsgemäß war es mir gelungen, ihn am Gehen zu hindern, »ist es, was die äußere Form angeht« – ich betonte dieses Wort – »griechisch und nicht irischen Ursprungs.« Er hatte angebissen. »Und wenn Sie nun bitte«, sagte ich scharf, drückte den Summer, und Miss Delamere erschien, »an meine Sekretärin die vereinbarte Vorauszahlung von zehn Dollar leisten wollen. Sie wird Ihnen eine Quittung ausstellen, während ich Ihnen weiter erläutere, was ich gerade gesagt habe.«

Er übergab Miss Delamere den Schein, und als sie sich wieder zurückgezogen hatte, holte er auch seinen Papierstreifen wieder hervor. Ich nahm ein rundes Lineal und wand die Papierschlange in Spiralen darum, bis es ganz umwickelt war. Es paßte nicht genau, aber doch hinreichend gut, um eindeutig zu erkennen, daß sich Buchstaben ergaben, wo die Striche und Punkte nahe genug aneinander kamen. Ich las ihm den Text vor, denn natürlich fiel es mir nicht weiter schwer, ihn zu rezitieren, und ich muß gestehen, daß ich beim Anblick seines verdatterten Gesichts einen Augenblick lang wirklich triumphierte. Er war in der Tat so erschrocken, so verblüfft angesichts meiner Fähigkeiten, daß es nun an ihm war, zu schlucken und zu stammeln.

»Das ist also die Botschaft«, sagte er, »aber ... ich meine ... was bedeutet sie nun?« Er war verwirrt, denn er lechzte danach, mehr zu wissen, und fürchtete doch gleichzeitig, mir etwas von seinem eigenen Wissen zu verraten. Dessen war ich mir nun völlig sicher.

»Ich habe Ihnen eine erste Erläuterung gegeben«, versetzte ich ihm den nächsten Stoß, »und man kann wohl kaum sagen, Sie hätten sich wie ein Gentleman benommen. Da ich Ihnen ja nun bewiesen habe, daß ich weiß, wovon ich rede, werden Sie bereit sein, eine Vorauszahlung für weitere Informationen zu leisten.« Im selben Augenblick schwebte Miss Delamere mit der Quittung herein. »Miss Delamere«, sagte ich, »bitte lassen Sie sich von diesem *Herrn* weitere zwanzig Dollar geben, und stellen Sie eine weitere Quittung aus.«

Sie streckte die Hand aus, als sei dieser rasche Austausch von Zehn- und Zwanzigdollarscheinen gegen Quittungen unsere übliche Nachmittagsbeschäftigung. Ich konnte sehen, daß ich ungewöhnlich geschäftstüchtig auf sie wirkte – die Reaktion auf einen Anfall von Nervosität und Gefühlsüberschwang, lautete vermutlich ihre ganz persönliche Diagnose. Aber was machte das schon? Ich hatte die Oberhand gewonnen; sowohl der neue Eindringling als auch meine hauseigene Kritikerin mußten zugeben, daß ich die Zügel in der Hand hielt.

Es war so etwas wie ein Raubüberfall, aber doch wohl ein gerechtfertigter. Wieder zahlte er. Miss Delamere schwebte hinaus. Ich setzte mich und schrieb den mittlerweile wohlbekannten Text auf. Er stand da und blickte mir über die Schulter, als ich die Worte niederschrieb: ›Wenn der Flieger, der nicht flieget in den Lüften, sitzet in seinem Käfig und recket den Flügel zur Linken. Cloc Friar's Heel. AP.20111318–3.‹

»So«, sagte ich, wobei ich mich zurücklehnte und zu ihm aufschaute, »wir sind uns also einig, daß wir den Text zutage gefördert haben und daß dies der genaue Wortlaut ist?«

»Ja«, sagte er zweifelnd. »Ja, aber was zum Teufel soll dieser Unsinn bedeuten?« Und dann, nach einer Pause: »Verdammt nochmal, ich weiß genau, *daß* es was bedeutet. Wenn ich nur die verfluchten Worte zum Reden bringen könnte.«

Nun, es war klar, daß er ebensowenig wie ich die wirkliche Bedeutung kannte. Und warum, beim heiligen Orakel, sollte mein Schluß nicht ebenso gut sein wie jeder andere? Ich hatte jedenfalls den Eindruck, daß er gar nicht so schlecht war, auch wenn Intil ihn nicht akzeptiert hatte und Mr. Mycroft über ihn spottete und selbst der ›Geist‹ der armen Miss Brown sich darüber lustig gemacht hatte – er war gut genug für diesen tolpatschigen Trapper, der – nahm ich an – irgendwie in Sandersons Habseligkeiten darüber gestolpert war. Wahrscheinlich hatte er den armen alten Burschen beobachtet, war ihm sogar nachgeschlichen – ihm wäre das leichter gefallen als uns oder Intil. Vielleicht hatte der arme alte Mann in Kersons Vorposten, der Höhle, geschlafen und ihm, nachdem dieser ihn ein wenig betrunken gemacht hatte, den geheimen Zettel gezeigt, damit geprahlt, daß er für niemanden von Nutzen sein könne, weil niemand ihn lesen könne. Und schließlich blieben die inneren Verteidigungslinien intakt, selbst wenn die äußeren durchbrochen waren. Ich würde ihm also im Grunde kein Geheimnis verraten, wenn ich ihm meine eigene Deutung gab. Wenn sie sich als wirklicher Schlüssel erwies, dann sollte sie ruhig Gemeineigentum werden – jeder dieser Wirrköpfe aus der Wüste konnte sie meinetwegen haben.

Ich brauchte einen Augenblick, um mir das zu überlegen – einen Augenblick, der mir ohnehin zur Verfügung stand, denn natürlich kannte ich das, was ich gleich als Deutung geben würde, bereits auswendig.

»Der erste Teil ist eine Zeitangabe. Es ist eine seltsam verklausulierte Art zu sagen, daß es sich um den Zeitpunkt zwanzig Minuten vor drei Uhr handelt. Damit haben wir die Zeit, zu der ein bestimmter Ort aufgesucht werden soll – eine Verabredung, ein Stelldichein, die Stunde, zu der man sich trifft.« Er hörte aufmerksam zu. Ich fuhr fort. »Das wird noch einmal durch das nächste Wort verdeutlicht, eine Art Signalwort sozusagen – das Wort ›Cloc‹ oder ›clock‹, englisch für ›Uhr‹. Es bedeutet: ›Alles, was bisher gesagt wurde, bezieht sich auf die Uhrzeit.‹ Im folgenden Teil befassen wir uns mit dem Ort. ›Friar's Heel‹, ›die Ferse des Mönches‹ hat deshalb, wie zu erwarten, etwas mit einem Weg zu tun, dem Weg zum Treffpunkt. Ich brauche Ihnen ja wohl kaum zu sagen, daß die einzigen wirklich alten Wege in diesem Land diejenigen sind, die nicht künstlich angelegt, sondern ausgetreten wurden von den schwieligen, mit Sandalen besohlten Fersen der Mönche – der Minderen Brüder, der Franziskanermissionare, die diese ganze Gegend von Mexiko bis hinauf nach San Francisco durchwanderten, der Stadt ihres Ordenspatrons. Haben wir erst einmal diese Orientierungspunkte, und wir haben sie ja«, sagte ich mit Nachdruck, denn ich geriet immer mehr ins Schwimmen, als der Zahlen- und Buchstabencode sich näherte, »dann ist der Rest nur noch eine Frage der Nachforschungen vor Ort. Bei den Koordinatenangaben muß man einfach so lange die unfruchtbaren Lesarten eliminieren, bis man diejenige erhält, die die erforderlichen Ortsangaben liefert.«

Ich hielt inne. Kein Zweifel, Kerson hatte gebannt zugehört – wie man in Lehrerkreisen zu sagen pflegt. Ich war einigermaßen sicher, daß ich ihn zutiefst beeindruckt hatte. Diese Vermutung wurde zur Gewißheit, als er nach einer Pause fragte: »Sind Sie sicher, daß das die Lösung ist?«

»Nun«, entgegnete ich, wobei ich mich in meinem Stuhl zurücklehnte und mich um eine unvoreingenommene Haltung bemühte, »wenn ich meine Arbeitsweise erkläre, dann sage ich immer, daß es daran nichts Großartiges oder Geheimnisvolles gibt. Ich gehe lediglich auf fachmännische Art und Weise mit Beweismaterial um. Jeder, der bereit wäre, die entsprechende Zeit aufzuwenden, könnte das lernen. Wir Spezialisten dienen einfach nur der Zeitersparnis. Zeit ist Geld, und wir sparen es für Sie – gegen eine prozentuale Beteiligung.« Ich lächelte über meinen kleinen Scherz. Er verzog keine Miene, hörte jedoch weiterhin aufmerksam zu. »Selbstverständlich«, ich hatte das Gefühl, mich dadurch gebührend abzusichern, »ist die deduktive Methode nicht unfehlbar. So etwas wie Unfehlbarkeit gibt es in der ganzen Naturwissenschaft nicht. Denn es gibt in unserem Erkenntnisbereich nirgendwo eine strenge Kausalität, nirgendwo eine absolute Notwendigkeit – nur ein höheres oder geringeres Maß an Wahrscheinlichkeit.« Das stimmte allemal. Und um mein Berufsethos herauszustellen, fügte ich hinzu: »Ich kann also nicht sagen: ›Diese Interpretation ist die einzig mögliche.‹ Ich kann nur sagen: ›Dies ist sicher eine in sich stimmige Auslegung; diese Lesart ergibt einen Sinn, weist in eine bestimmte Richtung.‹« Ich hielt erneut inne. Er blickte nun nicht mehr mich an, sondern starrte zu Boden.

»Kann sein«, sagte er laut zu sich selbst. »Es gibt da 'nen Pfad, habe ich gehört.« Dann riß er sich zusammen. Offenbar war es ihm bewußt geworden, daß er ungewollt laut gesprochen hatte, und er fügte hinzu: »Nun, ich hab' nichts an Ihrer Methode auszusetzen – mißgönne Ihnen auch nicht das viele Geld. Aber nur zu

Ihrer Information will ich Ihnen doch sagen, daß Sie meiner Meinung nach das Rätsel nicht gelöst haben.«

Natürlich war er ärgerlich, weil er gegen seinen Willen hatte zahlen müssen, und deshalb ließ ich die Bemerkung auch durchgehen. Was seine Einschätzung meiner Deutung anging – nun, ich wußte ja, welchen Eindruck sie auf zwei andere Ratsuchende bereits gemacht hatte, die sie noch weitaus pauschaler abgetan hatten. Außerdem ging mich diese heikle Sache ja auch nichts mehr weiter an. Ich hatte großes Glück gehabt und hatte, wie ich annahm, beträchtliche Gefahren überstanden. Zwei der Männer, die sich auf dieser Spur befanden, hatten mich fürstlich entlohnt, und einer von ihnen hatte, wie ich erfahren hatte, versucht, mich aus dem Wege zu räumen, doch nun, wo es ihm mißlungen war, war ich in Sicherheit. Mr. Mycroft war in dieser Angelegenheit in der Stadt unterwegs – und ich nehme an, ich mußte die Rückzahlung von Mr. Mycrofts ursprünglichem Honorar als meine Bezahlung seiner zwischenzeitlich geleisteten Dienste betrachten. Sollte Intil sich wider Erwarten nicht in der Stadt befinden, sondern in die Wüste zurückgekehrt sein, so würde mein gegenwärtiger Klient ihn dort aufspüren.

Es hatte also den Anschein, daß alle Fäden sich von selbst entwirrten. Der Lauf der Dinge hatte eine bemerkenswerte Wendung zu meinen Gunsten genommen. Ich erhob mich. »Dann müssen wir die Angelegenheit auf sich beruhen lassen, bis Sie meine Schlußfolgerung auf die Probe gestellt haben.« Ich fühlte mich vollkommen sicher und hegte keinerlei Zweifel, daß der düstere Schatten dieses Klienten nie wieder auf meine Schwelle fallen würde.

»Also gut«, meinte er geistesabwesend und schlurfte, noch immer in Gedanken vertieft, aus meinem Büro. Doch die Unterredung war zu meiner Zufriedenheit verlaufen. Ich fühlte, daß ich meine angestammte Position zurückerobert hatte und aus dieser Position heraus die Angelegenheit auf eine Weise geregelt hatte, die mir, professionell gesehen, Ehre machte und das ganze Problem zum Abschluß brachte.

Ich hatte unter Beweis gestellt, daß ich ein guter Geschäftsmann war, der mit schwierigen Klienten umzugehen wußte und sie wegschickte, wenn die Dinge drohten, eine unerfreuliche Wendung zu nehmen, allerdings nicht ohne ein sehr ansehnliches Honorar einzubehalten.

Ich betätigte den Summer, um Miss Delamere zu rufen. Ja, sie war ganz meiner Meinung. Das konnte ich sehen. Sie trennte sich sogar von ihrer Signalzigarette, so daß sie nicht aus dem Mundwinkel sprechen mußte, als sie mir die Briefe zur Unterschrift reichte und sich erkundigte, ob ich mit ein paar kleinen, unwesentlichen Änderungen, die sie in einigen Briefen vorgenommen hatte, einverstanden sei. Gewöhnlich habe ich es nicht gern, wenn man sich an meinem Stil zu schaffen macht. Der Stil ist der Mensch selbst, und wenn man Wellen und Locken an der Frisur bewundert, warum nicht auch ein paar Schnörkel im Schreibstil? Natürlich kommt es vor, daß ein Stil wie manche Frisur auch zu ›wellig‹ ist, und dann ist man – wie seinerzeit nach dem barocken Manierismus – womöglich froh über einen ›Entschnörkler‹, der alles glatt und geschniegelt zurückbürstet. Aber das ist nur *ein* Stil. Der meine zeichnet sich genau wie mein Haar durch eine unverkennbare und, wie ich glaube, mir wohl zu Gesicht stehende Naturkrause aus. Miss Delamere war eine Anhängerin des Lackleders; ihr Haar war ein dichter, glänzender Schopf. Entsprechend galt ihre Vorliebe vermutlich auch streichholzkurzen Sätzen. Was mich zu dem Schluß brachte, daß sie mein Auftreten für ›adäquat‹ hielt – dies war ihr größtes Kompliment, weil es in sich eine Untertreibung darstellte; also mußte dieses Wort, trotz seiner Länge, immer verwendet werden, natürlich zusammengezogen zu ›adquat‹ –, war die Tatsache, daß sie tatsächlich einige Parenthesen hatte durchgehen lassen, die sie an gewöhnlichen Tagen mit Sicherheit in kleine Stücke gerissen und damit aus einem stilvoll geschwungenen Satz eine Folge kleiner, holpriger Schritte gemacht hätte.

Der Tag nahm also ein glückliches Ende, und der nächste floß ebenso unbeschwert dahin. Die Stromschnellen waren, glaubte ich, umschifft, und ruhigere Wasser lagen vor uns. Selbst Mr. Mycrofts Besuch blickte ich freudig und mit der Überzeugung entgegen, daß er lediglich auf rasche und sichere Weise einen Vorfall zu Ende bringen würde, der, nebenbei bemerkt, niemals so melodramatisch gewesen sein mochte, wie er annahm. Schließlich war ich überzeugt von dem, was ich Kerson gesagt hatte: Zu jedem Geheimnis gibt es mehrere Deutungen. Ja, ich spiele tatsächlich oft mit dem Gedanken, selbst einen Detektivroman zu schreiben, der mit dem üblichen Mord beginnt, der Requisite einer Leiche mit ordentlichen Einstichen, in dem aber dann bewiesen wird, daß nicht weniger als drei verschiedene Leute die Täter waren und daß es sich noch dazu um einen Selbstmord gehandelt hat oder zumindest um eine Selbsttötung. Jawohl, ich war bester Laune; mein Herz befand sich am rechten Fleck. Weder schlug es mir bis zum Halse, noch war es mir in die Hosen gerutscht – es befand sich in meiner Brust und ging in aller Ruhe seinem Gewerbe nach. Mein Kopf war bemerkenswert klar.

Kapitel 10

So kam es, daß ich am Morgen des vierten Tages beherzt meine Anweisungen gab. »Wir gehen die Post durch«, sagte ich, »dann ist das erledigt. Wenn Mr. Mycroft kommt, schicken Sie ihn herein.« Wir hatten so gut wie alles erledigt, als die Glocke der Vorzimmertür erklang. Miss Delamere rauschte hinaus wie eine grazile Welle – keine Woge, noch viel weniger ein Brecher, nur eine sanfte Dünung –, und als sie von neuem heranschwoll, schwemmte sie, wie ein großes Stück Treibgut, Mr. Mycroft herein. Und er lief auf die Kiesel meines Strandes auf, ganz wie er leibte und lebte.

»Alles war genau so, wie ich es vorhergesehen hatte.« Ich hätte ihm diesen Eröffnungssatz vorher aufschreiben und in die Hand drücken können, als er mein Büro betrat. Doch ich ließ mich nicht aus der Fassung bringen. Nur eine einzige Reaktion gestattete ich mir, und diese war, wie ich fand, angemessen. Wußte er wirklich über alles Bescheid – oder glaubte er, der arme, liebe alte Mann, der er war, nur, daß er es wußte? Im ersteren Falle würde es sich erübrigen – so würde er die Punkte mit seinen langen Fingern aufzählen und einen aus Angst, man könnte unaufmerksam sein, fest im Blick behalten –, ihm von jenem Besuch zu erzählen, den ich zwei Tage zuvor gehabt hatte, während es, traf die zweite Möglichkeit zu, unfreundlich gewesen wäre.

»Das freut mich«, entgegnete ich und war ganz Ohr.

»Dazu haben Sie allen Grund«, war – wie hätte es anders sein können – die Entgegnung. »Wäre dem nicht so, so hätten Sie vor Gericht erscheinen müssen, um, wie Sie es mit Recht forderten, für die öffentliche Sicherheit zu sorgen.« Meine Geduld sollte offenbar schon sehr früh auf die Probe gestellt werden. Aber ich war fest entschlossen, ihn nicht zu unterbrechen und die ganze Angelegenheit durchzustehen, sie – wie beim Zahnarzt – in einer einzigen Sitzung hinter mich zu bringen.

»Ich nehme an, Ihre Vermutungen zu den Briefumschlägen haben sich bestätigt?«

»Da haben Sie doch wohl kaum Zweifel gehegt. Der Beweis, den ich Ihnen erbringen mußte, bestand aus zwei weiteren Teilen. Nun ist er komplett. Ich werde Sie nicht einen Moment länger aufhalten als unbedingt erforderlich. Ich bin sicher, Sie werden die Bedeutung der kurzen Botschaft verstehen, die zu überbringen ich gekommen bin. Ich habe das kleine Hotel ausfindig gemacht, in dem Intil wohnt. Er war sich seiner Methode so sicher – und das zu Recht –, daß er sich nicht die Mühe gemacht hat, seine Spuren zu verwischen, auch wenn er sich im Gästebuch unter einem anderen Namen eingetragen hatte. Ich war ein wenig amüsiert, daß er den Namen ›Kerson‹ gewählt hatte, der Händler, Sie werden sich erinnern – ob aus Mangel an Einfallsreichtum oder aus einem anderen Grund, kann ich nicht sagen.«

Ich merkte, wie ich bei diesen Worten innerlich zusammenzuckte, war jedoch überzeugt, daß man es mir nicht anmerkte. Überhaupt war Mr. Mycroft so sehr damit beschäftigt, sein eigenes hochgeschätztes feines Garn zu spinnen, daß mir bloß die Rolle des Zuschauers blieb, den man warten läßt, bis er am Schluß Beifall spenden darf.

»Ich brachte, nachdem es mir gelungen war, einige indirekte Erkundigungen einzuziehen, in Erfahrung, daß er bereits mit einer Erkältung zu Bett lag. Ja, es handele sich sogar um eine ›schwere Grippe‹. Er hatte einen Arzt rufen lassen. Da er sein Zimmer nicht mehr verlassen konnte, gab es keinen Grund, warum ich mich nicht in der Empfangshalle hätte aufhalten sollen. Es war nicht schwer, das Hotel in dem Augenblick zu verlassen, in dem auch der Arzt es tat, und ihm vorzuschlagen, uns das Taxi zu teilen. Wie Sie wissen, habe ich genügend medizinische Kenntnisse, um mich als Arzt auszugeben. Ich sagte, ich hätte geschäftlich mit Intil zu tun, was, wie Sie wissen, die reine Wahrheit ist; ich sagte, ob es nun Zufall sei oder nicht, eine zweite Person, die ich geschäftlich besucht hätte, hätte unter der gleichen Art von akutem Anfall gelitten. Der Arzt, ein netter, freundlicher Bursche, wie sie das ja meistens sind, sagte, der Patient gefalle ihm gar nicht. ›Ich vermute‹, sagte er, ›es handelt sich um eine jener akuten Infektionen, die offenbar um so tödlicher verlaufen, je geringer die allgemeine Ansteckungsgefahr ist. Also schlage ich nicht Alarm und lasse ihn noch nicht wegbringen. Ein

Transport könnte seine Chancen vermindern. Meiner Erfahrung nach ist es immer das beste, wenn man einen Patienten ruhigstellt. Mit Hilfe von Sulfonamid kann er es in sechsunddreißig Stunden überstanden haben.‹«

Mr. Mycroft hielt inne. »Den Rest werden Sie schon erraten haben. Es waren keine sechsunddreißig Stunden vergangen, bis die Leiden des Patienten tatsächlich zu Ende waren – und zwar endgültig. Anders ausgedrückt: Er war in die eigene Falle getappt.«

»Aber –«, wandte ich ein.

»Ja, Sie können sich ausmalen, was da vorgefallen ist. Es hat etwas Unausweichliches – das, was schon die Griechen als Ironie des Schicksals kannten. Ich halte das nicht für Zufall – und die Griechen übrigens ebensowenig. Tatsächlich scheint es mir, wie ich Ihnen bereits erläutert habe, das Grundelement überhaupt zu sein, die Justitia *per se*. Die Griechen personifizierten sie in der Gestalt der Ananke. Es liegt in der Natur der Dinge – so tief verankert, daß derjenige, der nur an der Oberfläche schwimmt« – mir schien, als ob sein Auge einen Augenblick lang kühl taxierend auf mir ruhte –, »den Boden vielleicht niemals berühren wird. Doch tauchen Sie nur tief genug hinunter, und Sie werden es finden. Wenn Sie tief genug getaucht sind, wie manche von uns das getan haben – einfach um, so gut uns das eben möglich ist, die Basis der Dinge zu erkennen –, dann wissen Sie, wenn Sie auftauchen, daß sich unter den Fluten ein ehernes Fundament verbirgt, eines, das sich erhebt, das manche niederen Pfade versperrt und das auch die mörderischsten Haie nicht umschwimmen können. Wer da einfach hineintaucht wie ein Hai, um seinen Freund, den Fisch, zu vernichten – nun, der stößt gegen jenen unsichtbaren Felsen und zerschmettert sich den Schädel. Das geschieht immer und immer wieder. Ich habe es inzwischen viel zu oft gesehen, als daß ich noch irgendeinen Zweifel hegen könnte. Es scheint, daß einem Mörder gerade durch die List, mit der er vorgeht, der Blick für die offensichtlichsten Dinge getrübt wird, und alles weist darauf hin, daß er sich letzten Endes selbst die Grube gräbt.

Intil tat nichts weiter, als daß er bei seinem letzten Schritt den großen Fehler beging, dem schon die klassischen Giftmischer, die Borgias – Vater und Sohn –, zum Opfer fielen. Sie hatten alles vorbereitet. Der Vater – der natürlich auch der Vater des Christentums ist, Papst Alexander VI., ›Stellvertreter Christi auf

Erden‹, der König jenes hübschen kleinen Ländchens, des Vatikanstaates – ist noch immer nicht zufrieden. Sein Sohn Caesar hat, was einen bei einem solchen Namen ja nicht weiter wundert, seine eigenen Ideen, wie er die Geschicke der Familie bessern könnte. Gift hat ihnen bereits gute Dienste geleistet. Doch bisher ist es Stückwerk gewesen – ein Bruder hier, ein Kardinalskollege dort. Nun ist der Tag für den großen Schlag gekommen – man lädt alle seine Hindernisse – in solchen Kreisen hat man keine Feinde – zu einem schönen Festmahl ein. Nach diesem Essen sollte eine allgemeine Kolik ausbrechen, und sämtliche Rivalen wären aus dem Weg geräumt. Alles verlief nach Plan. Die Gäste, auf die es ankam, nahmen die Einladung an und erschienen auch tatsächlich. Man unterschied sorgfältig zwischen dem Wein, der für sie bestimmt war, und demjenigen für ihre Gastgeber. Und doch ergab es sich, daß ein Fehler unterlief. Den Gästen wurde der Wein ihrer Gastgeber eingeschenkt, die Gastgeber bekamen den Wein, der für ihre Opfer bereitgestellt war, und tranken ihn auch ahnungslos.

Verstehen Sie, Intil ging es genau wie den Borgias. Er bereitete sorgfältig einen vergifteten Umschlag für Sie vor, und daneben hatte er einen normalen, nicht präparierten. Natürlich wäre nur unter dem Mikroskop der vergiftete von dem nicht präparierten zu unterscheiden gewesen. Er mußte die Gummierung, die er angefeuchtet hatte, als er sie mit der Anthraxkultur versetzte, trocknen lassen. Vielleicht ist ihm an jenem Punkt der Fehler unterlaufen – während er jene ausgefeilte kleine Notiz schrieb, die Ihre Antwort provozieren sollte. Jedenfalls nahm er einen der Umschläge und schrieb seinen eigenen Namen und die Adresse darauf. Dann nahm er den zweiten und versah ihn mit Ihrem Namen und Ihrer Adresse. Er steckte sein Briefchen und den Rückumschlag – zweifellos mit äußerster Vorsicht – in jenen Umschlag, der Ihren Namen trug, und nun, wo alles bereit war, ließ seine Anspannung nach, er leckte die Lasche an, klebte sie zu und gab den Brief zur Post.«

Kein Zweifel, so mußte es sich zugetragen haben, und nur deswegen war ich noch am Leben. Die alte Panik erfaßte mich aufs neue. Wie grauenvoll! Ich, der ich einen Augenblick zuvor noch gelassen, ja beinahe abgebrüht gewesen war, fühlte mich nun alles andere als sicher. Ich war versucht zu fragen, ob mir wirklich keine Gefahr mehr drohte. Aber ich wußte, Mr. Mycroft würde mich für eine solche natürliche Sorge um das eigene Wohl verachten, und er würde die Frage auch als Zweifel an seiner eigenen Allwissenheit auffassen – denn hatte er mir nicht feierlich verkündet, ich sei in Sicherheit? Nun, es war wohl am besten, wenn ich mich indirekt erkundigte.

»Und Intil?« fragte ich. »Ist er . . .?«

»Ja, er starb vergangene Nacht – auf die gleiche Art wie Miss Brown.«

Ob es Erleichterung war – ich weiß es nicht, ich denke schon. »Ja aber«, sagte ich, »von einem solchen Leichnam geht doch eine hohe Ansteckungsgefahr aus. Man kann ihn doch nicht einfach liegenlassen?«

»Es freut mich zu hören«, bemerkte er trocken, »daß Ihnen die Gesundheit des Volkes ebenso am Herzen liegt wie dessen Sicherheit. In keinem der beiden Fälle – und ich kann mich nicht erinnern, daß Sie sich, als Sie von der Todesursache im ersten Fall erfuhren, ähnliche Gedanken gemacht hätten –, von keinem der beiden Leichname geht eine Gefahr aus, sofern man sie mit jenen Vorsichtsmaßnahmen behandelt, die für alle durch rasche und akute Infektion verursachten Todesfälle gilt. Warum das? Nun, genau auf diesem Wissen baute Intil sein Vorgehen auf – es war ein entscheidender Bestandteil seines Plans. Sie werden sich erinnern, daß ich Ihnen sagte, er wisse genug über Milzbrand, um zu wissen, daß in Fällen, in denen keine natürlichen Abwehrkräfte vorhanden sind – und im Gegensatz zu Tieren, unter denen die Krankheit weit verbreitet ist, besitzen wir keine –, der Infizierte tot sein würde, bevor sich die Beulen, die Anthraxmale, bilden. Ich nehme an, wenn diese Beulen noch nicht entstanden sind und es keine offenen Wunden gibt, kann man sich dem Leichnam, sofern die in Leichenschauhäusern übliche Behandlung mit Desinfektionsmitteln erfolgt ist, ohne Infektionsgefahr nähern.«

»Aber seine Sachen«, beharrte ich, »seine teuflische kleine Sammlung von vergiftetem Klebstoff und all das.«

»Auch das ließ sich leicht in Ordnung bringen. Offenbar hatte er keine Verwandten, zumindest nicht in greifbarer Nähe – ein einsamer Wolf. Ich sagte dem Doktor, ich sei vermutlich der einzige, der überhaupt etwas über ihn wisse; ich hätte ihn besuchen wollen, um mich nach einer Prospektion zu erkundigen, mit der er beschäftigt gewesen sei. Da der Doktor und ich uns gut verstanden hatten, bat er mich – sofern es mir nichts ausmache –, mit auf das Zimmer zu kommen, wo sich Intils Leichnam unmittelbar nach seinem Tod befand. Ich hatte mir ein Zimmer in jenem Hotel genommen und mich die ganze Zeit über in der Eingangshalle aufgehalten. Bevor wir die Behörden verständigten, richteten wir den Leichnam her – seltsam, daß man meint, man müsse einen so hastig abgeworfenen Mantel so sorgsam zusammenlegen. Während ich ihm behilflich war – aber ja, wir achteten hinreichend darauf, daß wir uns nicht infizierten –, stieß ich mit dem Knie gegen die Jacke, die der Tote abgelegt hatte, als er sich zum letzten Mal entkleidete; er hatte sie über die Lehne eines Stuhls gehängt, den er nahe an das Bett herangezogen hatte. Etwas ziemlich Großes und Hartes steckte in der Tasche. Als der Arzt mir den Rücken zuwandte, um die Jalousien zu schließen, steckte ich diesen Gegenstand, eine schwarze Metallschachtel, in meine Manteltasche. Meine Vermutung erwies sich als richtig.

Nachdem ich mich von dem Doktor verabschiedet hatte, auf mein eigenes Zimmer gegangen war und die Tür verschlossen hatte, überzeugte ich mich von der Richtigkeit meiner Vermutung. Es war eine Schachtel, die derjenigen sehr ähnlich war, die ich vor vier Tagen mit hierher brachte. Es ist eine botanische Sammelbüchse, die – natürlich – luftdicht abschließt. Auch was ich im Inneren fand, entsprach meinen Erwartungen – ein Umschlag, nur mit dem einen Wort beschriftet: ›Fell‹. Ich hatte ausreichende Vorsichtsmaßnahmen getroffen, so daß ich mir gefahrlos vollständige Klarheit verschaffen konnte. Ich ging mit dem Umschlag ebenso vorsichtig um wie mit dem Ihren und öffnete ihn. Darin befand sich ein kleines gräuliches Stückchen Fell, an dem noch ein Hautfetzen hing. Was mir weiterhin auffiel, war, daß ein Großteil des Haars aneinanderklebte. Mr. Intil war ein gründlicher und auf seine Weise mutiger Mann. Ihm genügte es nicht, sich ein mit Milzbrand infiziertes Tier zu verschaffen. Er hatte Haut und Haar, da bin ich mir sicher, dort abgeschnitten, wo sich die Beule gebildet hatte. Er tat recht daran, sich nur einen kleinen Vorrat zu halten, denn dieser reichte vollauf. Es war genug, so daß er keinen zweiten Ausflug in die Wüste hätte unternehmen müssen. Er hatte so viel von dieser ›Kultur‹, daß er uns alle damit hätte umbringen können – hätte er nicht die Umschläge vertauscht, als er Ihnen schrieb. Ein weiterer Gegenstand befand sich in der Schachtel – ein kleines rundes Lineal. Einen Augenblick lang war ich verblüfft. Dann fiel es mir wieder ein. Es mußte sich um den kleinen Stab handeln, den Sanderson wahrscheinlich tatsächlich bei sich hatte und um den der Streifen mit der Geheimschrift gewickelt wurde, so daß sie lesbar war. Das erklärt, warum Intil den gesamten Wortlaut der Botschaft bereits kannte, als er zu Ihnen kam. Ich nehme an, er hob den Stab als eine Art Trophäe auf, zusammen mit dem zweiten ›Zaubermittel‹, den Milzbranderregern, die er aus der Wüste mitgebracht hatte. Nun, ich entzündete eine kleine Petroleumlampe und hielt den Umschlag in die Flamme, bis er zu Asche verbrannt war. Gott sei Dank können diese Pilzsporen zwar die tiefste Kälte überstehen, doch sie sind ebenso hilflos wie wir vor der reinigenden Kraft des Feuers.«

Damit war im Grunde alles gesagt und getan. Ich muß zugeben, daß ich dem Bericht des Alten, wie er die Angelegenheit zum Abschluß gebracht hatte, mit beträchtlichem Interesse und nicht ohne Bewunderung gelauscht hatte. Nun schwieg er. Offensichtlich sollte ich das letzte Wort haben. Ich dachte mir ein recht elegantes Schlußwort aus.

»Wir sind Briten, Mr. Mycroft«, sagte ich, »und Briten sind nicht überschwenglich. Wir halten davon nichts, aber wir halten sehr viel davon, unsere eigenen Wege zu gehen, nicht wahr? Also werde ich nur schlicht ›danke‹ sagen und Ihnen viel Glück bei Ihrer Suche wünschen. Leben Sie wohl.« Ich erhob mich. Er stand auf.

»Und doch«, bemerkte er mehr zu sich selbst als zu mir, »laufen wir einander immer wieder über den Weg. Übrigens, Sie hätten wohl kein Interesse daran, die wirkliche Bedeutung der Geheimbotschaft zu erfahren, mit der Sie sich beschäftigt haben?« Ich zögerte. Es war ein raffinierter Schachzug. Er fuhr fort: »Miss Brown hätte ich sie mit Sicherheit wissen lassen, denn ich verdanke die Entschlüsselung im wesentlichen der seltsam bildkräftigen Intuition ihres Unterbewußtseins. Und nun, wo sie nicht mehr unter uns weilt, scheint es mir in gewisser Weise, als sei ich Ihnen diese Erläuterung schuldig, als dem Mann, der mich auf sie aufmerksam machte – sofern Sie nach wie vor interessiert sind, die Lösung zu erfahren.«

Wenn Kerson und sein Besuch nicht gewesen wären, wäre ich wahrscheinlich wirklich so vernünftig gewesen, ›nein‹ zu sagen. Aber die Tatsache, daß ich diesen Besuch verschwiegen und den alten Mann im dunkeln gelassen hatte, verursachte mir nicht nur einige Schuldgefühle, ich war auch begierig, mehr zu erfahren über ein Rätsel, das meine fachliche Neugier geweckt hatte, und über meine ›Deutung‹, die – soviel sagte mir ein Gefühl im Hinterkopf – nicht so ganz ›das Wahre‹ war.

»Sie sind also noch immer überzeugt, daß ich mich geirrt habe!« bemerkte ich in einem Tonfall, den ich für herausfordernd hielt, der mich aber natürlich weiter ins Gespräch verwickelte.

»Wie gesagt, wenn ich dieser Meinung bin, so verdanke ich sie unserer guten Freundin Miss Brown. Als Tribut an sie möchte ich Ihnen gern diesen Beweis ihrer Fähigkeiten liefern.«

»Nun, dann erzählen Sie mir, was sie gesagt hat«, war das mindeste, was ich darauf entgegnen konnte.

»Erinnern Sie sich noch an meine Vermutung, daß der Umstand, daß Sanderson Schotte war, uns einen Anhaltspunkt liefern sollte, was für eine Art Geheimbotschaft er wohl entwerfen würde? Als Fachmann für Geheimschriften wissen Sie ja, daß Büchercodes am leichtesten zu chiffrieren und am schwierigsten zu entschlüsseln sind. Je dicker das Buch ist, desto besser, und am allerbesten geeignet ist ein dickes Buch, das vielfach in Kapitel und Verse unterteilt ist.«

So begriffsstutzig, daß ich es selbst jetzt noch nicht verstand, war ich nun auch nicht. »Die Bibel«, sagte ich.

»Richtig: ein Buch, das heute nur wenige wirklich kennen, am wenigsten die Gebildeten, doch eine Goldgrube der Rätsel und Geheimschriften für jeden, der mit ihr vertraut ist. Ich frage mich oft, warum jemand Detektivromane liest, wo doch in hundert Jahren Bibelstudium der Gelehrten wie des einfachen Volks so wunderbare detektivische Studien entstanden sind. Aber sehen Sie, selbst ich hatte meine Kenntnisse auf diesem Gebiet einrosten lassen. Nun, Sanderson verfaßt also seine verschlüsselte Botschaft nach der Bibel. Verschlüsselung ist eigentlich nicht das rechte Wort, es ist eher eine Art Gedächtnisstütze – eine verkürzte, verklausulierte Reihe von Stellenangaben, die ihm als Anhaltspunkt dienten.«

»Aber Mönche gibt es natürlich erst ein Weilchen nach der Bibel«, warf ich geistreich ein.

»Das hat mir eine Zeitlang Kopfzerbrechen bereitet«, antwortete er. »Obwohl ich die Lösung dafür hätte wissen sollen. Erinnern Sie sich, daß wir bei unserem abendlichen Besuch im Haus des alten Schotten Bücher zum Thema Archäologie sahen? Ich glaube, Goldsucher sind oft nicht in erster Linie auf das Geld aus. Was sie antreibt, ist vor allem die Abenteuerlust. In der Stadt könnten sie ihr Geld leichter verdienen. Doch sie sehnen sich danach, in den Grabungsstätten, die geschäftigere Männer als Schutthaufen zurückließen, hinter dem Schleier aus Sand und Staub den schimmernden, vergessenen Schatz zu finden. In einem jungen Land muß es sich dabei um Erz und Goldklumpen handeln. Hier muß die Suche dem gelten, was das geheimnisvolle Innere der Erde preisgibt, oder dem, was die Sterne herniederschleudern.« Er hielt inne.

»Es mögen Gaben sein, neben denen alle Schätze der Pharaonen der schiere Tand sind. In jedem Falle«, griff er seinen Faden wieder auf, »ist ein Prospektor ein Phantast, der, wo immer er sich befinden mag, auf der Suche nach einem verborgenen Wunder ist. Der eigentliche Reiz ist für ihn das Graben, seinen Spaten in den Boden zu stechen, und dort zu seinen Füßen – in diesem Augenblick – erblickt er ein Geheimnis, das ›der Erdboden verschlungen hatte‹, etwas, das seit jenem unbekannten Augenblick dort verborgen lag, als der längst vergessene Mensch, der längst vergessene Stamm, das Naturereignis hier ein Versteck anlegte und dann verschwand. Von einer Epoche über die gesamte Geschichte hinweg zur nächsten spannt sich der Boden. Er empfindet sich selbst auf einem Gipfelpunkt der Zeit, einen Augenblick lang über die Generationen erhoben. Sanderson war da keine Ausnahme. Zwei Rätsel waren es, die ihm am Herzen lagen. Sein Buchrätsel, die ›literarische‹ Quelle, kennen wir nun – die Bibel. Sein zweites Rätsel entstammt der nichtdokumentarischen Überlieferung, der Geschichte, die nicht mit der Feder geschrieben wird, sondern mit dem Spaten.«

»Ich glaube nicht, daß die Geschichte der Mönche mit dem Spaten geschrieben wurde«, unterbrach ich. So weit reichten meine Kenntnisse allemal.

Seine Antwort versetzte mich in Erstaunen. »Deshalb war ich mir auch so sicher, daß Ihre Deutung des Rätsels wenn auch geistreich, so doch falsch war. Aber denken Sie nicht, ich wäre ohne Miss Browns Hilfe auf die Lösung gekommen. Ich hatte ihren ›Geist‹ kaum nach der Passage gefragt, die mit ›Cloc‹ beginnt, als sie bereits mit ihrer Beschreibung begann. Sie sah vor ihrem inneren Auge ein undeutliches Bild, dessen Beschreibung mich auf der Stelle erkennen ließ, daß die Mönche aus dem Rennen waren.«

»Hat sie Ihnen die gleiche abstruse Beschreibung aufgetischt wie mir und«, ich zögerte, »und Intil?« Er wartete, daß ich weitersprach. »Als ich das letzte Mal bei ihr war, sagte sie im Trancezustand, sie sehe eine Art Kreis mit rundum hochstehenden Zakken.« Ich erzählte ihm nicht, wie grob der idiotische kleine ›Geist‹ geworden war. Ich glaubte, er könne dann auf die Idee kommen, daß Miss Browns Unterbewußtes mich ebensowenig für voll nahm wie er selbst. »Das Bild erschien mir wenig aufschlußreich.«

»Was hat sie sonst noch gesagt?« fragte er.

»Nur, daß außerhalb des Zackenkreises noch ein weiterer Zakken sei, der ganz allein stehe, was natürlich ebensowenig hilfreich war.«

»Nun«, sagte er geradezu freundlich, »wir können uns zumindest darauf einigen, daß es höchst bemerkenswert ist, daß das Unterbewußte des Mediums bei zwei verschiedenen Befragern zwei so identische Bilder sah. Es scheint doch, als hätte sie da tatsächlich etwas erkannt.«

»Das mag schon sein«, räumte ich ein, »aber ein Medium bleibt in der Regel bei einer Idee, die sich einmal in seinem Kopf festgesetzt hat. Und vernünftig betrachtet ergibt die Beschreibung keinen Sinn.«

»Sind Sie sich da so sicher? Zweifellos ist es kein Bild eines Mönchs oder eines Klosters, aber wie wäre es denn mit einer steinzeitlichen Ruine, einem Steinkreis?«

»Wie kommen Sie darauf?« fragte ich, denn ich hatte den Eindruck, daß er arg im Trüben fischte.

Statt zu antworten, griff er in eine der geräumigen Taschen seines großen flatternden Staubmantels aus grauem Alpaka – er hatte darin noch größere Ähnlichkeit mit einem Kranich als gewöhnlich – und zog ein kleines Buch hervor. Er schlug eine Seite auf und hielt sie mir hin. Ich erblickte eine Zeichnung von Stonehenge, der englischen Druidenstätte.

»Wie ich schon sagte«, fuhr er fort, »beschäftigte Sanderson sich mit Archäologie. Ebenso, wie ich das einmal getan habe – vielleicht würden sich alle Detektive damit beschäftigen, hätten sie die Zeit dazu. Es fällt genau in unser Gebiet, und die Zeit ist der Meister im Spurenlegen. Brachte man dieses Interesse und das Bild, das Miss Browns Geist uns malte, zusammen – nun, ich hatte den Eindruck, es würde sich auszahlen, einige Bücher über die Megalithen, die prähistorischen Steinkreise, durchzusehen. Dieses hier war das erste, eine naheliegende Wahl, denn es beschäftigt sich mit dem berühmtesten dieser Kreise. Meisterlich gemacht, ein wunderbares Stück Detektivarbeit. Es ist Cunningtons *Stonehenge.* Und sie hilft uns tatsächlich weiter – die Skizze, die Sie eben betrachten –, zumindest ein Stück.« Sein langer Finger schoß auf die Seite. »Der Kreis mit den aufrechtstehenden Zakken – die Steine vertikal im Kreis angeordnet, und außerhalb des Zirkels sehen Sie einen einzelnen stehen.«

»Eindeutig ist das nicht«, bemerkte ich. »Die Worte des Geists würden auch auf eine ganze Reihe von anderen Dingen passen; zum Beispiel – wie der Geist selbst bei meiner Séance bemerkte – auf eine Geburtstagstorte mit Kerzen darauf, und das ist sicher um einiges wahrscheinlicher bei der Phantasie eines kindlichen Geistes.«

»Ich gebe zu, darauf allein hätte ich mich nicht verlassen«, entgegnete er unerschütterlich, »obwohl bei einem Geburtstagskuchen natürlich keine einzelne Kerze daneben auf dem Tisch steht, was ja das Bemerkenswerte an diesem Zirkel ist. Nein, das war nur der eigentliche Anlaß, dieses Buch überhaupt zu lesen. Und im gedruckten Text, nicht in den Bildern, fand ich den entscheidenden Hinweis. Schließlich handelt es sich hier nicht um – wie wir uns vorhin ausdrückten – eine Sache des Spatens, nichts, was auszugraben wäre. Es ist eine Sache der Feder, ein Hinweis, der in einem Wort steckt – eigentlich eher etwas für Sie, Mr. Silchester.

Hören Sie sich das an«, sagte er und nahm das Buch wieder an sich. »Ich werde Ihnen jetzt eine der besten Wortentschlüsselungen vortragen, die mir jemals begegnet ist.« So fuhr er denn fort, den Blick auf die Seite und über den Buchrand hinweg auf mich gerichtet: »›Stonehenge: Sinn und Zweck des Bauwerks letztlich unbekannt. Einen möglichen Hinweis‹ – Sie erkennen die Umsicht des wahren Archäologen – ›gibt allerdings der Name, mit dem der Volksmund einen der aufrechtstehenden Steinblöcke – der großen Monolithen – bezeichnet, der in einigem Abstand östlich des Kreises steht. Eine lokale Überlieferung berichtet, daß, während der Teufel mit der Errichtung dieses einsamen Bauwerks beschäftigt war – alle großen Steinkreise wurden diesem vielbeschäftigten Bösewicht zugeschrieben, weil sie die Kultstätten der vorchristlichen Bevölkerung waren –, der allgegenwärtige schwatzhafte ›Kiebitz‹ des späten Mittelalters heranspazierte – ein Mönch.‹« Ich zuckte zusammen. Er resümierte weiter. »›Da das alte Klatschmaul ihn einfach nicht in Ruhe lassen wollte, griff sich der Teufel einen der großen Steine, mit denen er arbeitete, und schleuderte ihn auf die Nervensäge; dieser hatte die Flucht ergriffen, wurde jedoch an der Ferse getroffen, und der Stein steht noch heute dort, wo er niederging, gerade einen Teufelswurf weit außerhalb des Zirkels.‹«

Unsere Blicke trafen sich. »Eine absurde Geschichte«, sagte ich, »aber es ist doch seltsam, wie da die Ferse des Mönches hineinkommt, ›friar's heel‹.«

»Absurde Geschichten enthalten, wie Sie wissen, oft verborgene Hinweise. Aber was meint nun unser Detektiv der Vorgeschichte dazu? Zuerst einmal, daß die Geschichte offensichtlich fiktiv ist. Ich glaube, da können wir ihm zustimmen.« Ich nickte. »Eine Angelegenheit wird von jemandem erklärt, der im Grunde keine Ahnung hat, um was für eine Angelegenheit es sich handelt, die er da erklärt.« Ich hatte den Eindruck, daß es sich dabei um einen Seitenhieb auf mich handelte, doch abgesehen davon mußte ich zugeben, daß es zutraf. »Die Worte, die nach einer Erklärung verlangen, sind ›friar's heel‹, ›die Ferse des Mönches‹, und sie dienen zur Bezeichnung eines einzelstehenden Steins, der weder mit einer Ferse noch mit einem Mönch etwas gemein hat. Kommen wir zu Schritt zwei: Sind diese Worte wirklich das, wonach sie klingen? Die Antwort darauf liegt in einer weiteren Frage verborgen: ›Warum sollten sie das?‹ Natürlich, das ist die Lösung, sie sollten es *nicht!* Über diesen Ort, Stonehenge, wissen wir nicht viel; was wir aber wissen, ist, daß es erbaut wurde, lange bevor man Englisch sprach, in einer Zeit, zu der mit einiger Sicherheit ein keltischer Dialekt Umgangssprache in England war. Nun wird es, wie die Kinder sagen, allmählich wärmer, denn ›friar's heel‹ ist ein gar nicht so schlecht transkribierter keltischer Ausdruck, und im Keltischen hat er nichts mit dem Körperbau eines Mönchs zu tun, sondern mit einem astronomischen Phänomen.«

Mit kindlicher Freude – und ich muß sagen, ich konnte nicht anders, ich mußte an seiner Freude ein wenig Anteil nehmen – verkündete Mr. Mycroft: »*Freas Heol* bedeutet im Keltischen soviel wie ›aufgehende Sonne‹, und – was wollen Sie mehr an Beweis – *Cloc Freas Heol* heißt ›Stein der aufgehenden Sonne‹.«

»Alle Wetter«, sagte ich, »das ist gute Arbeit, außerordentlich.«

»In der Tat«, entgegnete er selbstgefällig. »Ich glaube, mit Miss Browns Hilfe und diesem kleinen Buch haben wir Sandersons Geheimnis, zum Teil zumindest, entschlüsselt.«

Ich trug meine Niederlage mit Fassung; ich war ehrlich gespannt; es bereitete mir allerdings doch ein gewisses Vergnügen, daß ich in der Lage war hinzuzufügen: »Der Gesamtlösung sind wir damit natürlich keinen Schritt näher gekommen. ›Zwanzig vor drei‹ – so hatte ich den ersten Teil des Rätsels entschlüsselt; nun kommt Ihr zweiter Teil ›Stein der aufgehenden Sonne‹ hinzu – da bleibt der Namen- und Buchstabencode nach wie vor ungelöst. Der tatsächlichen Lösung, dem wirklichen Verständnis unseres Rätsels, sind wir keinen Schritt näher gekommen.«

»Stimmt«, sagte er. »Da haben Sie recht. Aber ich werde noch eine Weile brauchen, um Ihnen den Rest darzulegen. Ich habe alle Mosaiksteine zusammen. Aber schon jetzt habe ich einen großen Teil Ihres Tags in Anspruch genommen. Im Grunde war ich ja gekommen, um mein Versprechen einzulösen – daß ich innerhalb von vier Tagen in der Lage sein würde, Ihnen zu sagen, daß Sie in Sicherheit sind. Und das sind Sie. Wenn Sie den Rest meiner Deutung hören wollen, könnte ich morgen noch einmal vorbeikommen. Jedenfalls hätten Sie nicht meinen Scheck zurückschicken sollen, denn Sie haben ihn sich verdient. Es ging – im wahrsten Sinne des Wortes – auf Leben und Tod, und das hat uns bisher davon abgehalten, uns um die ökonomische Seite zu kümmern. Doch ich hoffe noch immer, daß ich Sie, was das Honorar angeht, überreden kann, sich meiner Meinung anzuschließen. Sollten Sie dazu jedoch nicht bereit sein, machen Sie mir zumindest die Freude, daß ich diesen Fall noch einmal mit einem Mitstreiter durchgehen darf, dem ich seine Aufklärung verdanke.«

Der gerissene alte Fuchs! Ich war froh, mir die Frage des Schecks noch einmal überlegen zu können; zudem hatte er meine Neugier geweckt, und das wußte er auch. Einem Fährtensucher fällt es niemals leicht, von einer Fährte abzulassen, und hier handelte es sich um eine, die mein Denken und Fühlen in ihren Bann gezogen hatte, die mich in Lebensgefahr gebracht und eine Freundin ebenso getötet hatte wie den Mann, der mir nach dem Leben getrachtet hatte, und die – das wußte nur ich – sogar unseren Händler aus der Wüste in ihren Bann gezogen hatte. Ganz abgesehen davon, daß Mr. Mycroft angedeutet hatte, hinter der ganzen Angelegenheit ständen noch größere Schicksalsfragen und Probleme, wird man mir wohl einräumen, daß in einem solchen Falle kein Dechiffrierer das Angebot, mehr zu erfahren, hätte ablehnen können.

»Also gut«, sagte ich und versuchte dabei den Eindruck zu erwecken, als sei ich derjenige, der Mr. Mycroft einen Gefallen erwies, und nicht umgekehrt. »Es wäre mir ein Vergnügen, die Angelegenheit morgen zu klären. Für heute sollte ich erst einmal meine Arbeit zum Abschluß bringen.«

»Morgen vormittag um zehn also«, erwiderte er und ging ohne ein weiteres Wort.

Wie klug er mich eingeschätzt hatte! Mein Verlangen, meine Neugier wuchs. Miss Delamere erkannte, daß ich nicht bei der Sache war. Sie ließ sogar eine Bemerkung über ›diesen britischen Seeadler‹ fallen, aber ich ging nicht darauf ein. Ich trug ihr auf, die Akten durchzugehen und die Kartei mit den Querverweisen neu zu ordnen. Irgendwie hatte ich das Gefühl, daß wir zu nachlässig gewesen waren. Die Auflösung zu Friar's Heel ärgerte mich, wenngleich ich nicht weiß, woher ich sie hätte kennen sollen – vielleicht, weil Worträtsel eigentlich meine Stärke sind, vielleicht auch, weil ich mich so gründlich geirrt und mich zweimal mit einer offenkundig oberflächlichen und falschen Deutung exponiert hatte.

Ich war also erleichtert, wirklich erleichtert und gespannt, als am nächsten Morgen der große Zeiger meiner Armbanduhr im Zenit stand, der kleine auf der Zehn, und ich Mr. Mycroft im Vorzimmer hörte. Ich glaube, ich begrüßte den Alten ausgesprochen herzlich, und er wirkte ausgesprochen froh, mich zu sehen. Überhaupt schien er mit sich und der Welt äußerst zufrieden zu sein. Ohne eine Pause, so als wolle er einen Vortrag fortsetzen, den er eben erst unterbrochen hatte, begann er: »AP.20111318–3, das ist alles, was noch zu erklären bleibt.«

»Das ist allerdings kein Pappenstiel, würde ich vermuten«, bemerkte ich, nur um etwas zu sagen. »An die zwanzig Millionen, das ist ein ganz nettes Sümmchen, auch wenn man davon drei abzieht.«

»In der Regel können wir uns unter Zahlen etwas vorstellen, wenn wir erst einmal wissen, worauf sie sich beziehen«, entgegnete er. »Und in diesem Fall tappen wir ja nicht völlig im dunkeln.

Ja, es sind sogar zwei Lichtstrahlen, die sich hier treffen. Sanderson war, wie ich schon sagte, Schotte. Es lag also nahe anzunehmen, daß er einen Teil seines Rätsels nach jenem Buch anlegte, das er am besten kannte – der Bibel. Was hat nun Miss Brown in ihrer Trance an jener Stelle gesehen?«

Er zog sein ordentlich geführtes Notizbuch aus der Tasche und las einen Eintrag vor, der mich lebhaft an meine Sitzung bei ihr erinnerte. Er zitierte: »›So groß, und wie weit das hinaufreicht!‹ Sie macht eine Handbewegung, als wolle sie eine Treppe andeuten. ›Und alles, jedes klitzekleine Ding, steht davor.‹ Das ist zunächst alles, doch auf die Frage, ob sie noch mehr sehe, wechselt sie das Thema. Nun berichtet sie, sie sehe den Ozean, und heraus komme eine Art Chimäre.« Er hielt inne. »Ich bin nämlich der Überzeugung, daß Intil, der gut eine ebenso denggläubige Erziehung genossen haben könnte wie Sanderson, diesen Hinweis zu deuten wußte und daß er beschloß, Sie und Miss Brown umzubringen, weil er glaubte, Sie beide würden dahinterkommen. Ich sagte ja schon, daß meine Kenntnisse jenes Buches, das einst eifrig studiert und heute kaum gelesen wird, ein wenig eingerostet waren. Deshalb machte ich mich nach der Sitzung wieder damit vertraut. An die Grundzüge der Textkritik erinnerte ich mich aus meiner Studienzeit – zumindest erinnerte ich mich gut genug, um zu wissen, daß es im Grunde nur zwei wirkliche Rätselbücher in dieser klassischen Sammlung gibt.«

Er hielt wiederum inne, und diesmal zog er eine Bibel aus der Tasche. »Das eine ist natürlich das Buch Daniel, das andere die sogenannte Offenbarung, deren ursprünglicher Name ›Apokalypse‹ lautet. Sie sehen also, ›AP‹ erklärt sich von selbst. Damit hätten wir das Buch. ›Zwanzig-elf‹ müssen Kapitel und Vers sein, ›dreizehn-achtzehn‹ eine weitere Kapitel- und Versangabe. Das wollen wir uns nun einmal ansehen. Das erste ist die wohlbekannte Stelle vom großen weißen Stuhl des Jüngsten Gerichts, vor den die gesamte Schöpfung gerufen wird. Ich glaube«, fügte er nachdenklich hinzu, »ich verstehe, was er meint.« Dann fuhr er fort: »Der achtzehnte Vers ist der letzte des dreizehnten Kapitels. Mit dieser Angabe und der vorausgegangenen Beschreibung ist offensichtlich, daß Miss Browns bemerkenswerter kleiner ›Geist‹, so unzureichend auch sein Vokabular gewesen sein mag, ein verblüffendes übersinnliches

Bild der fraglichen Chimäre vor sich sah. Er sagte mir, er sehe ›ein schreckliches Untier, Teile von allen möglichen abscheulichen Tieren, alles zusammen.‹«

Ich konnte bestätigen, daß er bei meiner Sitzung allem Anschein nach vom Bild einer Bestie, das er sah, in Angst und Schrecken versetzt wurde.

»Nun«, sagte Mr. Mycroft, »hier haben wir aus der Apokalypse die Beschreibung dessen, was in jenem Buch ›das Tier‹ genannt wird: ›Und das Tier, das ich sah, war gleich einem Leopard und seine Füße wie Bärenfüße und sein Mund wie eines Löwen Mund.‹ All das steht allerdings am Anfang des Kapitels. Warum nennt also der Hinweis den letzten Vers? Jener Vers beginnt mit ›Hier ist Weisheit!‹, was für jemanden, der ein apokalyptisches Rätsel entziffert, wohl soviel bedeutet wie ›Hier ist das Schlüsselwort!‹ ›Wer Verstand hat‹, heißt es dann, ›der überlege die Zahl des Tiers ... seine Zahl ist sechshundertsechsundsechszig.‹ Ich glaube, wir brauchen uns nicht mit der Frage zu beschäftigen, um wen es sich bei dem Tier handelt oder handelte oder handeln wird. Denn ich glaube nicht, daß Sanderson, den ich für den Urheber dieses Codes halte, zu dem Zeitpunkt, zu dem er ihn erstellte, noch groß an der Deutung des Neuen Testaments interessiert war. Ebenso sicher bin ich mir, daß es ihm um einen mnemonischen Code ging, um eine Gedächtnisstütze; es gefiel ihm, diese Form dafür zu wählen und gründlich Sorge dafür zu tragen, daß sie jedem, der auf derselben Spur war wie er und dem sie in die Hände gelangte, sinnlos erschien. ›Sechshundertsechsundsechzig minus drei‹ ist also eine Maßangabe.«

Mir fiel ein, daß Miss Browns ›Geist‹ bei unserer Séance etwas darüber gesagt hatte, daß er das Tier selbst nicht mehr interessant fände und daß er einen Haufen kleiner Kringel sehe. Ich hatte ihn damals unterbrochen, aber möglicherweise wollte er uns mitteilen, daß er die Zahl sechshundertsechsundsechzig sah.

»Aber wenn das Maßangaben sind«, sagte ich, »was messen sie dann?«

»Das werden wir wissen, sobald wir den Standort des großen weißen Stuhls kennen«, antwortete er.

»Das werden wir nie im Leben herausfinden«, wagte ich zu behaupten.

»Ich glaube, da irren Sie sich«, entgegnete er. »Aber lassen Sie uns unsere verschlüsselte Botschaft noch einmal lesen, so weit wir bisher gekommen sind. Sie lautet nun: ›Um zwanzig Minuten vor drei Uhr nachmittags am Stein der aufgehenden Sonne‹ – es ist nicht zu übersehen, daß es sich hier um äußerst präzise Angaben handelt. Denn die Spitze des Schattens, den ein einzelner Felsen wirft – ein Felsen wie der *Cloc Freas Heol* in Stonehenge – wird am Boden – so wie der Gnomon einer Sonnenuhr die Stunde zeigt – einen bestimmten Punkt markieren. Es folgt der Hinweis auf den großen weißen Stuhl, und die Botschaft endet mit der Zahl sechshundertdreiundsechzig, dem Maßstab oder der allgemeinen Anleitung, wie der Ort zu finden ist.«

»Alles hängt also von dieser Angabe ab«, sagte ich, »und da scheinen wir doch vollständig und buchstäblich in der Luft zu hängen.«

»Nein«, entgegnete er. »Im Gegenteil, ich bin mir völlig sicher, daß es sich hier um den einzigen Hinweis bei der ganzen Sache handelt, bei dem wir im wahrsten Sinne des Wortes mit beiden Füßen auf dem Boden stehen.« Wiederum kramte er in seiner Tasche und brachte eine Straßenkarte des großen, noch kaum erschlossenen Staates Utah zum Vorschein. Er faltete sie auseinander und lenkte meine Aufmerksamkeit auf eine Stelle, die er rot unterstrichen hatte. Und tatsächlich konnte ich dort lesen: ›Canyon des großen weißen Stuhls‹.

»Die ersten Pioniere kannten ihre Bibel in- und auswendig«, kommentierte er, »und gaben allem, was zu benennen war, biblische Namen. Unter ihren Nachfahren hält sich dieser liebenswerte Brauch bis heute.

Damit hätten wir also unseren Ausgangspunkt. Und den werden wir auch brauchen«, fuhr er fort, »denn rund ein Drittel des Mormonenstaates ist kartographisch noch immer kaum erfaßt. Dort kann man in Canyons hinabblicken, die nach allem, was wir wissen, kein menschlicher Fuß jemals betreten hat. Die Natur verteidigt diese Einsamkeit mit drei großen Wächtern: Hunger, Durst und Hitze.«

»Und«, fügte ich noch hinzu, »mit dem besten Schutz, den man sich denken kann – daß es dort nichts gibt, wonach irgend jemand suchen könnte.«

»Grundsätzlich gesehen schon«, entgegnete er. »Doch in diesem speziellen Fall kann ich Ihnen nicht zustimmen. Natürlich könnte man irgendwo in dieser unermeßlichen Weite auf Goldvorkommen stoßen. Aber ich glaube nicht, daß es Gold war, dem

Sanderson auf der Spur war und dessentwegen Intil ihm auflauerte.«

»Sie glauben also Intils Märchen?«

Mr. Mycroft schwieg. Nach einigen Augenblicken hob er in einem anderen Tonfall wieder an. »Wir sind, wie ich Ihnen schon sagte, zusammengekommen, weil Sie mir bei einer außerordentlich bedeutsamen Suche behilflich sein konnten. Sie haben mir geholfen, Intil aufzuspüren; das führte dazu, daß wir Sandersons Leiche fanden; das wiederum führte zur Entdeckung der Geheimbotschaft. Die Todesfälle Intil und Sanderson sind schwerwiegende Angelegenheiten, selbst wenn keiner von beiden auch nur das geringste Aufsehen erregen wird, wenn wir darüber schweigen. Und das gilt sogar für den Tod der armen, lieben Miss Brown. Wenn wir wollen, können wir die Sache auf sich beruhen lassen. Sie können, wenn das Ihr Wunsch ist, den Fall für abgeschlossen erklären. Er ist auf ordentliche, wenn auch tragische Weise zu einem Ende gekommen. Beinahe wäre es auch Ihr Ende gewesen, ein Ende, das nicht die Spur eines Verdachts erregt hätte. Ich jedoch, ich kann diese Angelegenheit nicht auf sich beruhen lassen. Für mich sind diese Vorfälle, so tragisch sie auch sind, schließlich nur Teile eines weit größeren Geheimnisses, sind Teile von etwas, das eine sehr viel größere Bedeutung hat.«

Er sah, daß ich im Begriff war, etwas zu sagen, obwohl ich nicht recht weiß, was ich eigentlich sagen wollte; ich war verwirrt. In der Nacht war ich zu dem Schluß gekommen, daß ich auf jeden Fall ein Anrecht auf den ersten Scheck hatte, aber nachdem ich mich einmal entschlossen hatte, ihn wieder anzunehmen, konnte ich nicht anders, ich fühlte mich dem alten Burschen irgendwie verpflichtet!

Während ich noch damit beschäftigt war, meine Gedanken zu ordnen, kam er mir zuvor: »Ich wiederhole also mein Angebot. Ich bin zu alt, um allein zu arbeiten. Das wissen Sie. Liegt Ihnen daran, diesen Fall ein für allemal zu lösen? Wie ich schon sagte, bin ich überzeugt, daß meine Klienten mich nicht auf diese Spur angesetzt hätten, hätten sie nicht – für mich kann es da keinen Zweifel geben – den eindeutigen Beweis gehabt, daß das, was es zu finden gilt, jeden Preis wert ist, um es zu entdecken. Einstweilen werden Sie natürlich jenen ersten Scheck, den einzulösen Sie einige großherzige Skrupel hatten, erst einmal akzeptieren.«

Ich weiß, es klingt vielleicht absurd – aber was mich schließlich veranlaßte, diesen Vorschlag, den ich bereits endgültig verworfen hatte, erneut in Betracht zu ziehen, war nicht die Tatsache, daß Intil nicht mehr am Leben war und damit die Gefahr nicht mehr bestand, auf einen äußerst unangenehmen Gegenspieler zu treffen, sondern, so seltsam es scheinen mag, der Umstand, daß ich ein Geheimnis vor Mr. Mycroft bewahrte. Ich glaube, er ging mir einzig und allein deswegen so auf die Nerven, weil er immer recht behielt. Ich war es leid, daß man Aristides den Gerechten nannte und daß er sich selbst bisweilen diesen Namen gab. In seiner Gegenwart blieb mir nur die Rolle des kleinen Neffen, der von nichts eine Ahnung hat, während er den guten alten Onkel Schlauberger spielte, der immer alles weiß. Ich glaube, ich habe ihn wirklich bewundert und beneidet. Das muß es wohl gewesen sein, und der Gedanke, daß ich etwas wußte, was ihm unbekannt war – nämlich, daß wir einen weiteren Rivalen hatten, daß außer uns noch jemand unsere Fährte verfolgte, vielleicht uns schon voraus war. Das war es, was in mir den zweifellos unvernünftigen, jedoch um so stärkeren Wunsch weckte zu sehen, wie sich die Dinge entwikkeln würden, dabeizusein, wenn Mr. Mycroft Verdacht schöpfte, seine Überraschung zu sehen und während alldem nur dieses eine Mal der Klügere von uns beiden zu sein. Unbemerkt wollte ich mit ansehen können, wie der Detektiv zu seiner Überraschung bemerken mußte, daß er einen bedeutenden Faktor übersehen, ja dessen Existenz nicht einmal vermutet hatte.

»Also gut«, sagte ich nach einer Denkpause, deren Bedeutung – so dachte ich voller Genugtuung – ihm verborgen bleiben mußte. »Also gut, ich werde ein weiteres Mal mitkommen, vorausgesetzt, Sie können mir glaubhaft versichern, daß wir eine präzise Landkarte haben, nach der wir uns orientieren können.«

Anstatt zu antworten, stöberte er wieder in einer seiner Taschen und zog eine zweite Karte hervor. »Diese hier«, sagte er, »ist die beste, die man von der Wüstengegend rund um den Canyon, in dem sich die gewaltige Felsformation befindet, die man den großen weißen Stuhl nennt, bekommen kann. Hier sehen Sie den Hauptpfad. Schauen Sie, in dieser Richtung können wir in eine gänzlich unerforschte Wüste vordringen, in die sich selbst die unerschrockensten Touristen niemals verirren. Ich bin sicher, ich kann eine Fährte aufnehmen, wenn ich Zeit genug habe, mich von jenem ›Startpunkt‹ aus umzusehen, denn ich bin überzeugt, daß Sanderson für sich selbst einige Zeichen hinterlassen hat, um den Weg zurück zu markieren. Ich nehme an, daß er den Ort schon eine ganze Weile lang nicht mehr besucht hatte; wir wissen jedenfalls, daß er sich aus irgendeinem Grund – vielleicht aus dem guten Grund, Intil in die Irre zu leiten – weit ab von seinem wirklichen Weg befand, als er ermordet wurde.«

Ich konnte der Versuchung nicht widerstehen, ihn zu fragen: »Wollen Sie nicht Kerson, den Händler, bitten mitzukommen? Er wäre womöglich ein besserer Fährtensucher.«

»Nein«, lautete die Antwort. »Ich glaube, wir werden niemanden außer uns beiden brauchen, und ich habe das Gefühl, daß man dieses Geheimnis besser nicht mit jemandem teilen sollte.« Lag hier etwa der Grund, warum er mich dabei haben wollte – damit er mich im Auge behalten konnte? »Ich habe bereits andere Vorkehrungen getroffen und dafür gesorgt, daß das Gepäck, das wir bei ihm zurückgelassen haben, an Ort und Stelle gebracht wird. Das Gepäck werden wir brauchen, doch der Mann selbst könnte uns leicht im Wege sein.«

›Allerdings‹, dachte ich bei mir, ›das könnte er leicht, es würde mich jedenfalls nicht wundern!‹

Kapitel 11

Und so kam es, daß ich drei Tage später – das Büro in Miss Delameres nagelgelackten und doch geschickten Händen lassend – von neuem mit Mycroft meine mäandrische Bahn zog. Er und ich, wir wirkten wie ganz gewöhnliche Touristen. Und wir spielten diese Rolle auch, als wir, im Canyon angelangt, den ungeheuren Felsen, jenen ›Stuhl‹, bestaunten, der zum Ausgangspunkt unserer eigentlichen Erkundung werden sollte. Einer der lokalen Honoratioren diente uns als Dragoman. Wir waren alle drei zu Pferde, die, wie ich zu meiner Erleichterung sagen kann, so klug waren, Wildheit und Feuer gegen Standvermögen und Sanftmut eingetauscht zu haben.

Mr. Mycroft hatte unseren Führer wissen lassen, daß wir uns ein wenig abseits der Pfade bewegen, eine regelrechte kleine Expedition unternehmen wollten – einfach, um ein echtes Gefühl für die Wüste zu entwickeln, nachdem wir die üblichen, vielfach fotografierten Sehenswürdigkeiten gesehen hatten. »Wie ich sehe«, sagte er, »liegt in dieser Richtung ausgesprochenes Ödland vor uns.«

»Da draußen gibt es nicht das Geringste zu fotografieren«, wandte der Führer ein. »Es geht einfach immer so weiter. Alles sieht so gleich aus, daß man kaum merkt, daß man sich von der Stelle bewegt – bis man dann zurück will und den Weg nicht mehr findet. Da ist nichts als lautlose Hölle – selbst wenn man Wasser bekommen könnte, würde man verrückt da draußen. Nichts Großartiges oder Schönes dran. Es ist einfach nur so nahe am Nichts, wie es auf der Erde überhaupt sein kann. Eine Welt aus Geröll.« Aus seinen Worten klang aufrichtige Abneigung gegen diesen Ort, gegen die wahre Wildnis – sie war etwas anderes als der schmale Streifen der dramatischen Steilabhänge, die man in den Nationalparks findet. Und ich muß sagen, ich teilte seine Abneigung. Die absolute Wüste ist nichts als eine sich nach jeder Richtung hin bis zum Irrsinn erstreckende Unordnung.

Seine nächste Bemerkung ließ mich jedoch die bereits arg angesengten Ohren spitzen: »Aber ihr Touristen wollt solche Sachen ja immer nur deswegen sehen, weil Ihr hofft, daß es noch nie einer vor euch gesehen hat. Mein Vater kann sich noch an die Zeit erinnern, wo nicht mal einer herkam, um sich den alten weißen Stuhl anzusehen, höchstens, wenn er zufällig dran vorbeiritt. Damals war ein Kornfeld, je ebener, desto besser, allemal ein schönerer Anblick als ein Canyon, auch wenn er noch so großartig war. Die Indianer nennen das alles hier immer noch ›böses Land‹, und das ist es ja auch, wenn es einem gehört und man sich's nicht bloß ansieht und nicht da leben muß. Aber wie gesagt, jedes Jahr kommen mehr Leute wie Sie und dringen immer tiefer vor in diese Einöde am Ende der Welt. Erst letzte Woche war ein Mann hier oben, der ist den Canyon hinaufgestiegen, und soviel ich weiß, ist er immer noch da. Nichts zu sehen da oben, aber er muß ja selber wissen, was er will oder was er für komische Vorstellungen von Urlaub hat.«

Ich ritt direkt hinter Mr. Mycroft, aber er schenkte, soweit ich erkennen konnte, diesen Worten keine besondere Beachtung. Mit seinem breitkrempigen Hut, der dunklen Brille und dem langen Staubmantel glich er so sehr den verblaßten Fotografien meiner Großonkel – aufgenommen in Ägypten, mit dem Tal der Könige eher unscharf im Hintergrund –, daß ich einen weiteren Anfall von Nepotophrenie erlitt, oder wie auch immer moderne Psychologen den Respekt nennen, der die höflichste, aber keineswegs schwächste Form der Abneigung ist. Und kurz darauf, als wir ein Stück in eine Öde vorgedrungen waren, die in ihrer Gestaltlosigkeit weniger von irgendeinem Plan erkennen ließ als alles, was ich je zuvor gesehen hatte, zog Mr. Mycroft die Zügel an.

»Die Geologie ist hochinteressant«, bemerkte er, »doch wenn man wirklich etwas davon haben will, muß man es zu Fuß tun; ich glaube, wir reiten jetzt zurück und kommen morgen noch einmal her, um es uns genauer anzusehen.«

Tags darauf ließ er sich nur von mir begleiten. Die erste Hälfte des Vormittages hatten wir uns zu Pferde den eigentlichen Pfad zeigen lassen. In unsere Unterkunft zurückgekehrt, meinte Mr. Mycroft: »Heute nachmittag werden wir einige geologische Studien treiben. Dieses Bündel nehmen wir mit, denn darin befindet sich unsere Ausrüstung, um Proben zu nehmen.« Dann wandte er sich an unseren Führer mit den Worten: »Wenn Sie bitte mitkommen wollen, bis wir den Punkt erreichen, an dem wir gestern waren; von dort aus werden wir zu Fuß weitergehen und Sie am Abend wiedertreffen. Bringen Sie bitte die Pferde mit.«

Wir gingen, nachdem der Führer uns verlassen hatte, nicht weit. Vielleicht war das das Unheimlichste an dieser sonderbaren Gegend – sie war einfach ohne Maßstab. Die Luft war so klar, daß es nicht die geringsten atmosphärischen Erscheinungen gab, die einem ein Gefühl für Entfernungen hätten vermitteln können. Ein Stein von fünfzehn Zentimetern und ein Felsbrokken von fünfzig Metern Höhe unterscheiden sich wirklich in nichts, wenn man nicht weiß, wie weit man von ihnen entfernt ist. Hier gab es nichts als Felsbrocken, in allen Größen, von zentimetergroßen Kieseln bis hin zu tausend Meter hohen Bruchstücken zerschmetterter Berge. Sonst gab es nichts, nicht einen Strauch. Mein Gott, was für eine Einöde! So vollständig, so gänzlich ohne Abwechslung – man mußte nur rundherum um einen einzigen Felsen gehen, und schon wußte man nicht mehr, wo man war –, man hatte die Welt, wie man sie kannte, vollkommen hinter sich gelassen; man hatte so wenig Orientierungssinn wie jemand, der, von Gott und der Welt verlassen, durch die Eiswüste der Antarktis irrt.

Nachdem wir den Pfad verlassen hatten, waren wir so allein, als befänden wir uns in den eintönigen, felsübersäten Wüsten des Mondes. Ich schleppte ein Bündel, das Mycroft mir zu tragen gegeben hatte, und überließ es ihm, die Richtung zu bestimmen, falls es so etwas überhaupt gab. Er ging langsam, blieb von Zeit zu Zeit stehen, wie ein Hund, der versucht, eine Witterung aufzunehmen. Schließlich schien er eine Richtung gefunden zu haben, oder er hatte zumindest eine bestimmte Ahnung, und wir trotteten und stolperten etwa drei- oder vierhundert Meter weit durch das unwegsame Gelände. Je weiter wir vordrangen, desto mehr beschleunigte er seine Schritte, und ich fiel zurück. Ich gebe zu, mir wurde die Sache langweilig, und ich fühlte mich müde und überhitzt und stapfte voran, ohne auf den Weg zu achten – wozu auch? – oder überhaupt auf irgend etwas Spezielles, denn die Aussicht war nicht vielversprechend. Folglich war ich überrascht, als Mr. Mycroft plötzlich an mir vorbei zu dem Pfad zurückeilte und dabei offensichtlich leise vor sich hinzählte. Ich kletterte auf einen Felsblock und beobachtete ihn von diesem leicht erhöhten Standort aus. Ich konnte auf die Stelle zurücksehen, an der wir den

Pfad verlassen hatten. Sobald er sie erreichte, kehrte er um und stand wenige Minuten später wieder neben mir.

»Es war nur eine Vermutung«, sagte er, »aber bisher hat sie sich bestätigt, und ich glaube, wir haben die eine schwierige Hürde genommen und die Lücke überbrückt. Die Verbindung zwischen dem großen weißen Stuhl und der zweiten bezeichneten Gegend – dem, was wir den Bereich der Mönchsferse nennen können. Wir wußten, daß es sich um sechshundertdreiundsechzig Einheiten handelt, aber nichts weiter – als Wegbeschreibung genügt es nicht, doch als Gedächtnisstütze allemal, und mehr brauchte der alte S. ja für sich selbst nicht. Zweifellos ein Fall für die deduktive Methode.« Er zwinkerte mir zu, doch ich war nicht in der Stimmung zurückzuzwinkern und stand dumpf da wie ein Maultier, das Sattel und Zaumzeug erwartet. »Der weiße Stuhl ist unser Ausgangspunkt; unser Ziel muß im einsamsten, unzugänglichsten Teil der Gegend zu finden sein, denn sonst wären schon andere durch Zufall auf Sandersons Geheimnis gestoßen. Dies ist also der Bereich, in dem wir suchen müssen. Weiterhin können wir davon ausgehen, daß Sanderson mit Sicherheit den Pfad benutzte, so lange das möglich war.

Er würde ihn also an jenem Punkt verlassen, an dem sich dieser von dem besonders öden Bereich wieder abwandte. An diesem Punkt sind auch wir abgebogen. Nach etwa fünfhundert Metern sah ich mich nach einem Anhaltspunkt um. Und ich fand ihn tatsächlich. Dann maß ich die Strecke noch einmal mit Schritten ab, um mich zu vergewissern. Es sind sechshundertdreiundsechzig Meter. Kommen Sie hier herüber.«

Ich folgte ihm mit neu erwachtem Interesse. Kein Zweifel, neben einem Felsblock, und zwar auf der Seite, von der wir uns genähert hatten, war ein kleiner Steinhaufen aufgeschüttet, den ein flüchtiger Betrachter für eine zufällige Ansammlung verwitterter Bruchstücke des Muttergesteins hätte halten können. Ja, noch als wir schon nahe herangekommen waren, war ich mir nicht sicher, ob es nicht genau das und nichts weiter war. Der oberste Stein war glatt und weiß.

Mr. Mycroft hob ihn auf. Die Unterseite war nicht so glatt; sie trug ein paar Kratzer.

»Hier ist der Beweis«, sagte er und zeigte auf die rissige Oberfläche.

»Das sind bloß Verwitterungsspuren«, wandte ich ein.

»Nein«, widersprach er mir. »Es handelt sich nämlich um griechische Großbuchstaben – die ja ohnehin immer etwas krakelig aussehen und hier noch dazu eilig eingeritzt sind. Doch dem Suchenden zeigen sie, daß er auf der rechten Spur ist. Denn die griechischen Buchstaben – das war bei den Griechen nicht anders als bei den Römern – können auch Zahlen benennen; diese drei Buchstaben lassen sich lesen als sechshundertsechsundsechzig.«

»Wenn dem so ist, was ist dann mit dem ›minus 3‹?« fragte ich, denn das schien mir doch der Aufklärung zu bedürfen.

»Wohl deshalb, denke ich mir, weil unsere schottischen Freunde die Gelehrsamkeit lieben – daher die griechischen Buchstaben – und weil sie selbst bei ihren persönlichen Aufzeichnungen gewissenhaft sind. Ich habe die direkte Entfernung mit Schritten abgemessen, und ich glaube, es fehlen vom Pfad bis hierher gerade drei Schritte bis zu den sechshundertsechsundsechzig. Ich nehme an, dieser große Felsbrocken stand im Weg, so daß unser Freund seine Steinpyramide nicht am exakten Zielpunkt errichten konnte.«

»Aber wie«, fragte ich, »konnten Sie zwischen den Steinen den Weg zu so einer kleinen versteckten Markierung finden?«

Ich fragte, denn obwohl er sich natürlich jeweils im rechten Winkel vom Pfad wegbewegt hatte, schien das sein einziger Anhaltspunkt gewesen zu sein, und die Tatsache, daß er die Spur gefunden hatte, hatte etwas geradezu Unheimliches.

»Ich muß sagen«, gab er zu, »ich hatte unsere Chancen nicht allzu hoch eingeschätzt, und ich habe mich von etwas leiten lassen, was vielleicht Einbildung ist, was mich aber, sofern es das nicht ist, verblüfft und verwundert. Ich glaube, ich könnte es Ihnen nicht einmal zeigen. Versuchen Sie es, und schauen Sie einmal hierher«, sagte er und wies auf den Weg, den er gekommen war. »Sehen Sie dort die Andeutung eines Pfades?«

»Nicht die Spur«, antwortete ich.

»Nun«, räumte er ein, »ich mag einem Trugbild gefolgt sein, aber ich hatte das sichere Gefühl, daß es hier eine sehr schwache Spur gab. Wie dem auch sein mag, sie hat uns zu einem eindeutigen Indiz geführt.«

»Aber wie geht es nun weiter?« fragte ich. Statt zu antworten, legte er den weißen Stein wieder genau an die Stelle, die er zuvor auf der Spitze der kleinen Steinpyramide eingenommen hatte.

»Sehen Sie«, forderte er mich auf. Der Stein hatte von Natur aus etwa die Form einer alten Steinaxt, wie man sie in Museen sieht. »Ich gehe nun«, sagte er, »noch einmal sechshundertsechsundsechzig Meter in die Richtung, in die der Stein deutet.«

Wir stapften weiter, zählten dabei und sahen uns prüfend um, denn mittlerweile war ich fast ebenso gespannt wie er. Als wir in unserer Zählung die sechshundertfünfzig erreichten, kamen wir in etwas offeneres Gelände; die Felsblöcke wurden allmählich kleiner. Es ging nur langsam voran, denn wir mußten einige massive Brocken umgehen, uns dann vergewissern, daß wir die Richtung beibehalten hatten, und den Umweg in unserer Rechnung mit einkalkulieren. Doch plötzlich rief Mr. Mycroft, als er ein paar Schritte weiter vorgegangen war: »Hier, sehen Sie, hier konnte er noch einmal seinen ganzen Code verwenden.«

»Wo denn?« fragte ich.

»Da es im offenen Gelände ist und zu leicht zu erkennen wäre«, erklärte er, »finden wir am Ende dieser Etappe keine Steinpyramide, sondern nur einen weiteren weißen Quarzitkiesel. Er ist nicht so ungewöhnlich, daß er einem oberflächlichen Betrachter auffallen würde, aber doch für ihn selbst eindeutig genug, um ihn wiederzuerkennen. Sehen Sie« – er hob einen weiteren weißen Stein auf, etwa in der Art eines länglichen Eis, drehte ihn um und reichte ihn mir. »Wiederum hat er seine Geheimzahl vermerkt. Vielleicht wollte er imstande sein, jemand anderen hierhin zu schicken, falls er selbst nicht kommen könnte und jemanden fände, dem er vertrauen könnte.«

Kein Zweifel, da waren wieder die drei griechischen Buchstaben, flüchtig hingekritzelt, so daß man sie für eine zufällige Maserung des Steins hätte halten können.

Er legte ihn dahin zurück, wo er ihn gefunden hatte, orientierte sich daran, und dann marschierten wir wieder los.

»Hören Sie«, rief ich ihm zu, »wie lange soll das noch so weitergehen?«

»Das weiß ich nicht«, antwortete er mir über die Schulter hinweg, während er gemächlich voranschritt und sich einen Weg zwischen den Felsen suchte, die wieder fast haushoch aufragten. Er zählte leise vor sich hin und sah sich prüfend um, als ich ihn einholte. Allmählich wurde mir die Sache zuviel. Ich überschlug, daß wir, wenn wir den nächsten Markierungsstein erreichten und fanden – falls uns das jemals gelingen sollte –, fast zwei Kilometer weit durch dieses anstrengende Gelände marschiert waren. Kurz bevor wir die sechshundert erreichten, soweit ich mich auf meine eigene Zählung verlassen konnte, verschwand Mr. Mycroft hinter einigen Felsen, die noch höher waren als alle, die wir bislang gesehen hatten. Wir näherten uns, so schloß ich, dem Grat, wo einige aufgefaltete Gesteinsschichten einst einen Kamm gebildet hatten, der jetzt in eine Art grobe Zyklopenmauer aufgespalten und zerschmettert war. Als ich um den Fuß eines dieser Steine herumtrottete, stieß ich beinahe mit Mr. Mycroft zusammen.

»Ich habe mich geirrt«, sagte er. »Bei unserem gälischen Helden, möge er in Frieden ruhen, ist die Phantasie mit mir durchgegangen. Er litt gar nicht an der schottischen Gewissenhaftigkeit.«

»Wovon reden Sie?« fragte ich, während ich den Boden nach einem weiteren weißen Stein absuchte.

»Ich meine, als er ›Strich-drei‹ schrieb, da meinte er nicht ›minus drei‹, nur weil das erste Stück nicht genau sechshundertsechsundsechzig Meter maß. Er meinte drei mal sechshundertsechsundsechzig Meter und dann –«

»Ich sehe allerdings keinen weißen Stein, der uns bestätigen würde, daß wir das Ende der dritten Etappe erreicht haben«, wandte ich ein, noch immer sorgfältig den Boden absuchend.

»Den brauchen wir nicht«, entgegnete er. »So, wie der große Architekt Sir Christopher Wren bei seinem Meisterwerk, der St.-Pauls-Kathedrale, kein Monument brauchte, weil das ganze Bauwerk monumental ist. *›Si monumentum requiris, circumspice.‹* Schauen Sie hinauf. Wenn Sie einen Anhaltspunkt von monumentalen Dimensionen wollen, dann schauen Sie nur.«

Ich sah mich um, und ich muß gestehen, er hatte recht. Ich war überrascht. Als wir den letzten gewaltigen Felsblock umrundet hatten, waren wir in einen riesigen Kreis solcher Steine gelangt, Steine, die, in Millionen Jahren vom Wetter geformt, in einer Art Ring standen.

»Hier«, sagte er, »ist der Kreis mit den großen Zacken. Wieviel Uhr ist es?«

»Fünf vor halb vier«, sagte ich mit einem Blick auf meine Armbanduhr.

»Dann also morgen«, sagte er. »Heute ist es schon ein wenig zu spät, um noch weiterzumachen. Aber morgen werden wir uns Gewißheit verschaffen. Ja, hier können wir, wie der Pilger im *Pilgrim's Progress,* unser Bündel ablegen. Niemand wird es anrühren, da möchte ich wetten. Morgen werden wir in der Frühe aufbrechen und hier sein, wenn der Turm uns den Weg weist.«

Wir stapften zurück und hatten den Pfad bald wiedergefunden. Der Führer hielt, wie verabredet, an jener Wegbiegung, an der wir ihn verlassen hatten, die Pferde für uns bereit. »Glück gehabt mit Ihren geologischen Studien?« erkundigte er sich.

»Ja«, antwortete Mr. Mycroft. »Einige der Formationen sind auf ihre Weise hochinteressant, zumindest für den Experten, nicht wahr, Mr. Silchester?«

»Für den Experten mit Sicherheit, mit Sicherheit«, pflichtete ich ihm bei.

Am nächsten Morgen war ich fast so früh wach wie Mr. Mycroft, und wir saßen in der kleinen Hütte, die uns als Unterkunft diente, noch beim Frühstück, als wir draußen die Pferde hörten. Nachdem wir schweigend bis zur Wegbiegung getrottet waren, stiegen wir ab, und Mr. Mycroft sagte: »Es ist wohl das beste, wenn Sie die Pferde bei Sonnenuntergang wieder hier für uns bereithalten. Wir wollen vielleicht an ein oder zwei Stellen einige Gesteinsproben nehmen und werden den ganzen Tag über damit beschäftigt sein.«

Wir machten uns langsam auf den Weg; Mr. Mycroft betrachtete hin und wieder einen Stein und blieb sogar stehen, um einen oder zwei aufzuheben, bis die Pferdehufe außer Hörweite waren. Dann beschleunigten wir unseren Schritt.

Wir hatten keine Mühe, unsere beiden weißen Markierungssteine wiederzufinden, und auch wenn der Marsch anstrengend war, traten wir doch nach etwa einer halben Stunde zwischen den großen Steinen hindurch in den riesigen Kreis. Das Bündel lag noch genauso da, wie ich es am Nachmittag zuvor hingeworfen hatte.

»Wir haben viel Zeit«, sagte Mr. Mycroft und ließ sich nieder, »kümmern wir uns erst einmal um unsere Vorräte.«

Unsere Eßwaren befanden sich in seinen geräumigen Taschen, die beiden Flaschen mit kaltem Kaffee trug ich an einem Riemen über der Schulter. Wir stellten all das in den ›Schatten eines großen Felsen‹ an diesem wahrhaft ›dürren Ort‹. Dann zog er das Bündel, das ich am Vortag getragen hatte, zu sich hin und öffnete es. Heraus kam das, was mich schon bei unserem ersten Wüstenausflug so sehr in Erstaunen versetzt hatte – die riesigen schwarzen Gummihandschuhe.

»An einem solchen Ort dürfte man wohl kaum Verwendung für Winterbekleidung haben«, bemerkte ich spöttisch.

»Oh, im Winter kann es hier ziemlich kalt werden«, erwiderte er ungerührt. Nun, ich würde ihm sein Geheimnis noch ein Weilchen lassen, wenn ihm danach zumute war – schließlich waren wir ja so gut wie am Ziel. »Und nun«, sagte er, »wollen wir uns orientieren, damit wir auch zur rechten Zeit am rechten Ort sind.« Es erwies sich als eine weise Vorsichtsmaßnahme; ich hatte mich getäuscht, als ich glaubte, wir seien bereits an Ort und Stelle.

»Irgendwo muß es einen Felsen geben«, sagte er, »der zu diesem natürlichen Steinkreis in einer ähnlichen Position steht wie der *Friar's Heel* zum Zirkel von Stonehenge.«

»Wenn, dann muß er im Osten liegen«, sagte ich.

Wir überquerten den Platz und gingen in östliche Richtung zwischen den gewaltigen, grob von der Natur geformten Säulen hindurch, die die Fläche umschlossen. Als wir aus dem abgegrenzten Feld hinaustraten, sahen wir ein Geröllfeld, das sich weithin erstreckte, doch im Osten fand sich tatsächlich eine herausragende Erhebung, beinahe ein Tafelberg, ein gigantischer Felsblock, dessen Seiten senkrecht und glatt wie eine Wand aussahen. Mr. Mycroft zog seine Uhr und einen Kompaß zu Rate.

»Um zwanzig Minuten vor drei«, bemerkte er. Doch ein Gedanke schoß mir durch den Kopf. Wie hatten wir so dumm sein können, das zu übersehen!

»Es hat gar keinen Sinn, daß wir hierher gekommen sind«, sagte ich, »egal, ob es nun etwas zu finden gibt oder nicht. Wir werden es niemals finden in dieser Einöde, denn wir kennen den *Tag* nicht.«

»Sie meinen also«, entgegnete er, »ich hätte die Tatsache übersehen, daß Sanderson uns zwar Ort und Stunde, aber nicht Monat und Tag angibt? Nein«, fuhr er unbeschwert fort, »das war mir sehr wohl aufgefallen, und die Lösung lag auf der Hand. Sanderson benutzte Stonehenge als seinen Schlüssel. Und was ist die Hauptfunktion, ja, die *raison d'être* von Stonehenge? Wie alle megalithischen Steinkreistempel diente es dem Sonnenkult, und die Funktion des *Friar's Heel,* der uns wegen seines volkstümlich verballhornten Namens einigen Kummer bereitet hat, ist hier im wahrsten Sinne des Wortes sonnenklar. Er markiert einen Tag des Jahres, und nur diesen Tag – den Sonnenaufgang am Mitsommertag; das Menschenopfer wurde dargebracht, wenn die aufgehende Sonne die Spitze des *Freas Heol* seinen schicksalhaften Schatten auf das Opfer am Altar werfen ließ. Worum auch immer es sich bei Sandersons Geheimnis handeln mag – der Schatten dieses Felsens zeigt darauf um zwanzig vor drei Uhr nachmittags am Tag der Sommersonnenwende, dem 21. Juni.«

»Aber heute ist nicht der 21. Juni.«

»Das bereitet uns keine Schwierigkeiten. Eine einfache Rechnung, und wir wissen, wohin der Schatten zur selben Zeit heute fallen würde. Der Schatten zeigt ja nicht in eine andere Himmelsrichtung. Schlimmstenfalls wird, da die Sommersonnenwende schon einige Monate zurückliegt und die Sonne deshalb tiefer steht, der Schatten über den Punkt hinausreichen, den er uns zeigen soll.«

Im folgenden waren verstärkte Anstrengungen erforderlich, wie die Journalisten es auszudrücken pflegen, oder, in meinen eigenen Worten – es mußte eine ausgedehnte Kletterpartie in großer Hitze unternommen werden. Der ganze Maßstab des Ortes war weit gewaltiger als derjenige jener Gegend, die wir hinter uns gelassen hatten, also der anderen Seite des zerbrochenen Felskamms, aus dem der Kreis entstanden war. Hier entpuppten sich Felsen, die beim ersten Hinsehen wirkten, als könne man sich darauf setzen, wenn man sich ihnen nach einem viertelstündigen Fußmarsch näherte, als hohe Plattformen, auf denen man leicht ein Haus hätte bauen können. Nachdem wir uns die Umgebung einige Zeit genauer angesehen hatten, wobei wir immer wieder zum *Friar's Heel* zurückblickten und in eine Linie mit ihm zu kommen versuchten, meinte Mr. Mycroft schließlich: »Wir nehmen ein frühes Mittagessen; dazu reicht die Zeit gerade noch«, und wir kehrten zu unserem Lager im Schatten des großen Steinkreises zurück.

Als wir unseren früheren ›Außenposten‹ wieder erreicht hatten, ließ die Sonne den einzelstehenden Tafelberg bereits einen ersten Schattenzeiger weit hinaus nach Nordosten über ödes Geröll werfen. Wir machten uns auf den Weg, doch die große Schattenbahn schien sich stets schneller zu bewegen als wir. Schließlich waren wir jedoch wieder auf Höhe des Monolithen angelangt, und indem wir auf ihn zuhielten, traten wir in seinen Schatten.

»Nun kommen wir doch noch zu spät«, sagte Mr. Mycroft und trieb mich zu größerer Eile an, als mir lieb war, denn zu viel Bewegung nach den Mahlzeiten ist mir noch niemals gut bekommen. »Ich habe mich von der Weite dieser Landschaft täuschen lassen. Doch auch wenn wir um zwei Uhr vierzig nicht ganz an der rechten Stelle sind, werden wir doch unser Ziel erreichen, wenn wir zu jenem Zeitpunkt die Richtung des Schattens bestimmen und uns einen auffälligen Felsen merken, auf den er weist, so daß wir die Richtung halten können.« Also keuchten wir weiter, bis Mr. Mycroft endlich rief: »Es ist soweit; jetzt müssen wir uns die Richtung merken. Von nun an wird uns der Schatten nur in die Irre führen.«

Wir blickten nach vorn, doch soweit mein Auge reichte, gab es keinen auffälligen Stein, der uns als Anhaltspunkt hätte dienen können; auch auf dieser Seite verlief sich die Wildnis ebenso wie jenseits des Steinkreises im Chaos. Sie war so gestaltlos wie ein zugefrorenes Meer mit Eisschollen. Doch Mr. Mycroft preschte weiter voran. Ich war, ehrlich gesagt, ziemlich außer Atem, und ich war froh, wenn auch nicht stolz, daß Mr. Mycroft das Bündel trug.

Es lag wohl an meiner zunehmenden Erschöpfung, daß ich nach einem schier endlos scheinenden, stolpernden Fußmarsch nicht sagen konnte, wann mir zum ersten Mal auffiel, daß wir leichter vorankamen. Ich war jedoch sehr erleichtert, als ich bemerkte, daß mein alter Führer nicht mehr so zur Eile drängte wie zuvor. Er verlangsamte seinen Schritt, schien fast in ein gemächliches Schlendern zu verfallen und blieb schließlich stehen. Da erst hatte ich Muße zu bemerken, daß nicht weit vor uns der felsübersäte Untergrund plötzlich glatter wurde; es sah aus, als sei es nichts weiter als ein Kieselstrand, und noch etwas weiter vorn schien mir dieser sogar in Sandboden überzugehen. Mr. Mycroft kümmerte sich nicht um den Ausblick, sondern hatte das Bündel fallenlassen und kauerte nun am Boden. Er betrachtete etwas in seiner Hand durch eine Lupe, die er in der anderen Hand hielt.

Als ich hinzutrat, bemerkte er: »Ich glaube, der Monolith hat seinen Zweck erfüllt und uns an die Stelle geführt, die wir suchen. Wir sind am Ziel, oder doch zumindest so nahe daran, daß wir, um den Rest zu finden, nur noch unsere eigenen Augen brauchen.«

»Ich sehe nichts«, entgegnete ich, während ich mich umsah und dann den Boden betrachtete, von dem er, wie ich nun erkannte, eine Handvoll Sandkörner aufgehoben hatte. »Und ich weiß nicht, was Sie hier als Anhaltspunkt gefunden haben wollen.«

»Schauen Sie sich das an«, war die Antwort, und er ließ ein kleines Rinnsal von Quarzsand in meine Hand rieseln, »und zwar hierdurch.« Er reichte mir das Vergrößerungsglas.

»Ich sehe nur, daß die Sandkörner jetzt wie Kiesel aussehen, und das war bei dieser Vergrößerung nicht anders zu erwarten.«

»Wie Kiesel«, sagte er, »genau darum geht es.«

»Ich verstehe immer noch nicht.«

Er war eben im Begriff, etwas zu sagen, um meinen Geist zu erleuchten, um mir – wie üblich – nicht nur Informationen, sondern auch eine Erklärung dafür zu geben, als offenbar etwas anderes auf dem Boden vor uns seine Aufmerksamkeit erregte. Er eilte dorthin, und ich sah etwas Kristallenes glitzern, als er es aufhob.

»Sehen Sie hier. Hier haben Sie einen weitaus eindeutigeren Beleg als den Sand, obwohl auch der Sand selbst zweifellos bereits ein Beweis ist.« Er hielt mir etwas hin, was noch am ehesten wie ein halbgelutschtes Bonbon aussah, das ein schmutziges Kind in den Dreck geworfen hat. An diesem Ort der Welt konnte es glücklicherweise nichts dergleichen sein – gewisse Vorteile bringt es schon mit sich, wenn man in der Wüste ist, und einer davon ist die Abwesenheit schmutziger Kinder –, und so nahm ich es und betrachtete es näher.

»Und nun das Rätsel«, sagte er in jenem übermütigen Ton, der mir, glaube ich, in seinem gesamten Repertoire der unerträglichste ist. »Es geht um Sandkörner, und so spitzfindig Sie auch sein mögen, Sie werden keine Spitzen daran finden.«

Er war bester Laune, ich nehme an, weil er sich dem Ziel nahe glaubte. Ich hingegen war nichts als müde.

»Ach, hören Sie schon auf!« fuhr ich ihn an.

»Wie Sie wünschen. Ich war im Glauben, auch in Ihrem Zweig des Detektivberufs benutze man gelegentlich eine Lupe und fände Indizien damit. Bitte schauen Sie sich die Körner noch einmal an.« Ich hatte sie noch immer in der Hand. Das Vergrößerungsglas hatte er zurückgenommen, als er mir das ›Bonbon‹ überreicht hatte. Nun befreite er mich davon und reichte mir wieder die Lupe. Ich betrachtete die Körner, die durch das Glas wie Kiesel aussahen, und er kommentierte: »Von Natur aus haben Quarzkristalle scharfe, deutlich sichtbare Kanten. Deshalb eignet Sand sich auch so gut zum Schleifen und Schneiden. Jahrtausendelang konnten die Menschen so außerordentlich harte Steine wie

Jade oder Porphyr nur mit Sand bearbeiten. Denn Sand ist ein natürliches Glas, ein in Körnchen zerschmetterter harter Kristall. Aber nun sehen Sie sich dieses hier an. Sand ist es zweifellos, aber sämtliche Ecken sind abgerundet und glatt.« Da hatte er recht.

»Es sieht aus wie Kandiszucker, der eben begonnen hat zu schmelzen.«

»Gut«, lobte er mich. »Ich bin sicher, daß Sie da recht haben. Genau das ist hier geschehen. Diese kleinen Quarzstückchen sind angeschmolzen.«

Ich blickte auf. »Aber das ist doch Unsinn. So weit reichen meine Chemiekenntnisse dann doch.«

»Nun, man sagt, auf diese Weise sei das Glas erfunden worden«, entgegnete er. »Menschen, die am Strand ein Freudenfeuer entfachten und später dieses hier fanden.« Er hielt mir wieder das ›Bonbon‹ hin.

»Aber wer sollte hier Freudenfeuer von solchen Ausmaßen entzündet haben?« wandte ich ein.

»Das ist nicht das Hauptproblem«, sagte er. »Das Problem liegt in der chemischen Tatsache, daß zwar bestimmte Sandarten bei der Hitze, die ein gewöhnliches großes Feuer abgibt, zu einer Art Glas schmelzen, doch wenn sie schmelzen sollen, brauchen sie dazu ein ›Flußmittel‹, das man untermischen muß: Strandkohl für das sogenannte Meerglas und Buchenzweige für das ›Waldglas‹. Nun, schauen Sie sich hier um. Wo sollte hier das erforderliche Kraut oder Holz zu finden sein?« Mit Sicherheit gab es das an diesem Ort nicht. »Deshalb«, fuhr er fort und hielt das ›Bonbon‹ hoch, »ist dies so bemerkenswert. Auf der einen Seite gibt es hier angeschmolzene Körner, auf der anderen Seite aber auch tatsächlich ein Stück halbfertiges Glas. Die Hitze, die erforderlich ist, um Sand ohne Flußmittel in Glas zu verwandeln, ist ungeheuerlich. Wir sind erst seit kurzem in der Lage, so etwas in den modernsten Schmelzöfen herbeizuführen. Und doch hat dieser Prozeß hier mitten in der Wüste stattgefunden, und zwar« – er lief nun hastig auf und ab, wobei er immer wieder einmal innehielt, um ein weiteres ›Bonbon‹ aufzulesen – »auf einer großen Fläche. Jawohl, wir sind am Ziel, und der eigentliche Zielpunkt liegt unmittelbar vor uns – in dieser Richtung nimmt die Zahl der geschmolzenen Quarzklumpen zu.«

Er wies in die Richtung, in der der Untergrund zunehmend glatter wurde und sich ein wenig zu neigen schien.

»Nun«, sagte ich, wie ich zugeben muß, mit erheblicher Erleichterung, »dann werden wir jetzt also das Geheimnis dieses Goldschatzes klären, und zwar ein- für allemal. Wir haben die Anweisungen des Codes genau befolgt, jeden Buchstaben und auf die Minute. Aber warum Sie meinen, dieses seltsame kleine geologische Geheimnis, auf das wir da durch Zufall gestoßen sind, werde uns bei der Auflösung des menschlichen Rätsels helfen, das weiß der Himmel!«

»In gewisser Weise hat der Himmel da tatsächlich seine Hand im Spiel«, war seine Antwort. »Das war die Hand, die die Karten mischte, mit denen dieses Spiel begann, und sie hat uns sogar einen Abdruck hinterlassen.«

Was sollte er nach diesem rhetorischen Meisterstück anderes tun, als zurückzugehen, das Bündel aufzuschnüren, das wir seit ewigen Zeiten mit uns herumschleppten, die riesigen schwarzen Gummihandschuhe hervorzuholen und damit zu beginnen, sie anzulegen!

»Wenn Sie weiter mitkommen wollen«, sagte er, »dann rate ich Ihnen, meinem Beispiel zu folgen.«

Ich hatte natürlich nicht vor, mich in letzter Minute abhängen zu lassen. »Ich komme mit«, sagte ich mit Nachdruck.

»Wenn Sie mich weiter begleiten wollen, dann ist es meine Pflicht, darauf zu achten, daß Sie vor jeder Gefahr geschützt sind, vor der man sich überhaupt schützen kann. Bitte tun Sie mir den Gefallen, und streifen Sie diese Handschuhe über.«

Noch immer war es heiß, fürchterlich heiß. Die Gummihandschuhe, die mir in die Hand gedrückt wurden, waren klebrig, ja schleimig – nur mit diesem häßlichen Wort kann man sie beschreiben. Und ich hasse feuchte und heiße Hände.

»Was soll diese Maskerade?« fragte ich ärgerlich. »Meinen Sie, der geheime Schatz eines vertrockneten Schotten wird von einer Riege Klapperschlangen bewacht?«

»Ich bitte Sie, meine Anweisungen zu befolgen oder zurückzubleiben.« Er sagte das so eindringlich, daß ich stutzte. »Unmittelbar vor uns liegt eine Gefahr«, fuhr er fort, »deren ›Biß‹ bei einer Unvorsichtigkeit gefährlicher sein kann als der von tausend Klapperschlangen, ja selbst als der Biß des Drachens.«

Es war nicht zu übersehen, daß es ihm ernst damit war. Und wir waren am Ende unserer Spur angelangt. Ich konnte ihm also ebensogut dieses eine, letzte Mal noch seinen Willen lassen. Ich streifte die abscheulichen Dinger über, und wir stapften los, die leichte Böschung hinunter, die nun vor uns lag. Als ich mich in dem wegsameren Gelände, durch das wir gingen, umschaute, schien es mir, als bewegten wir uns in einer Vertiefung, die an eine Untertasse erinnerte, etwa vierhundert Meter im Durchmesser, eine kreisrunde Arena, umringt von den üblichen Felsen dieser Wüstengegend. Der Boden der Arena schien immer gleichmäßiger zu werden, je mehr wir uns dem tieferliegenden Mittelpunkt näherten, einem Mittelpunkt, der allerdings noch nicht zu sehen war. Die Erklärung dafür wurde offensichtlich, nachdem wir einige Minuten lang weitergegangen waren. Denn der sanft abfallende Untergrund begann sich nun wieder zu heben. Wir kreuzten, wie nun bald klar wurde, eine Reihe konzentrischer Ringe, großer Wellen sozusagen. Diese Wellen wurden immer auffälliger, und schließlich gelangten wir an eine, deren Wände steil waren wie die eines prähistorischen Erdwalls.

Während ich hinaufkeuchte, fragte ich Mr. Mycroft: »Meinen Sie nicht, es könnte sich um den Krater eines kleinen erloschenen Vulkans handeln?« Sein ›Nein‹, ermunterte mich nicht, noch mehr Atem auf hilfreiche Vorschläge zu verschwenden. Als er, ein wenig vor mir, den Gipfel erklommen hatte, schwächte er seine brüske Antwort allerdings ein wenig ab: »Das würde erklären, warum der Sand geschmolzen ist. Aber hier geht es um eine noch mächtigere Kraft.«

»Mächtiger?« fragte ich, während ich mich zu ihm hinaufarbeitete. Wir blickten in einen Krater; da konnte es keinen Zweifel geben. Er war steil und kelchförmig. Und genau in der Mitte befand sich ein Loch, der Eingang zu einem Schacht. Es gab Spuren von Ausgrabungen. Auch Werkzeuge waren zu sehen – Taue, Spitzhacken, Eimer.

»Wenn Sie mir nun bitte vorsichtig folgen wollen«, sagte Mr. Mycroft und begann den steilen Abhang hinunterzuklettern. Kein Zweifel, es war ein schauriger Ort – in dieser völligen Einöde, die jetzt bereits im Schatten lag, und mit den Anzeichen jener geheimnisvollen Unternehmung, die bereits drei Todesopfer gefordert hatte und deren viertes Opfer ich selbst beinahe geworden wäre. Daher blieb ich dem Alten ziemlich dicht auf den Fersen und achtete genau darauf, wohin ich trat, während wir zum Boden der Senke hinabkletterten und dabei fast ins Rutschen gerieten. So wäre ich beinahe mit ihm zusammengestoßen, denn er war unvermittelt an der Stelle stehengeblieben, an der der Abhang flacher wurde; vom Mittelpunkt waren wir noch immer ein Stück entfernt.

»Und noch ein Menschenleben«, hörte ich ihn zu sich selbst sagen. Er hatte den Blick auf etwas gerichtet, was jetzt fast zu unseren Füßen lag. Von oben hatte ich es für einen der zurückgelassenen, rund um das Loch oder den Schacht in der Mitte verstreuten Ausrüstungsgegenstände gehalten. Es sah aus wie ein Stück Plane, die vielleicht dazu hatte dienen sollen, die Bohrausrüstung vor der Witterung zu schützen. Aber beim genaueren Hinsehen entdeckte ich jetzt, daß unter dem Rand ein Stiefel hervorsah. Ich wich zurück, aber Mr. Mycroft ging einen oder zwei Schritte vor, beugte sich hinab, zog die schwarze Abdeckung zurück und enthüllte, starr und braun auf dem Sand liegend – einen Toten. Mit einem verstohlenen Blick über Mr. Mycrofts Schulter erkannte ich, daß dieser Tote längst nicht so vertrocknet war wie unser letzter Leichenfund in der Wüste. Er lag mit dem Gesicht nach unten, aber ich war kaum überrascht, als ich Mr. Mycrofts Stimme vernahm: »Kersons Neugierde war also auch erwacht.«

Ohne ein weiteres Wort zog er die starre schwarze Abdeckung wieder über den starren Körper und ging langsam weiter – beinahe behutsam, so wollte es mir scheinen, als ich ihm folgte, wobei ich das schwarze Leichentuch sorgsam mied. Er stand genau im Mittelpunkt des Kraters, als ich ihn einholte. Eine Winde war über dem kleinen Schacht errichtet worden. Ringsherum gab es einige verstreute recht hohe Sandhaufen, die durchsetzt waren mit ›Wüstenbonbons‹. Der Schacht war nicht allzu tief, etwa sechs bis neun Meter, schätzte ich. Den Boden konnte ich allerdings nicht genau erkennen. Von einem bestimmten Punkt an schien er sich plötzlich nach den Seiten hin zu erweitern.

»Sieht aus«, sagte ich, um meinen schweigsamen Begleiter zu einem Kommentar zu bewegen, »als ob derjenige, der diesen Schacht anlegte – wer immer es gewesen sein mag –, auf eine unterirdische Höhle gestoßen sei.«

Mr. Mycroft entgegnete nichts, entnahm aber den Überresten des Bündels, das unsere schwarzen Handschuhe enthalten hatte und das er in seine geräumigen Manteltaschen gesteckt hatte, eine Schnur, eine elektrische Taschenlampe und irgendein kleines Meßinstrument. Dieses und die eingeschaltete Lampe knotete er dann an der Schnur fest und ließ sie in den Schacht hinab. Ich blickte dem langsam kreisenden Lichtschein nach, wie er sich den Schacht hinuntersenkte, bis der Strahl dann die Höhle selbst erleuchtete. Ich lehnte mich vor, um zu sehen, was es zu entdecken gab, und um zu vermeiden, daß das Tageslicht mich blendete. Soweit ich sehen konnte, war alles schwarz. Dann war mir, als könnte ich ausmachen, wo sich eine Art Boden befinden müßte, auch wenn das unstete Licht nur schwach war, denn ich sah dort etwas liegen, vielleicht eine Spitzhacke. Als ich mich noch weiter vorbeugte, hörte ich Mr. Mycrofts warnende Stimme: »Ich an Ihrer Stelle würde so weit zurückbleiben wie nur möglich. Was Gefahren und dramatische Ereignisse angeht, ist dies hier zwar ein wenig enttäuschend, doch immerhin mußte man damit rechnen, und wir können uns nach wie vor nicht sicher sein, daß nicht noch immer ein erhebliches Risiko besteht. Warten Sie, bis ich meine Leine einhole, und dann wissen wir ein wenig mehr.«

Er zog seine seltsame Angelschnur wieder hinauf; die Lampe schaltete er aus und steckte sie sofort zurück in die Tasche. »Es ist nichts Sichtbares, wonach wir suchen«, war sein seltsamer Kommentar dazu. Das Instrument studierte er sorgfältig und machte sich einige Notizen über die Angaben, die es ihm offenbar lieferte. Dann sagte er mit Bestimmtheit: »Tatsächlich, es ist besser, wir bleiben nicht länger hier.«

»Und«, zögerte ich, »und was wird aus *ihm?*«

»Ihm kann niemand mehr helfen, und ich muß mich zunächst vergewissern, daß er seinerseits niemandem schaden kann, bevor wir ihn, oder das, was von ihm übriggeblieben ist, noch einmal anrühren.«

Ich verstand zwar nicht, worauf er hinaus wollte, doch die ganze Umgebung jagte mir genügend Angst ein, um mir zu wünschen, von dort fortzukommen. In dieser tiefen Mulde begann das klare Licht des Herbsttages bereits zu schwinden. Als wir den Hang wieder hinaufkletterten, warf ich noch einmal einen Blick zurück in die verlassene Grube. Dort, wohin der tiefste Schatten fiel, schien es, als hinge ein höllisches Leuchten über dem Loch. Meine Nerven mußten mir wohl einen Streich spielen, und ich eilte dem alten Mann nach, die Außenseite der Böschung hinunter.

»Darf ich nun meine Handschuhe wieder ablegen?« Es schien mir eine gute Frage zu sein – ganz in der Art eines gehorsamen

Kindes –, um das Schweigen zu brechen, das bedrückender geworden war als das langweiligste Gespräch.

»Aber ja«, entgegnete er und begann die eigenen, die er offenbar ganz vergessen gehabt hatte, abzustreifen, und ebenso geistesabwesend reichte er sie mir. Ich fühlte mich wie der Page des guten Königs Wenzeslaus, während ich hinter dem alten Knaben hertrottete, in der Hoffnung, das eisige Gefühl von Furcht würde weichen, solange ich in seine Fußstapfen trat. Denn irgendwie flößte mir diese ganze Geschichte eine ziemliche Angst ein – die schreckliche Stille, die Einsamkeit, die Leere, der Leichnam dieses elenden Händlers, das leere, bedrohliche Loch.

Meine Gedanken, die um dieses Bild kreisten, machten sich in einer Frage Luft: »Wer hat Kerson umgebracht?«

Die Antwort verschlug mir die Sprache: »Wenn überhaupt jemand, dann Sie.«

Wir langten wieder an jenem großen natürlichen Stonehenge an, nahmen unsere Feldflaschen auf und arbeiteten uns durch den Wald aus naturgeschaffenen Obelisken zurück zu der Stelle, an der wir vom Hauptpfad abgezweigt waren. Die Dämmerung war hereingebrochen, und die Sterne waren bereits zu sehen, doch unser Führer hatte seelenruhig auf uns gewartet. Wir sahen seine Pfeife glimmen. Es unterschied sich in nichts vom Glimmen des roten Sterns, der über dem Gipfel des gegenüberliegenden Canyons aufgegangen war. Tausend Meter oder tausend Lichtjahre, dachte ich bei mir, solange wir keinen Maßstab haben, können wir nicht sagen, wie weit etwas entfernt ist, wenn wir es erblicken. Der Führer schwieg, als er die Pferde losband; Mr. Mycroft schwieg, als wir aufsaßen. Ich schwieg. Knarrend und klirrend ging es zurück.

Als wir an unserer Hütte absaßen, ließ Mr. Mycroft den Mann wissen: »Wir haben viel Interessantes hier gesehen; morgen reisen wir zurück.«

Sein »Okay«, der ›zustimmende Reflex‹, der an das Quaken eines Frosches erinnerte, ließ uns in der Dunkelheit wissen, daß er die Ankündigung vernommen hatte.

Ich folgte Mr. Mycroft und begann, unser Abendessen vorzubereiten. Als wir allein waren, fragte ich ihn in einem, wie ich zugeben muß, reichlich niedergeschlagenen Ton: »Können Sie mir nun eine Erklärung geben?«

»Wenn Sie gestehen«, kam es ziemlich grimmig zurück.

»Nun«, sagte ich, denn ich wollte ihm zu verstehen geben, daß ich wenigstens etwas beizusteuern hatte, »ich kann Ihnen alles erläutern, was ich weiß. Es ist allerdings nicht viel, und ich verstehe nicht, wie ich damit solchen Schaden angerichtet haben soll.«

»Ich wollte nicht Ihre Verteidigung hören, ich wollte die Fakten«, entgegnete er äußerst heftig.

So ging es nicht weiter. Ich mußte ihn dazu bringen, mir zu sagen, worum es ging und wer unser Gegner gewesen war – und immer noch war. Ich konnte einfach – so sehr es mir auch zuwider war, wie eine Mischung aus einem Ganoven und einem dummen Schuljungen behandelt zu werden –, ich konnte es einfach nicht mehr ertragen, so völlig im dunkeln zu tappen. Und niemand außer diesem alten Mann wußte Bescheid.

»Wie Sie sicher schon erraten haben«, sagte ich, als wir uns zu einem Mahl setzten, das ich nicht gerade genoß, »suchte Kerson mich auf. Er hatte ein Exemplar der Geheimbotschaft dabei, und da ich, wie Sie wissen, es immer nur sehr schwer ertragen kann, wenn ein Dummkopf mich als seinesgleichen behandelt, und es zwischen Ihnen und mir mit dem Vertrauensverhältnis ja nicht zum besten stand, dachte ich mir, ich könne ihm zumindest beweisen, daß ich kein völliger Schwachkopf bin.«

»Und wie wurde dieser Beweis erbracht?« fragte er scharf.

»Nun, Kerson hatte einen Papierstreifen, der demjenigen glich, den Sie aus Sandersons Schreibtisch gestohlen haben. Zunächst – und auch das erst, nachdem er mich gereizt hatte – tat ich nicht mehr, als ihm zu zeigen, wie man ihn aufwickelt, damit die Worte sichtbar werden.«

»Und nachdem Sie so mit dem Wissen anderer geglänzt und sich, zweifellos ohne Ihre Quelle zu nennen, als ›kompetent‹ erwiesen hatten, lieferten Sie Ihre altbekannte, völlig abwegige Deutung des Textes?«

Ich unterließ es, ihn darauf hinzuweisen, daß der erste Teil der Entschlüsselung, die Zeitangabe, von mir stammte und sich als korrekt erwiesen hatte. Unter dem Druck dieses Kreuzverhörs war ich ihm gegenüber nun hoffnungslos in der Defensive. Ich parierte lediglich halbherzig: »Wenn ich völlig unrecht hatte, wie hätte ich dann damit Schaden anrichten sollen? Jedenfalls können Sie nicht behaupten, ich hätte den armen Mann in den Tod geschickt! Ich kannte weder den Ort noch den Weg dorthin, und selbst jetzt habe ich noch nicht die geringste Ahnung, wie er getötet worden ist – vielleicht ist er ja auch eines natürlichen Todes gestorben – Herzversagen oder so etwas.«

»Nein«, ließ sich die unbeugsame Stimme meines Richters vernehmen. »Er wurde getötet; daran kann es keinen Zweifel geben, und ohne Sie wäre er vielleicht noch am Leben.«

Ich schob meinen Teller zurück. Mehr brachte ich nicht hinunter. Ich nahm einen Schluck Kaffee. Es war düster in der Hütte, und Mr. Mycroft hatte die Lampe im Rücken. Ich wandte mich ab und begann in einer Art unterwürfiger Geste, den vollen Holztisch abzuräumen, an dem wir gegessen hatten. Ich wusch die Teller in einem Eimer, putzte Messer und Gabeln, spülte die Tassen aus und stellte sie auf ein Regal, und dann ging ich auch noch das schmutzige Wasser ausgießen. Ich fühlte mich, als sei ich bereits ein Gefangener in einer Strafkolonie. Es gab nur einen einzigen Lichtblick bei diesen düsteren Gedanken, die mir durch den Kopf gingen: Miss Delamere brauchte von alldem nie etwas zu erfahren. Der alte Mann saß schweigend da. Wenn er wenigstens geraucht hätte! Doch er tat es nicht; und irgendwie, ich weiß nicht recht wie, ist jemand, der still dasitzt und raucht oder auch nur eine Zigarette in der Hand hält, nicht ganz so unangenehm still und abwartend wie jemand, der einfach nur dasitzt. Es kam der Punkt, an dem ich alles aufgeräumt hatte. Ich stand unentschlossen da. Sollte ich mich wieder setzen, oder sollte ich mich mit der knappen Bemerkung ›Ich lege mich jetzt hin‹ in meine Koje zurückziehen?

»Würden Sie wohl mit hinauskommen?« fragte eine Stimme, die zwar vielleicht nichts Freundliches hatte, aber immerhin auch nichts Tadelndes mehr. Beinahe wie ein Spaniel, der getätschelt wird, nachdem er eine Tracht Prügel bezogen hat, antwortete ich: »Selbstverständlich.«

Wir ließen uns auf der Bank gleich neben der Tür nieder. Der Himmel wirkte massiver als die Erde, geschäftiger, lebendiger. Wir saßen in einer kleinen Schale aus erstarrter Dunkelheit. Auf dieses Wenige war die Erde zusammengeschrumpft; das war alles, was unsere Sinne wahrnahmen. Das harte Stück Holz dieser Bank, das harte Stück Boden unter den Füßen, das war alles, was man spürte. Man sah nur die schwarze Rundung der Felskante gegenüber, pechschwarz und so leer wie das Chaos selbst, und direkt darüber den sternübersäten Himmel. Es schien kaum einen

Millimeter in dieser endlosen Weite zu geben, der nicht voller Sterne war, Leuchtfeuer, die sprühten und blitzten in allen Farben, wie Leuchttürme und Schiffe auf einem dichtbefahrenen Schiffahrtsweg, und alle Zwischenräume erfüllt vom weit wogenden Nachtleuchten der Milchstraße: Sterne wie große geschliffene Juwelen und Sterne wie Tonnen von Diamantstaub, ausgegossen in einer unerschöpflichen Kaskade. Und als sei das alles noch nicht genug, fuhren von Zeit zu Zeit durch diese glitzernde Parade, diese Galavorstellung von Ausmaßen, die einen schwindeln ließen, Meteore mit ihren langen Schweifen, die, selbst wenn sie schon erloschen waren, Spuren leuchtenden Staubs zurückließen, die ihre Bahn nachzeichneten. Dann zog einer den Himmel hinunter, der war so hell, daß mir einen Augenblick lang sein Feuerschein beinahe Licht genug gab, um zu sehen, daß die Erde, auf der wir uns befanden, nicht nur aus Dunkelheit bestand.

Als er verglühte, hob die Stimme neben mir an: »Im wahrsten Sinne des Wortes sind wir einem Stern gefolgt. Und es hat so viel Geheimnisvolles bei unserer Suche gegeben, da sollten wir armseligen Menschen uns nicht kleinlich streiten und gegenseitig beschuldigen. ›Was ist der Mensch‹, fragte einmal ein Dichter der Wüste, als er, am Anfang unserer Zeit, in denselben Ozean aus Licht und Dunkelheit hinaufblickte, der auch heute noch über uns hängt, gänzlich unverändert über uns hängt, während wir hier in unserem finsteren Tal unsere Kulturen durchlaufen haben – und doch niemals die Antwort auf jene alte Frage gefunden haben.«

Es war nicht gerade originell, was er da predigte. Aber ich vermute, das können solche Predigten wohl auch nie sein. Hatte man nicht die großen Wahrheiten auch die ›ewigen Gemeinplätze‹ genannt? Ich nehme an, sie sind so, weil wir niemals eine wirkliche Antwort auf diese so naheliegenden Fragen finden können – und doch können wir nicht von ihnen ablassen, sie bohren sich ein, ebenso schlicht und schmerzhaft wie eine Fischgräte im Hals.

Jedenfalls erleichterte es mich doch, daß meine Schwierigkeiten und mein Vergehen auf eine Ebene gehoben wurden, wo wir hoffen konnten, daß ich, da die Angelegenheit sich nicht würde lösen lassen, vielleicht mit einem Freispruch mangels Beweisen davonkam. Was Mr. Mycroft als nächstes sagte, ließ mein Interesse allerdings von neuem erwachen.

»Im Laufe unserer Arbeit an diesem Fall«, fuhr er fort, »haben wir die Anwesenheit eines Elements zu spüren bekommen, von dem ein Detektiv oft weiß, daß es irgendwo lauert, von dem er aber wohl hofft, daß er sich ihm nie wirklich stellen muß.«

»Ein Element?« fragte ich, denn ich hatte das Gefühl, ich sollte an dieser Stelle etwas sagen, und neben der Erleichterung über die Wendung, die die Dinge genommen hatten, verspürte ich auch echtes Interesse. Selbst wenn er im Begriff war, mir die Vorsehung als seinen Kompagnon zu präsentieren, so konnte doch der Seniorpartner in diesem gewaltigen Unternehmen vielleicht bei seinem ›Junior‹, der die Geschäfte führte, ein Wort für mich einlegen.

»Vielleicht darf ich es, so wie ich es für mich immer tue«, fuhr er fort, »*das Element* nennen. Es ist, wie die meisten elementaren Dinge, schwer zu bestimmen – leichter läßt sich da schon sagen, was es nicht ist. Wenn man dies zugesteht, könnte man es definieren, wenn auch nicht darauf begrenzen, in dem Satz: ›Es gibt keine Willkür und keinen Zufall‹.«

»Was wollen Sie damit sagen?« fragte ich.

»Ich will damit sagen, daß jeder wirklich getreue Bericht über detektivische Arbeit, über die Erforschung eines jeden Geheimnisses, unmißverständlich zeigt, daß es einen teleologischen oder, wenn Sie so wollen, zielgerichteten Faktor gibt, der dem, was ein zufälliges Ereignis zu sein scheint, zugrundeliegt – den Zufallstreffern und Mißerfolgen, dem blind Erratenen.«

»Sie meinen diese ganze Sache mit der übersinnlichen Wahrnehmung?« fragte ich.

»Das ist nur die Spitze der Rückenflosse dieses ungeheuren untergetauchten Leviathan. Jahrhunderte, Jahrtausende kannten die Menschen die Elektrizität nur als jene hübsche kleine Abstrusität, die Salzkörner auf einen Bernsteinstab springen ließ, wenn man ihn vorher gerieben hatte. Heute wissen wir, daß Elektrizität die Kraft ist, die alles zusammenhält, die Kraft, die das, was wir die Materie nennen, erst ausmacht. Glauben Sie mir, die Abstrusitäten von heute sind die Grundlagen der Welt von morgen.«

»Aber –«, fragte ich.

Er vervollständigte die Frage für mich. »Was hat das mit uns zu tun, und speziell mit Ihnen? Während der gesamten Arbeit an diesem Fall habe ich deutlicher als je zuvor die Nähe des *Elements* gespürt, der großen unterschwelligen Triebkraft – auf unheimliche Weise nahe der Oberfläche, auf der wir arbeiteten. Bei Ihnen kam es, wenn ich das so ausdrücken darf, zum Ausbruch.« Ich konnte hören, daß er sich mir zugewandt hatte, um seinen Worten Nachdruck zu verleihen: »Sie dachten, Sie hätten es erraten, als Sie Ihre falsche Deutung gaben – doch das hatten Sie nicht. Ohne es zu wissen, lieferten Sie Kerson einen Anhaltspunkt, und dieser Anhaltspunkt wurde ihm zum Verhängnis.«

»Wie das?«

»Zu seinem Tod komme ich später. Zunächst zu Ihrem Hinweis *Friar's Heel,* den Sie mit ›Missionspfad‹ übersetzten.«

»Nun, das hätte doch immerhin sein können«, verteidigte ich mich; es war ein letztes Aufflackern des Widerstands.

Seine Antwort verschlug mir den Atem. »Es stimmt tatsächlich! Als ich meine Absprachen mit unserem wortkargen Freund traf, der nun die Rolle übernommen hat, die der arme Kerson bei unserer vorigen Reise spielte, zog ich alle möglichen Erkundigungen ein. Der Mann selbst wußte wenig und interessierte sich für nichts, doch da auch er einen Laden betreibt, konnte ich über die Geschichte der Gegend mit ein oder zwei Indianern und einigen anderen Reisenden sprechen. Sie werden sich vielleicht erinnern, daß ich einmal, als wir den Weg verließen, um in die eigentliche Einöde hineinzugehen, meinte, wir befänden uns auf einem ehemaligen Pfad. Ich bin mir sogar sicher, daß diejenigen, die mehr Erfahrung in dieser Art von Spurenlesen haben als ich, an der Stelle, an der der heute benutzte Weg sich in einem Bogen von jener Wüste abwendet, einen ›fossilen Pfad‹ ausmachen könnten. Denn von meinen Informanten erfuhr ich, daß selbst in der Zeit, seitdem sie hier leben, dieser Teil der Wüste spürbar weiter ›ausgetrocknet‹ sei. Einer sagte mir sogar, der Überlieferung nach habe es in der Gegend, durch die wir irrten, einmal Süßwasserquellen gegeben. Douglas' Studien an Baumquerschnitten belegen, daß in dieser gesamten südwestlichen Wüste noch vor ein paar Jahrhunderten Indianer an einer Reihe von Orten siedeln konnten, bis die Dürre sie dann später zwang, sie zu verlassen. Diese großen Dürreperioden, die sich über Jahrhunderte erstrekken, kommen wie die Eiszeiten in Wellen, zwischendurch gibt es immer wieder Unterbrechungen und Rückzugsphasen. Diese Gegend erlebte solch einen Rückzug, solch eine zurücklaufende Welle, eine Zeit beinahe ausreichender Regenfälle, vor etwa einem Jahrhundert. Denn damals, so schließe ich aus der Geschichte, die man mir erzählte, legten katholische Missionare tatsächlich einen Pfad bis hier hinaus an. Ein Teil der Geschichte ließ sogar darauf schließen, daß sie auf ihrem Weg die Ruinen eines riesigen heidnischen Tempels gesehen hätten. Für den Nichteuropäer hätten die Steine, die wir gesehen haben, keine Ähnlichkeit mit einem Tempel, doch jeder gebildete Europäer – und manche dieser Franziskaner waren sehr gebildete Männer – würde natürlich die megalithischen ›Tempelruinen‹ kennen, die sich über ganz Europa verstreut von England durch Frankreich bis hinunter nach Griechenland finden lassen. Ihnen würden die geologischen Formationen, die wir gesehen haben, auffallen; sie würden sagen, sie sähen aus wie heidnische Tempel, während ein Einheimischer, der diese Assoziation nicht hat, sie gar nicht bemerken würde. Und so kam es, daß Sie Kerson auf einen Missionspfad schickten, den Sie nicht kannten und der nirgends erwähnt wird, außer in einer schon fast vergessenen Volksüberlieferung.«

»Aber woher wußte er«, fragte ich, »daß der große weiße Stuhl der Ausgangspunkt war?«

»Ich bin sicher, er wußte eine ganze Menge über Sanderson. Er hat den Alten mit Sicherheit im Auge behalten, als er sich bei ihm in der Gegend umsah. Nach unseren europäischen Maßstäben liegt es ein wenig weit von hier – wo man fünfzig Kilometer fährt und in einem anderen Land, einer anderen Nation, einer anderen Kultur sein kann. Doch in diesen riesigen, kaum erschlossenen Gegenden kommen die Menschen weit herum. Ja, selbst in Europa fand der Mensch der Steinzeit nichts Besonderes daran, auf Schusters Rappen vom Schwarzen Meer bis nach Irland zu wandern – und das bedeutete noch zwei Seereisen obendrein – und wieder zurück.

Als Kerson erfuhr, daß auch noch andere Sandersons Erkundigungen am Ende der Welt Aufmerksamkeit schenkten, erwachte sein Interesse. Hat er den Code von Intil gestohlen oder von Sanderson? Ich vermute, von Sanderson. Intil wäre nicht so leicht zu berauben gewesen, und als er Sandersons Geheimbotschaft erst einmal in seinen Besitz gebracht hatte, hielt er sie vermutlich fest unter Verschluß, bis er Sie anheuerte, um sie zu entschlüsseln. Wir wissen, daß er den kleinen Stab in Ehren hielt, mit dessen Hilfe der Streifen sich zur ›Schriftrolle‹ verwandeln ließ. Sanderson war zweifellos – ich nehme an, zu diesem Schluß sind Sie ebenfalls gekommen – mehr als nur einmal bei dem Händler zu Gast. Der alte Schotte muß dann und wann ein wenig gesprächig gewesen sein, vielleicht, wenn er mehr Scotch in sich hatte, als gut für ihn war; kleine und – wie er glaubte – unverfängliche Prahlereien über seine eigene Geschicklichkeit. Kein Mensch, dem so viel wie ihm daran liegt, Geheimnisse in Rätseln sicher zu verwahren, will nicht früher oder später jemanden an seiner Schlauheit teilhaben lassen – jemanden, wie ich immer wieder feststelle, den er für einen Dummkopf hält. Schon mancher Ganove ist einfach nur deswegen gefaßt worden, weil der Detektiv es verstand, sich wie ein Trottel zu geben.«

Der Gedanke schoß mir durch den Kopf, daß dies eine Begabung war, die Mr. Mycroft mit Sicherheit abging, ja, daß er sogar dem komplementären Laster von dem, das er eben beschrieben hatte, verfallen war, nämlich dem Drang, seine Schlauheit zur Schau zu stellen. Doch schließlich hätte ich ohne das womöglich niemals erfahren, was genau denn nun meine Rolle in diesem ganzen Durcheinander war.

»Ich nehme an«, fuhr er fort, »daß Kerson bei einem von Sandersons ›Stippvisiten‹ dem alten Mann die Zunge mit jenem eben erwähnten Lösungsmittel aus seinem Heimatland löste. Kerson hat dann eine Kopie des Rätselstreifens angefertigt und ihn anschließend wieder zurückgesteckt. Womöglich lag er unter den Habseligkeiten des alten Burschen sogar schon um seinen Stab gewickelt.«

Ich unterbrach ihn, denn in diesem Punkt wußte ich nun wirklich mehr als er. »Allerdings, Kerson hatte eine wirklich sehr sorgfältige Kopie dabei, und er hatte sich sogar bereits selbst Gedanken gemacht, wie sie zu deuten sein könnte, denn als er zu mir kam, meinte er, es handle sich um Ogham, wovon er ein Beispiel in einem Rätselbuch gesehen hatte.«

»Das ist interessant«, entgegnete Mr. Mycroft und behandelte mich einen Augenblick lang wie einen Kollegen. »Sehr scharfsinnig von ihm. Hätte er das Rätsel nicht in aller Eile kopieren müssen und Zeit gehabt, Sandersons Ausrüstung ganz zu durchsuchen, wäre er womöglich sofort auf die richtige Lösung gekommen.«

»Vielleicht hatte er sogar versucht, den Streifen um etwas zu wickeln«, fügte ich hinzu, »denn mir fiel auf, daß das Papier, das er mir gab – wenn Ihre Annahme zutrifft und es sich um eine Kopie handelte –, noch immer die Tendenz hatte, sich aufzurollen.«

»Nun, wie dem auch sei, mit Sicherheit hat der alte Mann in seinen scotchseligen Stimmungen vom großen weißen Stuhl gesprochen, und zwar in jenem biblischen Tonfall, der allen schottischen Kindern ins Blut übergeht, bevor sie auch nur ein Wort davon verstehen, und in den sie unter Alkohol und im Delirium verfallen. Ganz besonders schätzen die Calvinisten übrigens jene Szene des unwiderruflich Jüngsten Gerichts vor dem großen weißen Stuhl. Dieser immer wiederkehrende Satz würde Kerson im Gedächtnis bleiben, denn Kerson war, wie die meisten Nachfahren der Pioniere, zweifellos mit allen Passagen des Alten und des Neuen Testaments großgeworden.

Er würde sich folglich über die rätselhaften Worte des alten Mannes den Kopf zerbrechen.

Mit dem Rätselspruch konnte er nach wie vor nichts anfangen, bis er dann, nachdem er von mir erfahren hatte, daß Sie sich mit Decodieren beschäftigen, beschloß, sich damit an Sie zu wenden. Ich nehme an, jeder, der auch nur über oberflächliche Bibelkenntnisse verfügt – die Art, wie man Kapitel und Verse zitiert, als handle es sich um eine Sammlung von Schlagworten und Zauberformeln –, hätte über die Lösung stolpern können. Wenn Sie dann noch bedenken, daß nicht nur jede Bemerkung über den großen weißen Stuhl bei unserem Händler mit seiner strenggläubigen Herkunft zweifellos biblische Assoziationen weckte, sondern auch für jeden, der sich in dieser Gegend auskannte, eindeutig die Bezeichnung eines Naturdenkmals in der Wüste war ... nun ...« Er führte den Satz nicht zu Ende.

»Ich nehme an«, griff ich den Faden auf, »er würde herkommen und vielleicht hier erfahren, daß irgendwo vom breiten Wege tatsächlich ein längst vergessener Missionspfad abführte. Doch wie kam er dann weiter?«

»Wir wissen, daß der Pfad mindestens bis zu dem natürlichen Steinkreis reichte«, sagte er. »Ich glaube, von dort aus fiel es ihm dann nicht mehr schwer, das zu finden, wonach er suchte, sofern er einigermaßen wußte, was es war.«

»Und worum handelte es sich?« fragte ich.

»Auch das muß er von Sanderson erfahren haben, entweder direkt durch dessen vom Whisky gelöste Zunge oder indem er die Gesteinsproben untersuchte, die der alte Mann mit einiger Sicherheit bei einem seiner Besuche bei sich hatte. Er muß erfahren haben, daß es sich nicht um Gold handelte, wonach Sanderson suchte.«

»Wonach suchten die beiden?«

»Er suchte, wenn schon nicht nach himmlischem Lohn, so doch nach einem Schatz, der vom Himmel gefallen war. Doch da es sich dabei um dasjenige handelt, das uns alle hierher geführt hat, lassen Sie mich, bevor ich diesen Strang zu Ende bringe, zuerst die Sache beenden, soweit es Sie angeht.«

»Sie meinen, wie meine Vermutung, obwohl ich nichts von einem Missionspfad wußte und das Rätsel sich nicht auf einen solchen bezog, ihn tatsächlich auf eine Fährte bringen konnte und ihn schließlich an ein Ziel führte, wo auch sein Ende ihn erwartete.«

»So ist es; es klingt seltsam, aber es ist nicht das erste Mal, daß so etwas vorkommt. Immer wieder einmal hört man von solchen seltsamen Einsichten bei jemandem, der vielleicht sogar selbst überzeugt ist, daß er nicht die Wahrheit spricht.« Ich hörte das gar nicht gerne, doch mir lag zu viel daran, daß die ganze Angelegenheit aufgeklärt wurde, als daß ich unter dieser Ohrfeige auch nur zusammengezuckt wäre. »Das Paradebeispiel stammt aus der Mitte des vorigen Jahrhunderts. Ein solider, angesehener Wissenschaftler in Kopenhagen verkündete der hochinteressierten Fachwelt klassischer Gelehrter, er habe ein lateinisches Dokument gefunden, ein seit langem verloren geglaubtes Dokument, hochbegehrt und ausgesprochen aufschlußreich. Er verkündete, er sei auf das sagenhafte Antoninische Itinerar gestoßen, ein Buch, das uns nur fragmentarisch in Zitaten überliefert ist, das aber ursprünglich – in Angaben zu Entfernungen, Poststationen, Beschreibungen des Geländes etc. – eine Beschreibung des Straßennetzes im Römischen Reich war. Er veröffentlichte das, was er als eine Reihe von Auszügen bezeichnete. Doch als man ihn drängte, das originale Manuskript vorzuweisen, weigerte er sich. Schließlich warf man ihm vor, die ganze Sache sei eine Fälschung, und mit dieser Schande, der größten Schande, die einem Gelehrten widerfahren kann, starb er. Eine traurige Geschichte, doch leider gar nicht so selten! Der arme Chatterton war ein Dichter, und als solcher ist er in die Geschichte eingegangen, doch viele, die keine Dichter waren, begingen die gleiche Missetat wie er und fanden ein ebenso unglückliches Ende. Bei der Geschichte, die ich Ihnen erzählen will, sind Schande und Tod jedoch erst der Anfang. Die archäologischen Forschungen machten Fortschritte. An allen Ecken Europas grub man Römerstraßen aus. Stellen Sie sich die Überraschung vor, die Verblüffung, als immer wieder einmal der

Spaten auf eine verlorene Römerstraße stieß und man entdeckte, daß ihre Route jeweils in den Aufzeichnungen des geschmähten, längst verstorbenen Kopenhagener Gelehrten ›vorausgesagt‹ worden war. Dann begann man, diese Aufzeichnungen zu Rate zu ziehen, und man konnte den Angaben entnehmen, wo man graben mußte, und fand tatsächlich längst vergessene und verschüttete Teile von Straßen des Römischen Imperiums. Auch heute noch glaubt niemand, daß der arme Bursche jemals ein wirkliches Exemplar des verlorenen Antoninischen Itinerars in Händen gehalten hat. Niemand hat jemals auch nur von der Spur einer solchen Entdeckung gehört. Es ist undenkbar, daß er das Original zerstört haben könnte, wenn er es jemals besessen hätte, wo er es doch nur hätte vorzeigen brauchen, um mit allen Ehren rehabilitiert zu werden. Außerdem scheinen einige seiner Hinweise zumindest heute noch falsch zu sein. Nein, es gibt nur eine Erklärung dafür« – er hielt inne –, »und zwar diejenige, die auch für Ihren Fall gilt. Das ›freie Assoziieren‹ – ich finde, dieser Ausdruck aus der Psychologie ist für ein solches ›Im Unbekannten Fischen‹ der beste und treffendste – bringt plötzlich eine wahre Einsicht hervor, doch eine Wahrheit, die selbst dem Geist, der sie übermittelt, unbekannt ist.«

Ich muß sagen, ich war erleichtert zu erfahren, daß ich also, wenn auch sozusagen unwissentlich, so doch scharfsinnig, präzise und verläßlich gewesen war. Es schien mir kein schlechter Augenblick, dieses übertriebene Interesse an meiner Person und meiner *bona fides* aufzugeben und sich der Aufklärung der übrigen Fragen zuzuwenden.

»Übrigens«, machte ich einen Vorstoß, »wissen Sie Genaueres über Intils Schachzüge?«

»Aber ja«, entgegnete er. »Bei ihm war das am leichtesten, denn er war der Gewalttätigste. Die Gewalt ist *au fond* stets simpel, weil sie am Ende den simplen Reaktionen nicht widerstehen kann, diesem kruden Zuschlagen, das dann zum Mord führt. Der schlimmste Verbrecher begeht niemals wirklich einen Mord, ebenso wie der beste Schachspieler niemals eine Figur schlägt. Er will das Spiel gewinnen, nicht sich in Szene setzen; er will Macht und kein Blutbad. Intil mag sogar sein eigenes Leben riskiert haben. Inzwischen bin ich überzeugt, daß er Sanderson gefolgt ist, und als Sanderson bemerkte, daß er ihm auf der Spur war, und es ihm nicht gelang, ihn abzuschütteln, kam es zu einem Schußwechsel, und Intils Kugel traf. Er erleichterte den Toten dann um alles, was er bei sich hatte; dazu gehört auch das Rätsel und der kleine Stab, der ihm, als er ihn erst einmal zu gebrauchen wußte, die Möglichkeit gab, das Rätsel zu entschlüsseln. Sie erinnern sich ja noch, wie er, als er erst einmal den Schlüssel gefunden hatte und im Glauben war, Sie beide müßten ebenfalls auf die Lösung gekommen sein, versuchte, sich Ihrer zu entledigen. Auf seine Weise war es hübsch ausgedacht«, räsonnierte er, »doch im Grunde zeigte sich darin das Unbedachte, Überstürzte und Hastige, was bei Mördern typisch ist; und am Ende ist er dann so zerstreut, daß er tatsächlich den falschen Umschlag anleckt.«

Für diese Art von Reflexionen habe ich, wie ich schon sagte, nichts übrig. Ich lenkte Mr. Mycrofts Gedanken deshalb wieder dorthin zurück, wo – was mein Verständnis all dieser außerordentlichen Ereignisse anging – noch immer an zentraler Stelle ein Nebelfetzen hing.

»Aber wer oder was hat Kerson umgebracht?« fragte ich. Schließlich konnte man ja wohl kaum sagen, ich – oder, soweit ich das sehen konnte, irgend jemand sonst – hätte dabei Hand angelegt.

»Wenn ich nicht irre«, entgegnete Mr. Mycroft, »wird das, was sein Ende herbeiführte, auch das Ende unserer Geschichte herbeiführen. Jetzt sollen Sie nun endlich die Gründe erfahren, warum ich hier hinausgekommen bin und warum ich nun zurückkehre. Gewisse Leute, Mitglieder eines gewissen Komitees in einer gewissen Hauptstadt, bekamen vor einiger Zeit einige winzige Erzproben zugesandt. Doch auch wenn diese Proben mikroskopisch klein waren, waren sie doch von außerordentlichem – ich möchte sagen, von unvergleichlichem – Wert. Im Vergleich dazu war Gold der reine Tand – wertlose Schlacke, ein Abfallprodukt. Sie haben sicher von der großen Jagd gehört, die im Augenblick die Köpfe sämtlicher Physiker beschäftigt, ganz gleich, wo sie arbeiten, ganz gleich, auf welcher Seite sie stehen? Es ist der Wettlauf um die Entdeckung des Superradiums, einer radioaktiven Substanz von einer solchen Aktivität, daß es in gewöhnlicher nichtradioaktiver Materie endlose Kettenreaktionen in Gang setzt. Ein Stoff, der gewöhnliche Materie durch Atomreaktionen in Brand setzen würde, genau wie Thermit durch seine eigene intensive molekulare Aktion nicht entflammbare Dinge entzündet.«

»Eisen und Fels würden zu glühen beginnen wie entzündetes Holz oder wie Kohle, und die Welt stünde im wahrsten Sinne des Wortes in Flammen?«

»So stellt man es sich vor«, antwortete er. »Doch so viel Mühe sie sich auch geben, im Augenblick läßt sich die Reaktion zwar in Gang setzen – der Funke für die Mine, die die Erde in die Luft jagen soll, ist entfacht –, doch die Reaktion bricht dann ab. Es ist wahr, man macht Fortschritte, und inzwischen brennt der Zünder ungefähr neun ›Funken‹ lang. Doch danach greift irgendeine Notbremse, ein natürlicher Mechanismus ein, und die Kettenreaktion hört auf. Und das ist der Grund, warum es in den höchsten Kreisen ein solches Aufsehen erregte, Aufsehen in aller Heimlichkeit, aber doch großes Aufsehen, als diese Felssplitter, von denen ich sprach, eintrafen – und zwar in dicken Bleibehältern. Das Untersuchungsergebnis lautete, wie ich mir habe sagen lassen, daß sie meteoritischen Ursprungs seien; doch auch wenn ihre Strahlungsintensität bisher ungekannte Ausmaße erreichte, so war das doch nicht das Interessante an ihnen. Denn ihre Radioaktivität reichte längst nicht aus, um jene unendliche Kettenreaktion in Gang zu setzen – jene Reaktion, mit deren Hilfe jeder, der über sie verfügt, jeden anderen zerstören kann –«

»Sich selbst eingeschlossen?« fragte ich.

Keine Antwort drang durch die Nacht, doch nach einem kurzen Augenblick setzte die Stimme den Bericht fort. »Es hieß, die winzigen Felssplitter stammten von der Rinde, den äußeren Bruchstücken eines Meteoriten. Das war nicht undenkbar. Der schwedische Astronom Ludblad hat bewiesen, daß die Meteoriten, die unablässig auf uns herabregnen – was wir ja im Augenblick gut beobachten können, wobei die meisten davon durch die Atmosphäre zu feinem Staub zerrieben werden –, von einem oder vielleicht sogar zwei Planeten stammen, die einst jenseits des Mars ihre Bahn zogen. Er hat einige Beweise für die Annahme geliefert, daß sie explodierten, nachdem sie ausgereift waren, vielleicht, nachdem sich Leben auf ihnen entwickelt hatte; denn einige Forscher sind der Meinung, sie hätten tatsächlich Formen bakteriellen Lebens gefunden, die noch in diesen Meteoritenbruchstücken lauerten. Wie dem auch sei, man kennt Meteoriten der verschiedensten geologischen Strukturen: Sie bestehen aus Stein und Nickeleisen, dem Stoff, von dem man annimmt, daß sich daraus auch unser eigener Erdkern zusammensetzt. Spuren beinahe sämtlicher Mineralien haben sich gefunden. Man kann wohl sagen, es handelte sich um hoch entwickelte Welten, die sich am Ende selbst in die Luft gesprengt haben.«

»Wie konnte das geschehen?« fragte ich und betrachtete im selben Augenblick einen großen Meteoriten – einen Splitter, nehme ich an, jener unglücklichen Welten, der über mir in Flammen aufging.

»Das weiß natürlich niemand, doch es gibt zwei Theorien. Die eine besagt, daß jeder Planet, auch der, auf dem wir uns gerade befinden, die Tendenz hat, eine immer größere Hitze zu entwikkeln – das ist die Theorie Jolys, des Mannes, der die Methode der Datierung von Gestein mit Hilfe der Radioaktivität erfand. Schließlich durchschmilzt die radioaktive Schicht die Erdkruste, und ist erst einmal ein Ventil geschaffen, strömt das flüssige oder gasförmige Erdinnere heraus und reißt damit die Hülle, unseren Lebensraum, in kleine Stücke. Die andere Theorie geht davon aus, daß irgendeine wahnsinnige Spezie des Lebens solange ihr Spiel mit der Materie getrieben haben muß, bis dann ...« Er sprach den Satz nicht zu Ende, und in jenem nachtschwarzen Schweigen schien mir die massive Erde nur mehr eine sich im Dunkel drehende Seifenblase, die jeden Moment zerplatzen konnte.

»Doch zurück zu den Tatsachen«, fuhr er mit ruhiger Stimme fort. »Wenn es sich also um derart hoch radioaktive Felssplitter handelte – und Tests ergaben, daß die Angaben des Absenders in diesem Punkt korrekt waren – und wenn es sich, wie diese Angaben weiter besagten, noch längst nicht um das radioaktivste Material handelte, das aus dieser Quelle zu beschaffen war, sondern sozusagen lediglich um die Schale dieser exotischen Frucht, dieses Zankapfels, der Erde vom Schicksal in den Schoß geworfen – nun, da konnte die Welt, so wie sie heutzutage nun einmal ist, dieses ›Gottesgeschenk‹ natürlich nicht einfach liegen lassen. Die Geschenke, die die Meteoriten mitbrachten, haben stets eine wichtige Rolle in der menschlichen Zivilisation gespielt. Wie wir heute aus chemischen Analysen wissen, bestehen die ersten Werkzeuge der Eisenzeit aus genau jener Nickel-Eisen-Legierung, die in fast allen Meteoriten enthalten ist. Die alten Ägypter und Sumerer nannten das Metall ›das starke‹ oder ›harte Ding, das vom Himmel fiel‹. Übrigens können Sie sich wohl vorstellen, daß die Temperatur, die ein Meteorit durch die Reibung in der

Atmosphäre annimmt, so ungeheuerlich ist, daß beim Aufprall auf die Erde der Sand schmilzt und sich stellenweise sogar in Glas verwandelt, nicht wahr?«

»Ich weiß«, sagte ich, »daß es in Arizona ein Unternehmen gibt, das dort einen großen Meteoriten bergen wollte, der sich in die Erde eingegraben hatte. Aber ich dachte, er sei dann doch zu tief eingedrungen.«

»Die Nachrichten, die man von jenem erhielt, den man vielleicht ›Sandersons Meteoriten‹ nennen könnte, gingen in die entgegengesetzte Richtung; er schien eher dem Beispiel des großen sibirischen Kometen von 1908 zu folgen. Damals explodierte der Feuerball offenbar schon vor seinem Aufschlag, und so ging er statt in einer massiven Form, die Hunderte von Metern tief in die Erde eingedrungen wäre, in so etwas wie Granatsplittern nieder, einem Meteoritenregen, der eine weite Fläche bedeckte, und einem Kern, der vermutlich im Mittelpunkt dieses bombardierten Gebietes einschlug.

Die Schwierigkeit bei unserem Meteoriten bestand darin, herauszufinden, wo genau er niedergegangen war. Aller Wahrscheinlichkeit nach handelte es sich um ein eher kleines Exemplar. Unser Informant, das brauche ich wohl kaum zu erwähnen, war nicht sehr gesprächig. Er wollte in Erfahrung bringen, ob wir interessiert waren, ohne uns etwas von seinem Geheimnis zu verraten, es sei denn zu seinen eigenen Bedingungen. Dieses ›wir‹«, fügte er hinzu, »gebrauche ich eigentlich ein wenig zu früh. Denn ich selbst wurde erst zu jenem Zeitpunkt hinzugezogen. Mehr ist dazu kaum zu sagen; den Rest werden Sie sich schon selbst zusammengereimt haben. Intil war unser zurückhaltender Informant. Er war auf der Suche nach Geldgebern für die große Expedition, die er sich ausmalte und zu der es gut hätte kommen können. Doch Sanderson hatte bereits mit den Grabungen begonnen – was Intil natürlich nicht wußte. Intil hatte lediglich einige Muster des hoch radioaktiven Erzes an sich gebracht, die Sanderson der äußeren Hülle entnommen hatte. Außerdem besaß er den Rätselspruch, den er nicht verstand. Er war stets ein waghalsiger Zeitgenosse, aber auch immer ein wenig überstürzt.«

»Und Kersons Tod?« beharrte ich, denn das war doch schließlich die Hauptfrage.

»Ich nehme an«, antwortete Mr. Mycroft, »Sanderson hat bei seinem letzten Besuch dort einen Zugang zur eigentlichen Kernmasse freigelegt. Ich vermute, daß sich um diesen Kern eine Art Oxid, eine Hülle aus weit weniger radioaktivem Material gebildet hatte – nach unseren Maßstäben allerdings noch immer außerordentlich radioaktiv. Vermutlich war Sanderson, von dem wir wissen, daß er über mehr als nur die übliche Allgemeinbildung verfügte, vernünftig genug gewesen, erst einmal abzuwarten, als er diesen Punkt erreicht hatte. Der seltsame Schatz, den er da hatte, war so gut wie inaktiv. Damit umzugehen war zwar höchst gefährlich, doch solange man nicht damit experimentierte, blieb er still wie der Geist in der Flasche. Eines Tages hätte er zweifellos um Hilfe gebeten. Wer weiß, womöglich war sein Rätsel nicht nur eine höchst kunstvolle private Gedächtnisstütze, sondern auch die Botschaft für eine Art Suchanzeige, mit deren Hilfe er einen weiteren Goldsucher finden, Kontakt mit ihm aufnehmen und seine Bedingungen nennen wollte.

Wer weiß – vielleicht hätte er ihm – nachdem er ihn sorgfältig überprüft hätte – angeboten, Risiko und wahrscheinlich auch Profit zu teilen.

Doch wie dem auch gewesen sein mag, Intil, der gewitzte Gauner, kam ihm als erster auf die Spur. Sobald diese beiden aus dem Rennen waren, tauchte Kerson auf. Er wußte nicht mehr, als daß sich irgendwo ein unermeßlich wertvolles Erz finden ließ. Er fand, was er neben anderen Glücksgöttern auch Ihnen zu verdanken hatte, die Grube. Er sah große Mengen von ›Erz‹ dort auf dem Boden liegen, kletterte hinunter und begann an dem Klumpen zu hacken, dessen Oberseite freigelegt worden war. Man weiß nicht, wie lange die ungeschirmte Strahlung, die er dabei freisetzte, brauchte, um ihn zu töten. Er kam bis dahin, wo wir seine Leiche gefunden haben, kroch unter die Plane und starb. Die ›Verbrennungen‹, die durch Röntgenstrahlen entstehen können, tragen zu recht diesen Namen, und dies hier muß eine Höllenglut gewesen sein, wie kein Physiker sie jemals erblickt hat. Nun verstehen Sie auch, warum ich die bleiverstärkten Gummihandschuhe dabei hatte, wie sie Männer, die mit Röntgenstrahlen arbeiten, tragen – obwohl ich meine Zweifel habe, daß sie bei einer solchen Strahlung viel genützt hätten.«

»Aber in dieser Grube *gab* es keinen Stein«, wandte ich ein. »Das habe ich genau gesehen.«

»Es gab ihn nicht mehr«, war seine Antwort. »Als Kerson die Kruste anschlug, die Schale dieses grauenvollen Dracheneis, da verstrahlte die Kernmasse. Wie Sie wissen, hat man in Laboratorien bereits Elemente hergestellt, deren Ordnungszahl über dem 90 des Urans liegt, des höchsten uns bekannten natürlichen Elements, doch sie sind so unbeständig, daß sie sich nicht halten. Diese gigantische Kraft muß von ebenso unbeständiger Art gewesen sein. Je größer die Macht, desto kürzer die Zeit, die sie sich hält – ein Satz, der einen gewissen Trost spendet in diesen Zeiten wahnwitziger Mächte! Das Elektroskop, das ich in die Grube hinabließ, zeigte zwar an, daß die ganze Umgebung noch immer in höchstem Maße radioaktiv war« – mir fiel jenes unheilvolle Leuchten wieder ein, das ich mit Sicherheit über der Öffnung des Stollens hatte schweben sehen –, »doch der eigentliche Schatz, tödlicher als das sagenhafte Rheingold, ist ›aufgelöst in Luft, in dünne Luft‹. Nun, ich habe diese Suche unternehmen müssen. Besser, es ist in unseren Händen als in denen der anderen. Doch ich muß gestehen, Mr. Silchester, ich bedaure es nicht, daß die Natur ein weiteres Mal eingegriffen hat, daß sie nach reiflicher Überlegung beschlossen hat, uns solch tödliche Macht nicht zu gewähren.«

Wir schwiegen eine Weile, doch dann schien mir, *eine* Frage sei noch immer nicht geklärt. Es war natürlich eine persönliche Angelegenheit, doch wir hatten uns in solche Höhen aufgeschwungen, daß ich den Eindruck hatte, ich könne sie zur Sprache bringen, wir könnten sie gemeinsam von oben betrachten, und es spielte keine große Rolle, wie die Antwort darauf lautete.

»Mr. Mycroft«, fragte ich ihn mit einer, wie ich finde, bemerkenswerten Distanz zu den Ereignissen, »da ist noch ein kleines Rätsel im zwischenmenschlichen Bereich, das zu klären bleibt. Warum wollten Sie mich bei diesem letzten Ausflug in die Wüste mit dabei haben? Vielleicht liegt es daran, daß ich ein wenig ernüchtert bin angesichts der Größe der Dinge, mit denen wir oder Sie beschäftigt waren – aber, wissen Sie, ich kann mir nicht gerade schmeicheln, Sie hätten mich auf diese abschließende Forschungsreise mitgenommen, weil Sie in mir einen unschätzbaren Mitstreiter und Weggenossen gesehen hätten.«

»Es ist mutig und aufrichtig von Ihnen, das zu sagen«, erwiderte er, »und Ihre Aufrichtigkeit verdient von mir eine ebenso offene Antwort. Es ist wahr, ich habe Sie nicht mit hierher genommen, weil ich glaubte, Sie könnten mir eine Hilfe in der Not sein, sondern weil ich in Anbetracht all dessen, was Sie wußten –

Sie werden sich erinnern, daß Intil, wenn auch in etwas drastischerer Weise, Ihnen dasselbe Kompliment gemacht hat –, den Eindruck hatte, ich sei es meinen Auftraggebern schuldig, Sie im Auge zu behalten, bis die Angelegenheit endgültig aufgeklärt war. Nun kann ich mir sicher sein, daß nichts davon an die Öffentlichkeit dringt, denn Sie sind der einzige lebende Mensch, der von diesem Geheimnis weiß.«

Ich bereute es nicht, daß wir diese letzte persönliche Frage noch geklärt hatten, und in dieser keimfreien Umgebung blieb auf der Haut meiner *amour-propre* keinerlei Blessur zurück. Danach schwiegen wir eine Zeitlang. Über der menschlichen Tragödie war der Vorhang gefallen – oder, vielleicht besser ausgedrückt, das kleine Zwischenspiel an der Rampe war zu Ende, und der Hauptvorhang öffnete sich und zeigte das unermeßliche All, ein Hintergrund, vor dem unser Leid, unsere Freude, unsere Meinungen – das mußte ich zugeben – nichtig waren. Ich weiß nicht mehr, wie lange wir schweigend dasaßen. Schweigend gingen Sterne über der Felskante auf und verschwanden ebenso schweigend wieder; und schweigend wurden die Gaben der Meteore, die aus dem fernen Weltenraum und von den längst zerstobenen Schwesterplaneten zu uns kamen, zerrieben zu leuchtendem Staub. Ihre tödliche Macht verweigerte sich uns, so wie man den Kindern und Schwachsinnigen die Klinge des Messers wegnimmt.

Am nächsten Morgen sagte Mr. Mycroft: »Ich kehre zurück und melde den Fall als abgeschlossen – Verfahren eingestellt durch ein ›höheres Gericht‹. Das *Element,* wie ich zu sagen pflege, hat uns etwas wieder weggenommen, das zu hochentwickelt und zu gefährlich war, als daß man es uns schon hätte anvertrauen können.« Wir nahmen Abschied voneinander, er reiste gen Osten, ich nach Westen. Ob seine hochfliegenden Spekulationen nun zutreffen oder nicht, das wage ich nicht zu entscheiden. Das alles war bei weitem zu gewaltig für mich. Alles, was ich weiß, ist, daß sein gewaltiger Scheck sich in gutes Geld verwandeln ließ; sonst weiß ich nur, daß ich sehr froh war, zu hübschen, von Menschen erdachten Rätseln in vernünftigem Maßstab zurückzukehren und die erschöpfende Gesellschaft eines Superhirns gegen mein tägliches Duell mit Miss Delamere zu tauschen.

»Schönen Urlaub gehabt, hoffe ich«, signalisierte mir ihre Zigarette, als sie mir bei meiner Rückkehr die erfreulich umfangreiche Post übergab. ›Urlaub‹, dachte ich bei mir, ›das bedeutet Abwesenheit, Leere.‹ Ich dachte an jenes Loch, durch das die Strahlen der schrecklichsten Kraft, die man sich überhaupt vorstellen konnte, entwichen waren – wo ein massiver Block hoch verdichteter Energie, der sich in die Felsen gebohrt hatte, wieder zu einem Nichts geworden war.

»Allerdings«, antwortete ich. »Sich einfach nur einmal um Nichts zu kümmern, das erweitert den Horizont.« Sie konnte nicht hören, daß dieses Wort einen großen Anfangsbuchstaben hatte.

Nachwort

Als Sir Arthur Conan Doyle 1916 die britischen und französischen Linien in Flandern und Frankreich besuchte, um Stoff für sein Buch über den Ersten Weltkrieg zu sammeln, gab man ihm zu Ehren am 11. Juni in St. Menehould ein Festbankett. Die eigens hierfür entworfene Speisekarte zeigte unter anderem Sherlock Holmes' Wappen – einen Revolver, eine Pfeife und eine Geige. Der französische General Humbert fragte während des Essens in der ihm eigenen unvermittelten Weise – »er pflegte seine Bemerkungen wie Pistolenschüsse abzufeuern«, erinnerte sich Doyle später – den berühmten Autor: »Sherlock Holmes, est ce qu'il est un soldat dans l'armee anglaise?« (»Holmes dient doch wohl in der britischen Armee?«) Es ist nicht überliefert, ob General Humbert wie zahlreiche andere Zeitgenossen an Holmes' wirkliche Existenz glaubte, doch Doyles Bericht von der Verlegenheit des ganzen Tisches und seine eigene Antwort sprechen stark für diese Annahme: »Mais, mon général«, stotterte ich, »il est trop vieux pour service.« (»Er ist zu alt zum Dienen.«)

In der Tat war Holmes nach dem Zeugnis seines wohl zuverlässigsten Biographen William S. Baring-Gould damals 62 Jahre alt. Dennoch brauchte General Humbert schon bald an Holmes' Patriotismus nicht mehr zu zweifeln: 1917 erschien im *Strand Magazine* die Geschichte ›Seine letzte Verbeugung: Sherlock Holmes im Kriegsdienst‹ (*His Last Bow: The War Service of Sherlock Holmes*), in der Holmes am 2. August 1914 einen deutschen Meisterspion zur Strecke bringt. Es ist die einzige Geschichte, die um der Zeitbezüge und der vaterländischen Töne willen jenen magischen Bezirk des Viktorianischen Englands verläßt, in dem Holmes und Watson für uns alle auf ewig leben und wo man nach Vincent Starretts bekanntem Wort »allezeit das Jahr 1895« schreibt. In diesem Raum und in dieser Zeit bewegen sich auch die schon bald einsetzenden Watson-Holmes-Geschichten aus der

Feder anderer Autoren – ›Pasticchios‹ oder ›Pastiches‹, wie man solche Übungen in der Kunstgeschichte nennt, bei der man »die Manier eines großen Meisters täuschend nachahmt« und die »daher leicht für ein Original gehalten werden« können (Spemanns Kunstlexikon 1905). Zu scharf sind die Konturen der Holmes-Kurzgeschichten, zu ausgeprägt ist ihre Silhouette, als daß sie nicht Autoren und Liebhaber immer wieder zu Versuchen ›in der Manier des Meisters‹ gereizt hätten. Zu Lebzeiten Doyles und während der 50 Jahre, die das Copyright nach seinem Tode 1930 noch galt, wachten die Erben eifersüchtig über Holmes und seinem Propheten Watson, so daß das Duo nur selten autorisiert auftrat, etwa in Ellery Queens *Sherlock Holmes und Jack the Ripper* (DuMont's Kriminal-Bibliothek Band 1017), das auf eine Filmvorlage aus den Studios des Doyle-Sohnes Adrian Conan zurückgeht. Die andern Pastiches erschienen fast ausschließlich in Privatdrucken, die als Geschenke in den einzelnen Gemeinden der Holmes-Gläubigen in aller Welt verteilt wurden.

Einen besonderen Rang nehmen die drei Holmes-Romane ein, die der Brite und Wahlamerikaner Henry Fitzgerald Heard (1889 bis 1971) von 1941 bis 1949 schrieb. Der Name Sherlock Holmes fällt darin nicht, aber mit dem ersten Auftreten des großen Unbekannten, der seinen wahren Namen nicht verraten will und sich statt dessen ›Mr. Mycroft‹ nennen läßt, ist der Leser im Bilde (*A Taste for Honey – Die Honigfalle*; DuMont's Kriminal-Bibliothek Band 1009). Nicht nur ist ›Mycroft‹ bei Doyle der Vorname von Holmes' Bruder – der Träger dieses Nom de guerre tut genau das, was Holmes bekanntlich seit seinem Rückzug aus der Öffentlichkeit um 1903 tut: Er züchtet Bienen und verhält sich im übrigen genau so, wie Doyle Sherlock Holmes vier Jahrzehnte lang agieren ließ. Und ganz zum Schluß der *Honigfalle* nennt er sogar seinen wahren Namen, den großen, weltweit bekannten und verehrten – und muß feststellen, daß sein Gegenüber ihn nicht kennt. Und da ist der Meisterdetektiv vielleicht zum ersten Mal in seinem Leben ehrlich verblüfft – und der Leser, der den Namen vom Erzähler nicht erfährt, da der ihn auf der Stelle wieder vergessen hat, sonnt sich im vertrauten Gefühl, ein wenig schlauer zu sein als dieser Watson wider Willen.

Als Heard dem großen Erfolg der *Honigfalle* mit *Anlage: Freiumschlag (Reply Paid)* nur ein Jahr später, 1942, eine Fortsetzung folgen ließ, machte bereits die neuerliche Widmung an Christopher Wood – »eine zweite Flasche vom selben Faß« – den Lesern deutlich, daß sie eine weitere Geschichte vom neuen Watson Silchester und vom Meister Holmes unter seinem Alias Mr. Mycroft vor sich hatten. Sie löst das Rätsel, das 25 Jahre zuvor schon General Humbert im Ersten Weltkrieg gequält hatte: Was tut ein solcher ›mastermind‹ im Zweiten Weltkrieg für die Sache der Freiheit und der Demokratie? Denn im Gegensatz zu seinem Biographen Dr. John H. Watson, dessen Tod Baring-Gould 1929 ansetzt, und seines Agenten Sir Arthur Conan Doyle, dessen Tod für den 7. Juli 1930 bezeugt ist, ist Holmes ja im Grunde unsterblich. Noch heute sollen an die berühmte Adresse in der Baker Street gerichtete Anfragen mit dem Hinweis beantwortet werden, Holmes habe sich in Sussex als Bienenzüchter zur Ruhe gesetzt.

Mr. Silchester hat die seit den Ereignissen des ersten Romans verstrichene Zeit ziemlich gebeutelt: Der misanthropische Einzelgänger und Egozentriker hatte sich wenigstens soweit mit der Welt eingelassen, daß er im großen Stil Kryptogramme löste. Ein diesen Fragen gewidmeter Kongreß hatte ihn sogar zu einer Reise in die Vereinigten Staaten veranlaßt, wo er 1939 vom Kriegsausbruch überrascht wurde. Von den Einkünften aus seinem Vermögen abgeschnitten, läßt er sich in Los Angeles als freiberuflicher Decodierer und Rätselspezialist nieder und kann recht gut davon leben. Dieser Lebensweg spiegelt sicher zum Teil die Erfahrungen des Autors Heard wider, der 1937 aus Großbritannien in die USA auswanderte, und zwar ebenfalls nach Kalifornien; zum Teil dient diese Häufung von Unwahrscheinlichkeiten aber auch der Exposition eines neuen Abenteuers, das wieder genauso beginnt wie das erste: Hatte Silchester beim ersten Mal seine Vorliebe für Honig in ein gefährliches Abenteuer verstrickt, so diesmal sein Beruf. Mr. Intil, ein mehr als eigentümlicher Klient, sucht ihn mit einer noch rätselhafteren Geheimbotschaft auf, die sich Silchesters Methoden entzieht. So wird denn ein Medium eingeschaltet, das sich mehr der ›Aura‹ um die Botschaft zuwendet als ihrem Inhalt – ein übrigens durchaus gängiges Verfahren, das z. B. bei der Suche nach einem Schatz aus der vor Südafrika gesunkenen ›Grosvenor‹, in dessen Entdeckung Sir Arthur Conan Doyle große Hoffnungen gesetzt und sogar Mittel investiert hat, angewendet wurde. Und in der Tat gelingt Miß Browns Unterbewußtsein und Silchesters trainiertem Decodierverstand eine erste Entschlüsselung, die ihren Klienten erregt – und ohne zu zahlen – wegstürzen läßt.

Erst jetzt tritt Mr. Mycroft alias Sherlock Holmes auf und setzt Sydney Silchester wenigstens zum Teil ins Bild, wenn er auch letzte Klarheit, um was es sich handelt, erst bei der Schlußerklärung Mycrofts erhalten wird: Silchester hat bei der Decodierung eines Schatzplanes mitgewirkt, und gegen den Schatz, um den es hier geht, sind das Silber von Potosi, das Gold der Inkas und das ganze Eldorado zusammengenommen Kinderkram. Die Suche nach diesem Schatz, oder vielmehr das Bestreben, ihn mitten im Krieg – denn die Sache ist wortwörtlich von höchster Brisanz und dazu von größter Aktualität – nicht in die falschen Hände geraten zu lassen, hat Sherlock Holmes auf Drängen höchster Regierungsstellen aus seinem Sussexer Bienenzüchterdasein gelockt. Hat er vormals oft kleinere Staaten vor größeren Krisen bewahrt oder dem Vatikan geholfen, so gilt es diesmal, die Welt zu retten – eine größere und schwierigere Mission hat er nach eigenem Bekunden nie übernommen. Das Geheimnis, wieso er, inzwischen hoch in den Achtzigern, noch Aufträge übernehmen kann, die mit Wüstenritten und -wanderungen verbunden sind, hat sein schon häufiger erwähnter Biograph William S. Baring-Gould enthüllt: Seine Bienenstudien ließen ihn auch das Gelée Royale, den Nährsaft der Bienenköniginnen, entdecken...

Ein sorgfältig codierter Lageplan, ein gewaltiger Schatz in der Wüste, mehrere rivalisierende Schatzsucher – alle Ingredienzen des Geheimnis- wie des Abenteuerromans sind hier versammelt. Hatte Edgar Allan Poe eine seiner schönsten analytischen Erzählungen, *Der goldene Käfer,* um ein solches Schatzkryptogramm geschrieben, haben sich reine Abenteuerromane wie Robert Louis Stevensons *Die Schatzinsel,* Karl Mays *Schatz im Silbersee* oder B. Travens *Der Schatz in der Sierra Madre* mit Glück des Schatzthemas bedient, so schafft Heard eine originelle Mischung aus den detektivischen Elementen Poes und den abenteuerlichen der anderen Autoren. Holmes hat ja schon in seiner Anfangszeit, wie Watson-Doyle in *Das Familienritual* berichten *(The Musgrave Ritual),* Kryptogramme gelöst und mit ihrer Hilfe einen Familienschatz entdeckt, und so ist er auch hier wieder erfolgreicher als sein Freund-Feind Silchester, der doch Spezialist auf diesem Gebiet ist; beide gelangen letztlich zum Schatz, den höchst listenreichen und gefährlichen Rivalen zum Trotz.

Nicht nur mit der Aktualisierung der Holmes-Geschichten, mit dem Verlassen des ›ewigen 1895‹ ist Heard eine Bereicherung des Themas gelungen, sondern auch mit seiner Ausgestaltung der Watson-Rolle. Zwar ist Silchester Mycroft mindestens ebenso unterlegen wie Watson Holmes, aber das löst bei ihm keine Bewunderung aus. Im Gegenteil – Mycrofts Superiorität erzeugt bei ihm mehrmals und beinahe mit üblen Folgen die Haltung des Dieners, der seinem überlegenen Herrn heimlich aus Bosheit in die Suppe spuckt. Und während er sich so selbst entlarvt, tritt in seinen Berichten zugleich eine Seite an Holmes schärfer hervor, die Watsons Ehrfurcht höchstens gelegentlich anklingen läßt; seine Besserwisserei und seine Schulmeisterei, oder vornehmer ausgedrückt, sein sokratischer Zug, das, was er längst weiß, mit der ›mäeutischen‹, der Hebammen-Methode, aus Silchester herauszuholen.

Und noch in einem weiteren Zug zeigt Heards Werk seine Eigenständigkeit: Es ist nicht nur aktuell, weil es bei dem Schatz um eine hochbrisante Materie aus dem Bereich der Forschung des Jahres 1942 geht, sondern seine tiefere Botschaft spricht auch die britisch-amerikanische Situation des Jahres 1942 an: Auf dem Höhepunkt der nationalsozialistischen Machtentfaltung verkündet Holmes-Mycroft die tröstliche Botschaft, daß eine Machtzusammenballung um so weniger dauerhaft ist, je größer sie ist. Genauso schließt Bertolt Brecht zur selben Zeit seinen *Schwejk im Zweiten Weltkrieg* mit den Versen: »Das Große bleibt groß nicht und klein nicht das Kleine. Die Nacht hat zwölf Stunden, dann kommt schon der Tag.« Und Mycroft sieht in sich, dem genialen Meisterdetektiv, das Werkzeug eines Weltgesetzes, das das Böse letztlich nicht triumphieren läßt.

Volker Neuhaus

DuMont's Kriminal-Bibliothek

Band 1001	Charlotte MacLeod	**»Schlaf in himmlischer Ruh'«**
Band 1002	John Dickson Carr	**Tod im Hexenwinkel**
Band 1003	Phoebe Atwood Taylor	**Kraft seines Wortes**
Band 1004	Mary Roberts Rinehart	**Die Wendeltreppe**
Band 1005	Hampton Stone	**Tod am Ententeich**
Band 1006	S.S. van Dine	**Der Mordfall Bischof**
Band 1007	Charlotte MacLeod	**». . . freu dich des Lebens«**
Band 1008	Ellery Queen	**Der mysteriöse Zylinder**
Band 1009	Henry Fitzgerald Heard	**Die Honigfalle**
Band 1010	Phoebe Atwood Taylor	**Ein Jegliches hat seine Zeit**
Band 1011	Mary Roberts Rinehart	**Der große Fehler**
Band 1012	Charlotte MacLeod	**Die Familiengruft**
Band 1013	Josephine Tey	**Der singende Sand**
Band 1014	John Dickson Carr	**Der Tote im Tower**
Band 1015	Gypsy Rose Lee	**Der Varieté-Mörder**
Band 1016	Anne Perry	**Der Würger von der Cater Street**
Band 1017	Ellery Queen	**Sherlock Holmes und Jack the Ripper**
Band 1018	John Dickson Carr	**Die schottische Selbstmord-Serie**
Band 1019	Charlotte MacLeod	**»Über Stock und Runenstein«**
Band 1020	Mary Roberts Rinehart	**Das Album**
Band 1021	Phoebe Atwood Taylor	**Wie ein Stich durchs Herz**
Band 1022	Charlotte MacLeod	**Der Rauchsalon**
Band 1023	Henry Fitzgerald Heard	**Anlage: Freiumschlag**

Band 1009

Henry Fitzgerald Heard

Die Honigfalle

Eigentlich ist Sidney Silchester aufs Land gezogen, um fernab des Großstadtlärms allein und in Ruhe gelassen zu werden. Deshalb ist er auch recht ungehalten, als der merkwürdige Forscher und Hobby-Imker Mycroft seine Idylle stört und ihn vor mysteriösen Killerbienen warnt. Die Vorstellung, daß ein kaltblütiger Verbrecher mit diesen kleinen Ungeheuern auch sein Leben bedroht, erscheint ihm doch sehr abwegig. Aber schon bald soll Sidney eines Besseren belehrt werden ... Als er die tödliche Gefahr, in der er sich befindet, erkennt, ist es fast schon zu spät. Nur gut, daß er in dem geheimnisvollen Mycroft, der mit Verbrechern offenbar bestens vertraut ist, einen mächtigen Verbündeten findet. Die folgenden Ereignisse halten die Beteiligten in Atem: Die Insekten greifen an ...

Band 1018

John Dickson Carr

Die schottische Selbstmord-Serie

Alan Campbell, Professor für Geschichte, will in der friedlichen Abgeschiedenheit der schottischen Burg Shira am Loch Fyne seine innere Ruhe wiederfinden. Dort war jedoch Angus Campbell nachts vom Turm seiner Burg in den Tod gestürzt: Selbstmord – Unfall oder Mord? Noch weiß niemand, daß sein tragisches Ableben erst der Beginn äußerst mysteriöser Ereignisse ist. Damit wieder Frieden in die halbverfallene Burg einkehren kann, bedarf es schon des detektivischen Genies von Dr. Gideon Fell. Alan Campbell und den anderen Gästen stehen jedenfalls schlaflose Nächte bevor ...

Band 1019

Charlotte MacLeod

»Über Stock und Runenstein«

Dieses ist der dritte Roman aus der ›Balaclava‹-Reihe, in dem Peter Shandy, Professor für Botanik am Balaclava Agricultural College und Detektiv aus Leidenschaft, mit analytischem Denkvermögen ein Verbrechen aufklärt.
Der Knecht Spurge Lumpkin wird von der Besitzerin der Horsefall-Farm, Miss Hilda Horsefall, tot aufgefunden. Für die Polizei ist der Fall klar: ein tragischer Unfall. Peter Shandy aber kommen bald die ersten Zweifel, und als ein Kollege und ein junger neugieriger Reporter ebenfalls fast die Opfer mysteriöser Unfälle werden, sieht er sein Mißtrauen bestätigt.

Band 1020

Mary Roberts Rinehart

Das Album

Das gleichförmige Leben und die Abgeschiedenheit der fünf Familien am Crescent Place werden empfindlich gestört, als die alte Mrs. Lancaster mit einer Axt ermordet wird. Für alle Bewohner des Crescent Place steht fest: Der Mörder ist einer von ihnen! Auch über das Motiv kann kein Zweifel bestehen – im Besitz von Mrs. Lancaster befand sich eine Truhe mit Gold im Wert von fast 100000 Dollar. Gäbe es da nicht ein Album mit alten Fotografien, wäre der Mörder wahrscheinlich ungestraft davongekommen ...

Band 1021

Phoebe Atwood Taylor

Wie ein Stich durchs Herz

Wenn sich die Mitarbeiterin eines illegalen Buchmachers, ein Gelegenheitsdieb, der Polizist werden möchte, und ein Lehrer für englische Literatur, der nicht nur gerne Shakespeare zitiert, sondern auch dem berühmten Dichter täuschend ähnlich sieht, mitten in der Nacht in einer schlechtbeleumdeten Gegend kennenlernen, darf man sich eigentlich über nichts mehr wundern. So nimmt es Mr. Leonidas Witherall mit Gelassenheit hin, daß man nach einem Treffen in seiner früheren Schule gleich zweimal versucht, ihn zu überfahren. Erstaunter ist er schon, daß einer der Attentäter sein ehemaliger Schüler Bennington Brett ist. Aber erst, als er diesen tot mit einem Tranchiermesser in der Brust entdeckt, fängt er an, sich ernsthaft Gedanken zu machen.

Band 1022

Charlotte MacLeod

Der Rauchsalon

Für eine Lady aus der Bostoner Oberschicht ist es auf jeden Fall unpassend, ihr Privathaus in eine Familienpension umzuwandeln, um ihren Lebensunterhalt zu verdienen. So ist der Familienclan der Kellings entsetzt, als die junge Sarah, die gerade auf tragische Weise Witwe geworden ist, ankündigt, sie werde Zimmer vermieten. Doch selbst die konservativen, stets die Form wahrenden Kellings ahnen nicht, daß Sarahs neue Beschäftigung riskanter ist, als man annehmen sollte – mit den Mietern, sämtlich respektable Mitglieder der Bostoner Oberschicht, hält auch der Tod Einzug in das vornehme Haus auf Bacon Hill …

Kein Wunder, daß die junge Frau froh ist, daß ihr der Detektiv Max Bittersohn beisteht, der mehr als ein berufliches Interesse daran hat, daß wieder Ruhe und Ordnung in das Leben von Sarah Kelling einkehren.